著 者
曺述燮・金賢珍
Sulseob Jo / HyunJin Kim

使おう韓国語会話
Use Korean in Conversation:
Japanese Version
2nd Edition

*

Original Publication Date
3/25/13
2013年3月25日　　発行

ISBN-13: 978-4907477028 (PowerMeUp Publishing)
ISBN-10: 4907477023

著　者　曺述燮・金賢珍
PowerMeUpPublishing.com

＊定価は表紙に表示してあります。

は　じ　め　に

　2002年から韓国語が日本の大学入試センター試験の外国語科目の一つとして選択できるようになっていますね。韓国の高校において、日本語が第2外国語科目の一つとして導入されたのは1974年。今日では全体の過半数を超える高校が日本語を教えております。2000年からは、日本の大学入試のセンター試験に該当する修学能力試験においても、日本語が第2外国語科目の一つとして加わっているところ。日本語を、第2外国語の試験科目として選択している学生はトップを占めている状況です。

　東アジア地域において、それぞれの国が相互尊重をベースに共存共栄をはかる連合体の実現が夢見られている今を生きるわたしたち。近くて近い韓国との友好をさらに高めていくために、そして今や遼遠なところの某国にみえているが結局は近隣する国として真剣に接していかざるをえない北朝鮮を正しく理解していくために、どうか異文化理解の基礎かつ正道になる言語の学習をご推薦いたします。

　この書は、入門、初級レベルの韓国・朝鮮語会話学習者用に作成されているテキスト『始めよう韓国語会話』のつづきとして、韓国・朝鮮語会話の初級レベルの実力を持ち合わせている中級レベルの韓国・朝鮮語会話学習者のために作成されたテキストです。全体的な内容は、使える韓国・朝鮮語会話を身につけることをめざし、韓国・朝鮮で時と場所を選ばず用いられる実践的な表現をおおく盛り込んでおります。本文の会話におけるトピックやポイント部の例文は、日常生活に欠かせられない表現、すぐに役立つ表現、そして場によって応用が容易に可能になる表現を念頭に選定されております。練習の部においては、短い会話文のドリル式回答の繰り返しをとおし、各課で学習した内容の完全修得を試みるとともに、入門・初級のテキストで習得した基礎知識を再確認、確実に身につけることを目指しております。全体の構成においては、韓国・朝鮮語会話の中級を本格的なマスターをこころざす学習者のために、韓国・朝鮮語会話基礎力の確立、そして実践的・活用的な中級韓国・朝鮮語会話力の着実な養成を狙っております。

　最後になりますが、このテキストを手にし、使える韓国・朝鮮語会話の学習を試みられたみなさまには、期待以上の大きな学習成果を上げていただけますことを心より祈念してやみません。

2006年4月
著　　者

目　　　次

はじめに
第1課　전공과목을 더 들어야 해요. ··9
 1. 用言＋「-는 중이다」
 2. 用言＋「-ㄹ지/-을지」
 3. 用言＋「-ㄹ까 싶다/하다」「-을까 싶다/하다」
 4. 用言＋「-아야 하다/되다」「-어야 하다/되다」
   「-여야 하다/되다」
 5. 用言＋「-잖아요」
 6. 用言＋「-자고 하다」

第2課　시간은 언제가 좋아요? ···16
 1. 体言＋「인데」
 2. 体言＋「이라면/라면」
 3. 体言＋「도」　体言＋「이지만/지만」
 4. 用言＋「-기 쉽다/-기 어렵다」
 5. 用言＋「-는 것으로 하다/-ㄴ 것으로 하다/-은 것으로 하다」

第3課　자동이체로 하지 그래요. ···21
 1. 体言＋「만」　用言＋「-면/-으면」
 2. 用言＋「-는 통에/-ㄴ 통에/-은 통에」
 3. 用言＋「-아 버리다/-어 버리다/-여 버리다」
 4. 用言＋「-아도 되다/괜찮다」「-어도 되다/괜찮다」
   「-여도 되다/괜찮다」
 5. 用言＋「-지 그래요」

第4課　좀 흐린다고 했어요. ···29
 1. 体言＋「처럼」
 2. 体言＋「에 비하여(서)」
 3. 用言＋「-는 편이다/-ㄴ 편이다/-은 편이다」
 4. 用言＋「-는다고 하다/-ㄴ다고 하다/-다고 하다」
 5. 用言＋「-는다는 말은(이) 없다/있다」
   「-ㄴ다는 말은(이) 없다/있다」
   「-다는 말은(이) 없다/있다」
 6. 用言＋「-ㄹ까 봐/-을까 봐」

第5課　봄하면 개나리와 진달래지요. ·····································37
　　1. 体言＋「하면」
　　2. 用言＋「-기 때문에」
　　3. 用言＋「-기도 하고」　用言＋「-기도 하다」
　　4. 用言＋「-는지/-ㄴ지/-은지」
　　5. 用言＋「-지 말다」

第6課　맛이 기가 막힌데요. ··44
　　1. 体言＋「마다」
　　2. 用言＋「-는 것 같다/-ㄴ 것 같다/-은 것 같다」
　　3. 用言＋「-는다는 뜻이다/말이다」「-ㄴ다는 뜻이다/말이다」
　　　　「-다는 뜻이다/말이다」
　　4. 用言＋「-아다(가) 주다/-어다(가) 주다/-여다(가) 주다」
　　5. 用言＋「-던데요」

第7課　민속박물관에 다녀왔거든요. ·····································51
　　1. 体言＋「도」　用言＋「-ㄹ 겸/-을 겸」
　　2. 体言＋「이잖아요/잖아요」
　　3. 用言＋「-기로 하다」
　　4. 用言＋「-기는요」
　　5. 用言＋「-거든요」

第8課　정원문화에 대해서 알고 싶습니다. ·······························57
　　1. 体言＋「에 대하여(서)/에 관하여(서)」
　　2. 用言＋「-니까/-으니까」
　　3. 用言＋「-자면」
　　4. 用言＋「-게 만들다/하다」
　　5. 用言＋「-도록 하다」

第9課　어느쪽이 더 빠른가요? ···63
　　1. 体言＋「으로 해서/로 해서」
　　2. 用言＋「-기는」　用言＋「-지만」
　　3. 用言＋「-는 쪽이 좋다/편이 좋다」「-ㄴ 쪽이 좋다/편이 좋다」
　　　　「-은 쪽이 좋다/편이 좋다」
　　4. 用言＋「-는가요?/-ㄴ가요?/-은가요?」
　　5. 用言＋「-ㄹ 건데요/-을 건데요」
　　　用言＋「-ㄹ 건가요? /-을 건가요?」

第10課　쓸 수 있고말고요. ···71
　　　1. 体言＋「이라니까/라니까」
　　　2. 体言＋「이기도 하니까」
　　　3. 用言＋「-는 경우가 많다/-ㄴ 경우가 많다/-은 경우가 많다」
　　　4. 用言＋「-ㄹ 것만 같다/-을 것만 같다」
　　　5. 用言＋「-고 말고요」

第11課　화살같이 빠르네요. ···78
　　　1. 体言＋「뿐만 아니라」
　　　2. 体言＋「같다」
　　　3. 体言＋「답다」
　　　4. 体言＋「인가 보다」
　　　5. 体言＋「이 그저그만이다/가 그저그만이다」
　　　6. 用言＋「-ㄴ 다음에/-은 다음에」

第12課　하숙집으로 옮길까 싶어요. ·····························83
　　　1. 体言＋「인지」
　　　2. 用言＋「-는 김에/-ㄴ 김에/-은 김에」
　　　3. 用言＋「-ㄹ 때마다/-을 때마다」
　　　4. 用言＋「-아 오다/가다」「-어 오다/가다」「-여 오다/가다」
　　　5. 用言＋「-면 되다/-으면 되다」

第13課　언제 가도 좋은 것 같아요. ·····························90
　　　1. 体言＋「이니까/니까」
　　　2. 用言＋「-기 위하여(서)」
　　　3. 用言＋「-ㄹ 텐데/-을 텐데」
　　　4. 用言＋「-았었다/-었었다/-였었다」
　　　5. 用言＋「-지」

第14課　좀 배워 둘 걸 그랬어요. ·····························97
　　　1. 体言＋「말고(는)/빼고(는)」
　　　2. 用言＋「-는 줄 알다/모르다」「-ㄴ 줄 알다/모르다」
　　　　　　　「-은 줄 알다/모르다」
　　　3. 用言＋「-ㄹ 걸/-을 걸」
　　　4. 用言＋「-아 두다/놓다」「-어 두다/놓다」「-여 두다/놓다」
　　　5. 用言＋「-다(가) 보니」

第15課　태권도를 배우기 시작했어요. ·····················104
　　　　1. 体言＋「인 것 같다」
　　　　2. 用言＋「-기만」 用言＋「-고」
　　　　3. 用言＋「-ㄴ 지/-은 지」
　　　　4. 用言＋「-게 되다」
　　　　5. 用言＋「-더니」

第16課　그것 정말 볼 만하겠어요. ························110
　　　　1. 体言＋「인 셈이다」
　　　　2. 用言＋「-는 동안」
　　　　3. 用言＋「-는다면서요?/-ㄴ다면서요?/-다면서요?」
　　　　4. 用言＋「-ㄹ 만하다/-을 만하다」
　　　　5. 用言＋「-지 않을래요?」

第17課　감사하기 그지없습니다. ·························116
　　　　1. 体言＋「말로는/말씀으로는」
　　　　2. 用言＋「-기 그지없다/-기 짝이없다」
　　　　3. 用言＋「-는가 보다/-ㄴ가 보다/-은가 보다」
　　　　4. 用言＋「-면/-으면」 用言＋「-ㄹ수록/-을수록」
　　　　5. 用言＋「-나요?」

第18課　얼마나 찾았다고요. ····························123
　　　　1. 用言＋「-기에요?」
　　　　2. 用言＋「-는 길이다/-는 길에」
　　　　3. 얼마나 用言＋「-는다고요/-ㄴ다고요/-다고요」
　　　　4. 用言＋「-ㄹ 리가 없다/있다」「-을 리가 없다/있다」
　　　　5. 用言＋「-고 나서」

第19課　마음먹은 대로 잘 안돼요. ·······················130
　　　　1. 体言＋「은커녕/는커녕」 体言＋「도」
　　　　2. 体言＋「으로 인하여(서)/로 인하여(서)」
　　　　3. 用言＋「-는 대로/-ㄴ 대로/-은 대로」
　　　　4. 用言＋「-는구나 싶다/-구나 싶다」
　　　　5. 用言＋「-자마자」

第20課　미술관을 돌아보자는 바람에요. ··················137
　　　　1. 用言＋「-는 바람에」
　　　　2. 用言＋「-는 대신에/-ㄴ 대신에/-은 대신에」
　　　　3. 用言＋「-는다더니/-ㄴ다더니/-다더니」
　　　　4. 用言＋「-ㄹ 예정이다/-을 예정이다」
　　　　5. 用言＋「-ㄹ 줄 알다/모르다」「-을 줄 알다/모르다」

第21課　아무것도 모르고 봤어요. ·····················144
　　　1. 体言＋「이라고나 할까/라고나 할까」
　　　2. 用言＋「-는 데에(는)/-ㄴ 데에(는)/-은 데에(는)」
　　　3. 用言＋「-는 모양이다/-ㄴ 모양이다/-은 모양이다」
　　　4. 用言＋「-ㄹ 뻔하다/-을 뻔하다」
　　　5. 用言＋「-고 말다」
　　　6. 用言＋「-나 마나/-으나 마나」

第22課　어제 좀 무리를 했나 봐요. ·····················152
　　　1. 体言＋「이외에도」
　　　2. 用言＋「-려거든/-으려거든」
　　　3. 用言＋「-려던 참이다/-으려던 참이다」
　　　4. 用言＋「-라고 권하다/-으라고 권하다」
　　　5. 用言＋「-아야지 하다/-어야지 하다/-여야지 하다」

第23課　모양은 다 똑같은가요? ·····················159
　　　1. 体言＋「에 따라(서)」
　　　2. 体言＋「이로군요/로군요」
　　　3. 用言＋「-는 듯이/-ㄴ 듯이/-은 듯이」
　　　4. 用言＋「-는 셈이다/-ㄴ 셈이다/-은 셈이다」
　　　5. 用言＋「-거나」
　　　　 用言＋「-든지」

第24課　걱정할 것 없어요. ·····················167
　　　1. 体言＋「이구나/구나」
　　　2. 用言＋「-ㄴ 후에/-은 후에」
　　　3. 用言＋「-ㄹ 것 없다/-을 것 없다」
　　　4. 用言＋「-고 나면」
　　　5. 用言＋「-다(가)」
　　　6. 用言＋「-래요/-으래요」

単語索引

제1과 전공 과목을 더 들어야 해요.

이미영 : 스즈키씨, 2학기 수강 신청은 했어요?
스즈키 : 아직이오. 언제가 마감이죠?
이미영 : 이번주 금요일까지요. 저는 내일 하려고 해요.
스즈키 : 무슨 과목을 신청할지 아직 고민하는 중이에요. 미영씨는 뭘 들을 거예요?
이미영 : 전공은 두 개만 듣고 교양 과목을 더 들을까 싶어요.
스즈키 : 저는 교양보다 전공 과목을 더 들어야 해요.
이미영 : 왜요? 학점이 모자라요?
스즈키 : 괴로워요. 묻지 마세요. 제가 지난해에 좀 놀았잖아요.
이미영 : 그래서 제가 같이 도서관에 다니자고 했죠. 아무튼 고생이 많습니다.

이미영 : 鈴木さん、後期の履修登録はしましたか。
스즈키 : まだです。いつが締切りですか。
이미영 : 今週の金曜日までです。私は明日するつもりです。
스즈키 : どの科目を申請しようかまだ迷っているところです。ミヨンさんはどの科目を履修するつもりですか。
이미영 : 専門科目は二科目だけ履修し、教養科目をもっと履修しようかと思っています。
스즈키 : 私は教養より専門科目を多めに履修しなければなりません。
이미영 : どうしてですか。単位数が足りませんか。
스즈키 : つらいです。聞かないでください。私、昨年、ちょっと遊びすぎたでしょう。
이미영 : だから、私が一緒に図書館に行こうと言ったでしょう。なにしろ、ご苦労さまです。

【新出単語】

수강：受講　　　마감：締め切り　　　과목：科目　　　신청하다：申請する、申し込む
-(으)ㄹ지：-するか、-か　　　고민하다：悩む
-는 중이다/-중이다：-するところだ　　　-(으)ㄹ 거예요?：-ですか、-ますか
전공：専攻、専門　　　교양：教養　　　-(으)ㄹ까：-しようか
-(으)ㄹ까 싶다：-しようかと思う　　　-아야/어야/여야 하다：-なければならない
왜：なぜ、どうして　　　학점：単位　　　괴롭다：苦しい、つらい
-잖아요：-じゃないですか　　　그래서：それで　　　-자고：-しようと
-자고 하다：-しようという　　　아무튼：とにかく、いずれにせよ

말리다：干す　　　원인：原因　　　알아보다：調べる、探る　　　-고 있다：-ている
녹음하다：録音する　　　바로：すぐ、直ちに　　　나가다：出かける
닿다：つく、届く　　　-(으)ㄹ까 하다：-しようかと思う　　　꼭：必ず、きっと
고백：告白　　　넉넉히：十分に　　　선반：棚　　　특별히：特別に　　　너무：あまりに
-아야/어야/여야 되다：-なければならない　　　마을：町、村
마을버스：地域巡回バス　　　전염병：伝染病　　　앓다：病む、患う　　　외출：外出
삼가다：慎む、遠慮する　　　둑：堰、堤、土手　　　터지다：壊れる
재빨리：素早く　　　막다：塞ぐ　　　자신：自信　　　어학：語学　　　짧다：短い
문장：文章　　　수없이：数限りなく、数え切れないほど
어쨌든：とにかく、いずれにせよ　　　싸움：戦い、けんか　　　말리다：止める
달래다：慰める、なだめる　　　출퇴근：通勤　　　대중교통：公共交通　　　수단：手段
이용하다：利用する　　　-아도/어도/여도：-ても
고집스럽다：意地っ張りだ、頑固だ　　　느닷없이：いきなり、突然　　　뺨：頬
때리다：打つ、殴る　　　바퀴벌레：ゴキブリ　　　뿌리다：まく
프로포즈하다：プロポーズする　　　-게：-く、-に、-するように
-재요：-しようといいます

1 用言＋「-는 중이다」

머리를 감는 중이에요.　　　　　　　　　髪を洗っているところです。
빨래를 말리는 중이에요.　　　　　　　　洗濯物を干しているところです。
원인을 알아보고 있는 중이에요.　　　　原因を調べているところです。

＊ 体言＋「(하는) 중이다」

지금 운동(하는)중이에요.　　　　　　　今運動しているところです。
다시 생각(하는)중이에요.　　　　　　　改めて考えているところです。
지금 새로 녹음(하는) 중이에요.　　　　今新しく録音しているところです。

2 用言＋「-ㄹ지」

일찍 일어날지 모르겠어요.　　　　　　　早めに起きるかわかりません。
언제 들어올지 물어볼게요.　　　　　　　いつ戻ってくるか聞いてみます。
바로 나갈지 고민하는 중이에요.
　　　　　　　　　　　　　　　　　　　すぐ出かけるかどうか迷っているところです。

＊　用言＋「-을지」

연락이 닿을지 모르겠어요.　　　　　　　　　　連絡が付くかわかりません。
어디에 앉을지 물어볼게요.　　　　　　　　　　どこに座るか聞いてみます。
같이 갈지 혼자 남을지 생각하는 중이에요.
　　　　　　　　　　一緒にいくか一人で残るか考えているところです。

3　**用言＋「-ㄹ까 싶다/하다」**

저는 먼저 들어갈까 해요.　　　　　　　　私はお先に帰ろうかとしています。
오늘은 꼭 고백을 할까 싶어요　　　　　今日は必ず告白しようかと思っています。
음식을 좀 넉넉히 준비할까 해요.
　　　　　　　　　　食べ物は少し多めに用意しようかと思っています。

＊　用言＋「-을까 싶다/하다」

그 그림은 선반 위에 놓을까 해요.
　　　　　　　　　　その絵は戸棚の上に置こうかとしています。
오늘은 특별히 한복을 입을까 싶어요.
　　　　　　　　　　今日は特別に韓服を着ようかと思っています。
날씨가 너무 추워서 가게 문을 일찍 닫을까 해요.
　　　　　　　　　　天気が余りにも寒いのでお店を早めに閉めようかと思っています。

4　**用言＋「-아야 하다/되다」**

일찍 나와서 마을버스를 타야 해요.
　　　　　　　　　　　　　早く出て巡回バスに乗らなければなりません。
전염병을 앓고 있는 사람은 외출을 삼가야 돼요.
　　　　　　　　　伝染病にかかっている人は外出を控えなければなりません。
둑이 터지면 재빨리 막아야 돼요.
　　　　　　　　　堤防が壊れればすばやく処置しなければなりません。

＊　用言＋「-어야 하다/되다」

무엇보다 자신을 가져야 해요.　　　　　まずは自信を持たなければなりません。
어학 공부는 짧은 문장을 수없이 외워야 돼요.
　　　　　　　　　　語学の勉強は短い文章を数多く暗記しなければなりません。
어쨌든 싸움은 말리고 우는 아이는 달래야 돼요,
　　　　　　　　　ともかく喧嘩は止めさせ泣く子はあやさなければなりません。

* 用言＋「-여야 하다/되다」

출퇴근은 대중교통 수단을 이용해야 해요.
　　　　　　　　　　　　通勤は大衆交通手段を利用しなければなりません。
무슨 일이 있어도 올해는 졸업해야 돼요.
　　　　　　　　　　　　どんなことがあっても今年は卒業しなければなりません。
그렇게 고집스러운 사람은 좀 더 고생해야 돼요.
　　　　　　　　　　　　そんなに我の強い人はもっと苦労しなければなりません。

5 用言＋「-잖아요 (=지 않아요)」

느닷없이 뺨을 때리잖아요.　　　　　　　出し抜けに顔をひっぱたくでしょう。
생각보다 가격이 너무 비싸잖아요.　　　　思ったよりお値段が張りすぎでしょう。
바퀴벌레가 나와서 약을 뿌렸잖아요.　　　ゴキブリが出て薬をまいたでしょう。

6 用言＋「-자고 하다」

친구가 영화 보러 가자고 하네요.　　　　友達が映画を見に行こうと言いました。
남자 친구가 결혼하자고 프로포즈했어요.
　　　　　　　　　　　　彼が結婚しようとプロポーズをしました。
앞으로는 싸움은 그만두고 친하게 지내재요.
　　　　　　　　　　　　これからは喧嘩せず親しくなろうと言いました。

때로는 도서관에서 책과 데이트라도…….

【練習1】

1. 가 : 지금 무엇을 하고 있어요?
   나 : _____을/를 _____는 중이에요.

   보기 : 피아노/치다
   → 가 : 지금 무엇을 하고 있어요?
     나 : 피아노를 치는 중이에요.

   1) 이야기/듣다   2) 산보/하고 있다
   3) 양식/얻다   4) 파티/준비하고 있다
   5) 레포트/쓰다   6) 만화책/빌리고 있다
   7) 커피/끓이고 있다   8) 아이디어/구상하고 있다
   9) 친구/만나고 있다   10) 졸업 논문/작성하고 있다

2. 가 : _____겠어요?
   나 : 글쎄요, _____(으)ㄹ지 어떨지 모르겠어요.

   보기 : 이 집 음식이 맛있다
   → 가 : 이 집 음식이 맛있겠어요?
     나 : 글쎄요, 이 집 음식이 맛있을지 어떨지 모르겠어요.

   1) 시험에 붙다   2) 병이 완치되다
   3) 흉터가 없어지다   4) 옷의 얼룩이 빠지다
   5) 신상품은 평판이 좋다   6) 친정 부모님이 허락하다
   7) 산낙지를 먹을 수 있다   8) 학원에 학생들이 모이다
   9) 내년에는 월급이 오르다   10) 장난감을 개발할 수 있다

3. _____(으)ㄹ까 싶어요/해요.

   보기 → 가 : 오후에는 무엇을 하려고 합니까? (친구를 만나다)
       나 : 친구를 만날까 싶어요.
           친구를 만날까 해요.

   1) 가 : 방학 중에는 무엇을 하려고 합니까? (가정 교사를 하다)
      나 : _____. _____.
   2) 가 : 내일은 몇 시에 출발하려고 합니까? (7시에 출발하다)
      나 : _____. _____.
   3) 가 : 점심은 무엇을 먹으려고 합니까? (스파게티라도 먹다)
      나 : _____. _____.
   4) 가 : 바캉스는 어디로 가려고 합니까? (오키나와에 가다)
      나 : _____. _____.
   5) 가 : 외국어는 무엇을 선택하려고 합니까? (중국어를 선택하다)
      나 : _____. _____.

6) 가 : 전공은 몇 과목 들으려고 합니까? (네 과목 듣다)
   나 : _____. _____.
7) 가 : 어떤 회사에 취직하려고 합니까? (광고 회사에 취직하다)
   나 : _____. _____.
8) 가 : 졸업하고 무엇을 하려고 합니까? (어학 연수를 가다)
   나 : _____. _____.

4. _____아야/어야/여야 돼요.

   보기 : 사정을 이야기하다
        → 사정을 이야기해야 돼요.

   1) 약속을 지키다   2) 호텔을 예약하다
   3) 운전은 조심하다   4) 매일 30분씩 걷다
   5) 8시까지 출근하다   6) 몰래카메라를 설치하다
   7) 내일까지 레포트를 내다   8) 저녁 때까지 장작을 패다
   9) 토요일에도 회사에 가다   10) 아침 일찍 일어나다

5. 가 : 왜 _____았어요?/었어요?/였어요?
   나 : _____잖아요.

   보기 : 수강 신청을 많이 하다/학점이 부족하다
        → 가 : 왜 수강 신청을 많이 했어요?
          나 : 학점이 부족하잖아요.

   1) 늦다/버스가 안 오다   2) 여행을 안 가다/돈이 없다
   3) 잠을 못 자다/너무 덥다   4) 안 사다/값이 너무 비싸다
   5) 밖에 서 있다/열쇠가 없다   6) 병원에 가다/열이 많이 나다
   7) 밥을 굶다/시간이 안 나다   8) 화가 나다/아이가 말을 안 듣다
   9) 빨리 돌아오다/숙제가 많다
   10) 냉장고를 새로 사다/이상한 소리가 나다

6. _____이/가 _____자고 해요/했어요.

   보기 : 친구/생일 파티를 하다
        → 친구가 생일 파티를 하자고 해요.
          친구가 생일 파티를 하자고 했어요.

   1) 동생/같이 놀다   2) 엄마/같이 외출하다
   3) 아버지/낚시를 가다   4) 친척들/묘비를 세우다
   5) 의사/엑스레이를 찍다   6) 코치/내일도 연습하다
   7) 옛 동료/술 한잔 하다   8) 남편/캐나다로 이민을 가다
   9) 선생님/전시회에 작품을 내다 10) 사장님/새 프로젝트를 해 보다

7. 본문을 읽고 배운 문형을 이용하여 대답하세요.

   1) 무슨 이야기를 하고 있어요?
   2) 수강 신청은 언제까지입니까?
   3) 이미영씨는 수강 신청을 언제 하려고 합니까?
   4) 이미영씨는 전공은 몇 과목 들으려고 합니까?
   5) 스즈키씨는 작년에 공부를 열심히 했습니까?
   6) 스즈키씨는 전공과 교양 과목 어느 쪽을 더 신청해야 합니까?

A: 학점이 모자라요?   B: 괴로워요. 묻지 마세요.

A: 그 여자 친구랑은 헤어졌어요   B: 괴로워요. 묻지 마세요.
A: 시험 결과는 어떻게 나왔어요?   B: 괴로워요. 묻지 마세요.
A: 어른들의 승낙은 받았어요?   B: 괴로워요. 묻지 마세요.
A: 졸업 논문은 썼어요?   B: 괴로워요. 묻지 마세요.

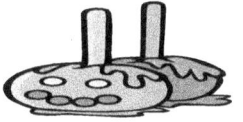

괴로워요. 울고 싶어요!!

【新出単語】

양식 : 食糧、糧食　　얻다 : 得る、もらう　　만화책 : 漫画　　아이디어 : アイデア
구상하다 : 構想する　　작성하다 : 作成する　　글쎄요 : そうですね
시험에 붙다 : 試験に受かる　　완치되다 : 完治する　　흉터 : 傷跡
없어지다 : なくなる、消える　　얼룩 : 染み　　빠지다 : 落ちる、抜ける
신상품 : 新商品　　평판 : 評判　　친정 : (奥さんの)実家
허락하다 : 承諾する、許す　　산낙지 : まだこ　　개발하다 : 開発する
중 : 中、途中　　교사 : 教師　　스파게티 : スパゲッティ　　마킹스 : バランス
오키나와 : 沖縄　　선택하다 : 選択する、選ぶ　　광고 : 広告　　연수 : 研修
사정 : 事情、都合　　이야기하다 : 話す、語る　　조심하다 : 注意する、気をつける
예약하다 : 予約する　　씩 : ずつ　　몰래카메라 : 隠しカメラ
설치하다 : 設置する、設ける　　장작 : 薪　　장작을 패다 : 薪を割る
에누 : -에도　　-아 있다/어 있다 : -ている　　열쇠 : 鍵
굶다 : 飢える、腹をすかせる　　시간이 나다 : 時間ができる、時間がある
화 : 怒り　　이상하다 : 異常だ　　소리가 나다 : 音がする　　동생 : 弟、妹
낚시 : 釣　　친척 : 親戚　　묘비 : 墓碑、墓石　　세우다 : 立てる
엑스레이 : レントゲン　　코치 : コーチ　　연습하다 : 練習する　　이민 : 移民
작품 : 作品　　프로젝트 : プロジェクト　　본문 : 本文　　문형 : 文型
대답하다 : 答える　　헤어지다 : 別れる　　어른 : 大人　　승낙 : 承諾、許可

제 2 과 시간은 언제가 좋아요?

스즈키 : 일본 유학생인데, 아르바이트 광고를 보고 찾아왔어요.

아저씨 : 일주일에 몇 번이나 할 수 있어요?

스즈키 : 수업이 있어서 매일 하는 것은 좀 어렵습니다. 일주일에 세 번 정도라면 좋겠어요.

아저씨 : 그럼, 일주일에 삼일 하는 것으로 합시다. 시간은 언제가 좋아요?

스즈키 : 수업 끝나고 다섯 시부터 네 시간 정도면 좋겠습니다.

아저씨 : 좋아요. 일주일에 세 번, 네 시간씩 합시다. 아르바이트비는 많이 못 주는데 괜찮겠어요?

스즈키 : 괜찮습니다. 돈도 돈이지만 일하면서 좀 더 한국을 알고 싶어서요.

아저씨 : 아, 정말 훌륭한 학생이네. 요즘 이런 학생 참 보기 힘들어요.

スズキ：日本人留学生ですが、アルバイトの広告を見て尋ねてきました。
アジョシ：週何回ほどできますか。
スズキ：授業があって、毎日はちょっと難しいです。一週間三回ぐらいならいいと思います。
アジョシ：それなら、週三回することにしましょう。時間はいつがいいですか。
スズキ：授業終わって五時から四時間ほどがいいです。
アジョシ：いいですよ。週三回、四時間ずつにしましょう。アルバイト代が安いが構いませんか。
スズキ：構いません。お金もお金ですが、働きながらもうちょっと韓国のことが知りたいためですから。
アジョシ：あ、本当に偉い学生だね。この頃こんな学生さんなかなかいないよ。

【新出単語】

인데 : ―が、―けれども	정도 : 程度、ぐらい、程
이라면 : ―であるならば	-는/ㄴ/은 것으로 하다 : ―することにする
아르바이트비 : 時給	이지만 : ―であるが、―だが　훌륭하다 : 立派だ、見事だ
이런 : こんな	-기 : ―であること、―すること　-기 힘들다 : ―しがたい

오래전에 : ずっと前に　　출판되다 : 出版される　　최신형 : 最新型
노트북 : ノート型パソコン　　성능 : 性能　　굉장히 : ものすごく　　주인공 : 主人公
외계인 : 宇宙人　　외모 : 外貌、外見　　인간 : 人間　　비슷하다 : 似ている
꿈 : 夢　　깨다 : 覚める　　말다 : 中断する、中止する　　파스타 : パスタ
돌보다 : 手伝う、世話する、面倒をみる　　마음씨 : 気立て、心根、心がけ
연애 : 恋愛　　시급하다 : 急だ、緊急だ　　효도 : 親孝行　　-기 쉽다 : ―しやすい
-기 어렵다 : ―しがたい　　-기 불편하다 : ―しにくい　　으로도/로도 : ―でも
움직이다 : 動く　　순간 : 瞬間　　상황 : 状況　　소중하다 : 大事だ、大切だ
한방약 : 漢方薬　　윗사람 : 目上の人　　그냥 : ただ、そのまま
화려하다 : 華麗だ、派手だ　　모양 : 形、格好　　길이 : 長さ　　똑같다 : 同じだ
크기 : 大きさ　　알맞다 : 適当だ、相応しい、合う　　촉감 : 触感、感触

1 体言＋「인데」

오래전에 출판된 책인데 아직도 인기가 있어요.　　ずっと前に出版された本だがいまだに人気があります。
이것이 최신형 노트북 컴퓨터인데 성능이 굉장히 뛰어나요.　　これが最新のノート型パソコンだが性能が抜群です。
그 영화의 주인공이 외계인인데 외모는 우리 인간과 비슷해요.　　その映画の主人公は宇宙人だが外貌はわたしたち人間と似ています。

2 体言＋「이라면」

일요일이라면 시간이 있어요.　　日曜日なら時間があります。
운동이라면 뭐든지 자신이 있어요.　　運動なら何でも自信があります。
이것이 꿈이라면 깨지 말았으면 좋겠다.　　これが夢なら覚めないでほしい。

＊　体言＋「라면」
언제라면 그 일이 끝나겠어요?　　いつならその仕事が片付きますか。
파스타요리라면 뭐든지 좋아해요.　　パスタ料理なら何でも好きです。
아직 아이라면 잘 돌볼 자신이 없어요.　　まだ乳児ならめんどうする自信がありません。

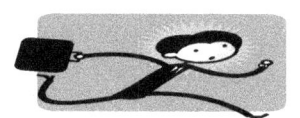

공부도 아르바이트도 열심히 뛰어요.

3 体言+「도」 体言+「이지만」

돈도 돈이지만 건강이 먼저예요.　　　　　　　お金も大事だが健康が先です。
노력도 노력이지만 우선 머리가 좋아야 해요.
　　　　　　　　　　　努力も大事だが第一頭がよくなければなりません。
얼굴도 얼굴이지만 마음씨를 봐야 해요.
　　　　　　　　　　　外貌も大事だが性格を見なければなりません。

＊ 体言+「도」 体言+「지만」

연애도 연애지만 지금은 공부할 때예요.
　　　　　　　　　　　恋も大事だが今は勉強が大事な時です。
효도도 효도지만 내 인생도 매우 소중해요.
　　　　　　　　　　　親孝行も大事だが私の人生も大事です。
친구도 친구지만 가정을 돌보는 일이 시급해요.
　　　　　　　　　　　友達も大事だが家庭をケアするのが先です。

4 用言+「-기 쉽다/어렵다」

주소만으로도 집은 찾기 쉬워요.　　　住所だけでも家は探しやすいです。
짐이 너무 많아서 움직이기 불편해요.　荷物が多すぎて動きにくいです。
그 순간의 상황은 말로 설명하기 어려워요.
　　　　　　　　　　　その時の状況は言葉で説明しにくいです。

5 1. 用言+「-는 것으로 하다」

한방약을 쓰는 것으로 합시다.　　　　漢方薬を使うことにしましょう。
윗사람의 말을 듣는 것으로 합시다.　年配のお言葉に従うことにしましょう。
저녁 여섯시에 돌아오는 것으로 할까요?
　　　　　　　　　　　夕方六時に帰ってくることにしましょうか。

2. 用言+「-ㄴ 것으로 하다」

그냥 큰 것으로 합시다.　　　　　　このまま大きいものにしましょう。
둘 중에서 더 빠른 것으로 합시다.　二つの中でより早いものにしましょう。
색깔이 좀 더 화려한 것으로 할까요?
　　　　　　　　　　　色がもうちょっと華やかなものにしましょうか。

＊ 用言+「-은 것으로 하다」

우선 모양이 괜찮은 것으로 합시다.　まずは形が良いものにしましょう。
길이가 똑같고 크기가 알맞은 것으로 합시다.
　　　　　　　　　　　長さが一緒で大きさが適切なものにしましょう。
촉감보다 디자인이 더 나은 것으로 할까요?
　　　　　　　　　　　触感よりデザインがよいものにしましょうか。

【練習 1】

1. _____인데 _____아요/어요/여요.

   보기 : 중학생/별로 키가 크지 않다
   → 중학생인데 별로 키가 크지 않아요.

   1) 남자/여자 말투를 쓰다　　　　　2) 우리 학교 학생/잘 부탁하다
   3) 장가들 나이/철이 없다　　　　　4) 인공 호수/그리 깊지는 않다
   5) 고교 야구/아주 흥미롭다　　　　6) 무형문화재/관리가 소홀하다
   7) 새 프로그램/인기가 많다　　　　8) 빅스타/이미지 관리를 못 하다
   9) 고등학교 3학년/공부를 안 하다　10) 벌써 12월 말/눈이 안 내리다

2. 가 : _____이/가 괜찮아요?
   나 : _____이라면/라면 좋겠어요.

   보기 : 컴퓨터는 어떤 것/가벼운 노트북
   → 가 : 컴퓨터는 어떤 것이 괜찮아요?
   　　나 : 가벼운 노트북이라면 좋겠어요.

   1) 약속은 몇 시/오후 3시　　　　　2) 간담회는 언제/일주일 후
   3) 점심은 무엇/따끈한 국밥　　　　4) 주인공은 누구/키가 큰 배우
   5) 담당자는 누구/미술 전공자　　　6) 텔레비전은 어떤 것/액정 화면
   7) 디저트는 무엇/달콤한 케이크　　8) 피서지는 어느 쪽/시원한 바다
   9) 영화는 어떤 종류/멋진 액션 영화
   10) 모임 장소는 어디/한적한 레스토랑

3. 가 : _____(으)ㄹ까요?
   나 : _____도 _____이지만/지만 _____는/ㄴ/은 것으로 합시다.

   보기 : 편지를 쓰다/전화를 하다
   → 가 : 편지를 쓸까요?
   　　나 : 편지도 편지지만 전화를 하는 것으로 합시다.

   1) 약을 먹다/주사를 맞다　　　　　2) 냉면을 먹다/고기를 먹다
   3) 유학을 보내다/취직을 시키다　　4) 도서관에 가다/식사부터 하다
   5) 음식 조절을 하다/운동을 하다　　6) 차를 사다/우선은 이사를 하다
   7) 아르바이트를 하다/공부를 하다
   8) 능력으로 판단하다/의욕을 먼저 보다
   9) 디자인을 보고 결정하다/가격이 싸다
   10) 동아리 활동을 하다/전공 수업에 열중하다

4. _____아서/어서/여서 _____기 쉬워요/어려워요.

   보기 : 맛이 달콤하다/먹다 → 맛이 달콤해서 먹기 쉬워요.
   　　　 약이 쓰다/마시다　 → 약이 써서 마시기 어려워요.

   1) 글자가 크다/보다　　　　　　　　2) 한자가 많다/읽다
   3) 재료가 좋다/만들다　　　　　　　4) 물가가 비싸다/살다
   5) 학교가 가깝다/다니다　　　　　　6) 위가 약하다/소화하다
   7) 방이 좁다/여섯 명이 살다　　　　8) 성격이 괴팍하다/대하다
   9) 구조가 복잡하다/알아내다　　　　10) 대기 차량이 많다/차를 빌리다

5. 본문을 읽고 배운 문형을 이용하여 대답하세요.

   1) 스즈키씨는 지금부터 무엇을 하려고 합니까?
   2) 스즈키씨는 매일 아르바이트를 할 수 있어요?
   3) 아르바이트는 몇 시부터 몇 시까지예요?
   4) 아르바이트비는 얼마입니까? 비싸요?
   5) 왜 스즈키씨는 아르바이트를 하려고 합니까?

   A:시간은 언제가 좋아요?　　　　　B:언제든지 좋아요.

   A:상대는 누가 좋아요?　　　　　　B:누구든지 좋아요.
   A:장소는 어디가 좋아요?　　　　　B:어디든지 좋아요.
   A:날짜는 언제가 좋아요?　　　　　B:언제든지 좋아요.
   A:물건은 무엇이 좋아요?　　　　　B:무엇이든지 좋아요.

【新出単語】

중학생 : 中学生　　　말투 : 口ぶり、口調　　　장가들다 : 結婚する
철 : 分別、物心、わきまえ　　　인공 : 人工　　　호수 : 湖
그리 : それほど、そんなに　　　고교 : 高校　　　흥미롭다 : 興味深い
무형문화재 : 無形文化財　　　관리 : 管理　　　소홀하다 : いい加減だ、おろそかだ
프로그램 : プログラム　　　빅스타 : ビックスター　　　이미지 : イメージ
고등학교 : 高等学校、高校　　　학년 : 学年　　　가볍다 : 軽い　　　간담회 : 懇談会
따끈하다 : 温かい、ほかほかだ　　　담당자 : 担当者　　　미술 : 美術
전공자 : 専攻者　　　액정 : 液晶　　　화면 : 画面　　　디저트 : デザート
달콤하다 : 甘い、甘ったるい　　　피서지 : 避暑地　　　시원하다 : 涼しい、さわやかだ
종류 : 種類　　　액션 : アクション　　　한적하다 : もの静かだ、もの寂しい
맞다 : 打たれる　　　보내다 : 行かせる　　　취직 : 就職　　　시키다 : させる
조절 : 調節、コントロール　　　판단하다 : 判断する　　　의욕 : 意欲
결정하다 : 決定する　　　활동 : 活動　　　열중하다 : 熱中する　　　글자 : 字、文字
가깝다 : 近い　　　위 : 胃　　　약하다 : 弱い　　　소화하다 : 消化する
괴팍하다 : 気難しい　　　대하다 : (相手に)する、対面する　　　구조 : 構造
알아내다 : 分かる、見つけ出す　　　대기차량 : 待機車　　　상대 : 相手　　　날짜 : 日にち

제 3 과 자동 이체로 하지 그래요.

이미영 : 스즈키씨, 무슨 곤란한 일이라도 생겼어요?
스즈키 : 너무 바쁜 통에 전화 요금 내는 것을 잊어 버렸어요.
이미영 : 아니, 아직도 은행에 가서 직접 내세요? 통장을 만들어 자동 이체로 하지 그래요.
스즈키 : 앞으로는 그래야겠어요.
(은행)
은행원 : 손님 무엇을 도와 드릴까요?
스즈키 : 통장을 만들려고 하는데요. 뭐가 필요하지요?
은행원 : 도장하고 신분증만 있으면 바로 만들 수 있어요.
스즈키 : 그렇게 간단해요. 도장과 신분증은 여기 있어요.
은행원 : 잠시만 기다려 주십시오.
스즈키 : 앞으로는 세금도 통장에서 자동 이체 시킬 수 있지요?
은행원 : 물론이지요.
스즈키 : 좀 더 빨리 만들었으면 연체료 안 내도 됐는데…….

이미영 : 鈴木さん、何か困ったことでも起きましたか。
スズキ : あまりにも忙しかったために電話代のお支払いを忘れておりました。
이미영 : あら、まだ自分で銀行に行って納めていますか。通帳を作って、自動引き落としにしたらいいでしょう。
スズキ : これからはそうします。
(銀行)
은행원 : お客様、何をお手伝いいたしましょうか。
スズキ : 口座を開きたいです。何が必要ですか。
은행원 : ハンコと身分証だけあればすぐ開けます。
スズキ : そんなに簡単ですか。ハンコと身分証はここにあります。
은행원 : しばらくお待ちください。
スズキ : これからは各種料金も通帳から引き落とせますよね。
은행원 : もちろんです。
スズキ : もうちょっと早めにやっておいたら延滞料なんか支払わなくて済んだのに‥‥。

【新出単語】

곤란하다：困る　　　-는/ㄴ/은 통에：-ために、-せいで　　　내다：支払う
잊다：忘れる　　　-아/어/여 버리다：-てしまう　　　아니：いや、えっ
직접：直接　　통장：通帳　　자동：自動　　이체：引き落とし
-지 그래요：-したらいいでしょう、-したらどうですか
-아야겠다/어야겠다/여야겠다：-なければならない、-する　　　은행원：銀行員
-지요？：-ですか、-ますか、-でしょう　　도장：ハンコ　　신분증：身分証
간단하다：簡単だ　　잠시만：しばらく
-(으)십시오：お-ください、-してください　　세금：税金
물론이다：勿論だ、当然だ　　연체료：延滞料　　-아도/어도/여도 되다：-てもいい

주정：酒癖、酒乱　　아무도：誰も　　이라고：-であると
형편：都合、成り行き　　좋아지다：よくなる　　일주：一周
눈을 감다：目を閉じる　　코를 골다：いびきをかく　　학생증：学生証
된장：味噌　　다른：他の、別の　　신경：神経　　여럿：多くの人、人々
모두：皆　　자기：自分　　권리：権利　　주장하다：主張する
한꺼번에：一度に、一緒に　　몰리다：押し寄せる　　할인：割引　　품목：品目
금세：たちまち、直ちに　　바닥：底、床　　바닥이 나다：底が突く、尽きる
산란하다：散り乱れる　　대단하다：大変だ、ものすごい　　진땀：冷や汗、脂汗
진땀을 빼다：脂汗をかく　　폭력：暴力　　제대로：思いどおりに、満足に
잦다：頻繁だ、よくある　　황량하다：荒涼とする
언짢다：うっとうしい、すぐれない　　이나：-も、-でも
낭비하다：浪費する、無駄遣いする　　비밀：秘密　　비바람：雨と風、風雨
아예：絶対に、決して、最初から　　마구：やたらに、むやみに　　기계：機械
멈추다：止まる　　웃옷：上着　　하나하나：一つずつ、漏れなく、全部
사건：事件　　발생하다：発生する、生じる　　아들：息子　　완전히：完全に
변하다：変わる　　-아도/어도/여도 괜찮다：-てもいい　　여기서：ここで
아무리：どんなに、いくら　　뛰어놀다：飛び回る、遊ぶ　　일으키다：起こす
주고받다：やりとりする　　가져오다：持ってくる　　맞서다：対決する、立ち向かう
정답：正解　　글씨：字　　비뚤어지다：曲がる、歪む
억울하다：無念だ、悔しい　　이의：異議　　제기하다：提起する、申し立てる
가난하다：貧しい、貧乏だ　　타당하다：妥当だ　　이유：理由
반대하다：反対する　　들이다：入れる、雇う　　도전하다：挑戦する、挑む

1 体言＋「만」　用言＋「-면」

술만 마시면 주정을 해요.　　　　　　　　お酒を飲みさえすれば酒癖を働きます。
입만 조심하면 아무도 뭐라고 말하지 않아요.
　　　　　　　　　　　　　　　口だけ用心すれば誰も何も言いません。
형편만 좋아지면 저도 해외 일주 여행을 하고 싶어요.
　　　　　　　　　暮らしさえよくなれば私も海外一周旅行がしたいです。

* 体言＋「만」 用言＋「-으면」

눈만 감으면 코를 골아요.　　　　　　　　　　眠りさえすればいびきをかきます。
학생증만 있으면 언제든지 들어갈 수 있어요?
　　　　　　　　　　　　　　　学生証さえあればいつでも入場できます。
김치하고 된장만 있으면 다른 반찬은 신경 안 써요.
　　　　　　　　　　　　　キムチと味噌汁だけあれば他のおかずは心配しません。

2　1. 用言＋「-는 통에」

여럿이 먹는 통에 아주 맛있게 먹었어요.
　　　　　　　　　　　　みな一緒に食べているためにとても美味しくいただけました。
모두 자기 권리만 주장하는 통에 할 말도 못했어요.
　　　　　　　みんな自分の権利だけ主張しているために言うべき言葉も言えませんでした。
손님이 한꺼번에 몰리는 통에 할인 품목은 금세 바닥이 났어요.
　　　　　　　　　　客がどっと押し寄せたためにセールの品はすぐ品切れになりました。

2. 用言＋「-ㄴ 통에」

마음이 산란한 통에 할 일도 못했어요.
　　　　　　　　　　　　気が散っているためにやるべきこともやれませんでした。
화가 대단한 통에 저만 진땀을 뺐어요.
　　　　　　　　　　　　かんかんと怒っているためにこっちは腰が抜かれました。
학교 폭력 문제가 심각한 통에 수업이 제대로 안 돼요.
　　　　　　　　　　学校暴力の問題が深刻であるために授業もままなりません。

* 用言＋「-은 통에」

사고가 잦은 통에 거리가 황량해요.　事故が多いために街が荒涼としています。
기분이 언짢은 통에 싸움을 해 버렸어요.
　　　　　　　　　　　　　　　気持ちが晴れないために喧嘩をしてしまいました。
버스가 한 시간이나 늦은 통에 시간만 낭비했어요.
　　　　　　　　　　　バスが一時間も遅れたために時間だけ無駄にしました。

3　用言＋「-아 버리다」

키우기가 곤란해서 팔아 버렸어요.　　　　　育てにくくて売ってしまいました。
그 친구가 이 비밀을 다 알아 버렸어요.
　　　　　　　　　　　　　　　彼がこの秘密を全部知ってしまいました。
비바람이 심해서 문은 아예 닫아 버렸어요.
　　　　　　　　　　　　風雨が激しくて戸はもとから閉めてしまいました。

＊ 用言＋「-어 버리다」

눈물이 나서 마구 울어 버렸어요.　　　涙が出てワンワン泣いてしまいました。
고장이 나서 기계가 멈춰 버렸어요.　　　故障で機械が止まってしまいました。
날씨가 너무 더워서 웃옷을 벗어 버렸어요.
　　　　　　　　　　　　天候があまり暑かったので上着を脱いでしまいました。

＊ 用言＋「-여 버리다」

하나하나 다 이야기해 버렸어요.　　　一つ一つ全部しゃべってしまいました。
느닷없이 그 사건이 발생해 버렸어요.
　　　　　　　　　　　　出し抜けにその事件が発生してしまいました。
아들을 잃은 뒤로 생활이 완전히 변해 버렸어요.
　　　　　　　　　　　　子供を亡くした後、生活は完全に変わってしまいました。

4 用言＋「-아도 되다/괜찮다」

이 일만 마치면 바로 집으로 돌아가도 돼요.
　　　　　　　　　　　　この仕事さえ終えればすぐ家に帰ってもいいです。
여기서는 아무리 뛰어놀아도 괜찮아요.
　　　　　　　　　　　　ここではどんなに飛びまわっても構いません。
문제만 일으키지 않으면 물건은 주고받아도 괜찮아요.
　　　　　　　　　　　　問題さえ起こさなければ品物は授受しても構いません。

＊ 用言＋「-어도 되다/괜찮다」

목이 마르면 가져온 물을 마셔도 돼요.
　　　　　　　　　　　　咽喉が渇いたら持ってきた水を飲んでもいいです。
이길 자신만 있으면 서로 맞서도 괜찮아요.
　　　　　　　　　　　　勝つ自信さえあればお互い競っても構いません。
정답만 맞으면 글씨는 비뚤어져도 괜찮아요.
　　　　　　　　　　　　正解でさえすれば字体はゆがんでも構いません。

＊ 用言＋「-여도 되다/괜찮다」

억울하면 이의를 제기해도 돼요.　　　悔しければ異議を申し立てもいいです。
사람이 괜찮으면 집은 조금 가난해도 돼요.
　　　　　　　　　　　　いい人だったら家は少々貧しくても構いません。
타당한 이유가 있으면 반대해도 괜찮아요.
　　　　　　　　　　　　妥当な理由があれば反対しても構いません。

5 用言＋「-지 그래요」

그렇게 바쁘시면 도우미를 들이지 그래요.
　　　　　そんなにお忙しいならお手伝いさんを雇ったほうがいいでしょう。
병원에 가서 진찰이라도 받아 보시지 그래요.
　　　　　病院に行って診察でも受けてみたほうがいいでしょう。
자신을 가지고 한번 도전해 보지 그래요.
　　　　　自信をもって一度挑戦してみるといかがでしょう。

꿈에서 돼지를 만나면 돈이 생긴데요!!

【練習 1】

1. _____만 _____(으)면 _____아요/어요/여요.

    보기 : 시간/있다/영화를 보다
    → 시간만 있으면 영화를 봐요.

    1) 엄마/없다/울다   2) 밤/되다/외출하다
    3) 잠/자다/꿈을 꾸다   4) 눈/뜨다/책을 읽다
    5) 날/새다/일을 하다   6) 밥/먹다/잠이 오다
    7) 입/벌리다/욕을 하다   8) 틈/생기다/노래방에 가다
    9) 여행/가다/배앓이를 하다   10) 시간/나다/아르바이트를 하다

2. 가 : 왜 _____았어요?/었어요?/였어요?
   나 : _____는/ㄴ/은 통에 _____잖아요.

    보기 : 늦다/길이 막히다
    → 가 : 왜 늦었어요?
      나 : 길이 막히는 통에 늦었잖아요.

    1) 술을 안 마시다/약을 먹다   2) 밥을 못 먹다/더위를 타다
    3) 가방을 버리다/바닥이 닳다   4) 구두를 안 사다/너무 비싸다
    5) 창문을 닫다/벌레가 들어오다   6) 소리를 못 듣다/밖이 시끄럽다
    7) 담배를 끊다/기침을 많이 하다   8) 기회를 놓치다/결정을 망설이다
    9) 들통이 나다/동생이 고자질하다   10) 연락을 못 하다/회사 일이 바쁘다

3. 너무 _____아서/어서/여서 _____아/어/여 버렸어요.

    보기 : 바쁘다/약속조차 잊다
    → 너무 바빠서 약속조차 잊어 버렸어요.

    1) 땀을 흘리다/옷이 젖다   2) 낡다/쓰레기통에 버리다
    3) 피곤하다/늦게까지 자다   4) 냄새가 독하다/코를 막다
    5) 김치가 시다/찌개로 하다   6) 화가 나다/고함을 지르다
    7) 손님이 없다/가게를 닫다   8) 대답이 곤란하다/입을 다물다
    9) 바람이 강하다/우산이 찢어지다   10) 나이가 들다/기억력이 없어지다

4. 가 : _____도 _____아야/어야/여야 돼요?
   나 : 아니오, _____은/는 _____지 않아도 괜찮아요.

   보기 : 내일/오다
   → 가 : 내일도 와야 돼요?
     나 : 아니오, 내일은 오지 않아도 괜찮아요.

   1) 창문/닫다   2) 선물/사다
   3) 노래/부르다   4) 찻잔/치우다
   5) 눈물까지/흘리다   6) 토요일/출근하다
   7) 학원/반드시 다니다   8) 세안 도구/가져가다
   9) 수수께끼/내일까지 풀다   10) 영어 시험/90점 이상을 받다

5. _____(으)면 _____지 그래요.

   보기 : 몸이 아프다/좀 쉬다
   → 몸이 아프면 좀 쉬지 그래요.

   1) 방이 춥다/난방을 넣다   2) 알고 싶다/직접 물어보다
   3) 너무 쉽다/수준을 높이다   4) 교실이 어둡다/전기를 켜다
   5) 상처가 가렵다/약을 바르다   6) 방학이 되다/학원에 다니다
   7) 힘이 넘치다/나를 도와주다   8) 싫증이 나다/디자인을 바꾸다
   9) 시간이 나다/고향에 다녀오다
   10) 방값이 버겁다/좀 싼 집으로 이사하다

6. 본문을 읽고 배운 문형을 이용하여 대답하세요.

   1) 스즈키씨에게 무슨 일이 생겼어요?
   2) 지금까지 스즈키씨는 전화 요금을 어떻게 냈어요?
   3) 왜 스즈키씨는 은행에 갔어요?
   4) 통장을 만들려면 무엇이 필요해요?
   5) 통장을 바로 만들 수 있어요?
   6) 앞으로 스즈키씨는 세금을 어떻게 하려고 합니까?

A:시간이 없어요. 서둘러야겠어요.　　　　B:네, 그래야겠어요.

A:시간이 없어요. 빨리 만들어야겠어요.　　B:네, 그래야겠어요.
A:시간이 없어요. 슬슬 출발해야겠어요.　　B:네, 그래야겠어요.
A:시간이 없어요. 이제 끝내야겠어요.　　　B:네, 그래야겠어요.
A:시간이 없어요. 역까지 뛰어야겠어요.　　B:네, 그래야겠어요.

한국은 은행이 9시부터 4시 30분까지예요.

【新出単語】

꿈을 꾸다:夢を見る　　눈을 뜨다:目を覚める、開く　　날:日、太陽
날이 새다:夜が明ける　　잠이 오다:眠い、眠くなる　　벌리다:開ける、広げる
욕:悪口　　욕을 하다:悪口を言う　　틈:隙間　　배앓이:腹痛
더위:暑さ　　더위를 타다:夏に負ける、夏バテだ　　닳다:すれる、すり減る
벌레:虫　　시끄럽다:うるさい、騒がしい　　기회:機会　　놓치다:失う、逃す
결정:決定　　망설이다:ためらう、躊躇する　　들통이 나다:見つかる、ばれる
고자질하다:告げ口をする　　조차:-さえ、-も　　땀:汗
땀을 흘리다:汗をかく　　젖다:ぬれる　　낡다:古い　　쓰레기통:ゴミ箱
늦게:遅く　　독하다:ひどい、きつい　　시다:酸っぱい
고함:叫び、わめき声　　고함을 지르다:叫ぶ　　대답:答え
입을 다물다:つぐむ、閉じる　　강하다:強い　　나이가 들다:お年をとる
기억력:記憶力　　찻잔:湯飲み茶碗　　흘리다:流す、こぼす
반드시:必ず、きっと　　세안:洗顔　　수수께끼:なぞなぞ　　풀다:解く
점:-点　　이상:以上　　난방:暖房　　수준:レベル　　높이다:高める
교실:教室　　전기:電気　　넘치다:あふれる　　도와주다:手伝う、助ける
싫증:飽き、嫌気　　싫증이 나다:嫌気がさす、嫌になる
다녀오다:行ってくる、寄ってくる　　방값:家賃　　버겁다:手に余る、手ごわい
이사하다:引っ越しする　　-(으)려면:-しようとすれば　　슬슬:そろそろ
이제:今　　뛰다:走る

제 4 과 좀 흐린다고 했어요.

과대표 : 혹시 내일 일기 예보를 들은 사람 있어요?

배철수 : 뉴스에서 좀 흐린다고 했어요.

과대표 : 비 온다는 말은 없었어요?

배철수 : 바람은 좀 부는데 비가 온다는 말은 없었어요.

과대표 : 다행이네요. 우리 과는 야유회만 가면 날씨가 안 좋아서요.

배철수 : 저도 비가 올까 봐 걱정 많이 했어요. 작년에는 도중에 비가 와서 옷이 다 젖었잖아요.

스즈키 : 올해도 우산은 가져가는 것이 좋겠어요.

배철수 : 참, 스즈키씨 일본 날씨는 어때요?

스즈키 : 여기처럼 봄, 여름, 가을, 겨울이 있고 거의 비슷해요. 단지 한국에 비해서 여름에 습기가 좀 많은 편이에요.

과대표 : ひょっとして明日の天気予報を聞いた人いますか。
스즈키 : ニュースで少し曇ると言っていました。
과대표 : 雨が降るという話はありませんでしたか。
배철수 : 風は少々ありますが雨が降るという話はありませんでした。
과대표 : よかったですね。うちの学科はピクニックさえ行けば天気が悪いですもの。
배철수 : 私も雨が降るのではないかとすごく心配しました。昨年は中途で雨に降られて服がびしょ濡れだったでしょう。
스즈키 : 今年も傘は持っていくほうがいいと思います。
배철수 : あ、鈴木さん、日本の天気はどうですか。
스즈키 : こっちのように、春、夏、秋、冬があってほとんど似ています。ただし、韓国に比べて夏は湿気がやや多いほうです。

【新出単語】

과대표 : ゼミの代表　　혹시 : もしも、万一　　일기 예보 : 天気予報
배철수 : ベチョルス　　-는다/ㄴ다/다 : -する、-ている
-는다고/ㄴ다고/다고 하다 : -という、そうだ
-는다는/ㄴ다는/다는 말은 없다 : -という話はない　　불다 : 吹く
-(으)ㄹ까 봐 : -するかと思って　　걱정 : 心配　　도중에 : 途中で
처럼 : -のように　　거의 : ほとんど　　단지 : 単に、ただ
-에 비하여(서) : -に比べて　　습기 : 湿気　　-는/ㄴ/은 편이다 : -するほうだ

달 : 月　　대낮 : 真昼、まっ昼間　　그녀 : 彼女　　목석 : 木石
말없이 : 無言で、黙って　　대체로 : 大体、概して、おおよそ　　경험 : 経験
주택 : 住宅　　도시 : 都市　　사회 : 社会　　농촌 : 農村　　인정 : 人情
집사람 : 家内　　견디다 : 耐える、堪える　　어울리다 : 付き合う
풍부하다 : 豊かだ、豊富だ　　판단력 : 判断力　　의지 : 意志　　엷다 : 薄い
꽤 : かなり、なかなか　　들리다 : 聞こえる　　실력 : 実力　　을/를 위해 : -のために
놀리다 : からかう　　하여튼 : いずれにせよ、とにかく　　통하다 : 通じる
장마 : 梅雨　　주차 : 駐車　　단속 : 取り締まり
-는다는/ㄴ다는/다는 말이 없다 : -という話がない
-는다는/ㄴ다는/다는 말은 있다 : -という話はある
-는다는/ㄴ다는/다는 말이 있다 : -という話がある　　남 : 他人　　종업원 : 従業員
함부로 : むやみに、やたらに　　손님을 맞다 : お客をもてなす　　본인 : 本人
사랑하다 : 愛する　　길을 내다 : 道を作る　　이웃 : 隣、隣家　　사촌 : いとこ
이웃사촌 : 近所の親しい人　　낯설다 : 見慣れない　　당황하다 : 慌てる、戸惑う
그곳 : そこ　　새롭다 : 新しい、初めてだ　　들어서다 : できる　　그 : 彼
한잠 : 一眠り　　상당히 : 相当　　걱정하다 : 心配する　　조폭 : 暴力団
불안하다 : 不安だ　　품속 : 懐　　이불 : 布団　　덮다 : 覆う　　속 : 心中、胸中
속을 태우다 : 気をもむ

1　体言 + 「처럼」

밖은 달이 대낮처럼 밝아요.　　　　　　　外は月が白昼のように明るいです。
그녀는 눈처럼 하얀 피부를 가졌어요.　　彼女の肌は雪のように白いです。
목석처럼 말없이 꽃처럼 아름답게 살고 싶어요.
　　　　　　　　　　　　木や石のように無口で、花のように美しく生きたいです。

2　体言 + 「에 비하여(서)」

아이들은 대체로 어른에 비해서 경험이 적어요.
　　　　　　　　　　　　子供達は大概大人に比べて経験が浅いです。
겨울에는 아파트가 주택에 비해서 훨씬 따뜻해요.
　　　　　　　　　　　　冬はマンションの方が一戸建てに比べてずっと暖かいです。
도시 사회가 농촌 사회에 비해서 인정이 없어요.
　　　　　　　　　　　　都市社会が農村社会に比べて情が薄いです。

3 1. 用言＋「-는 편이다」

나는 평소에도 문제를 잘 일으키는 편이에요.
　　　　　　　　　　　　私は平素から問題をよく起こすほうです。
집사람은 슬픈 일에도 잘 견디는 편이에요.
　　　　　　　　　　　家内は悲しいことにもよく耐えられるほうです。
우리 아이는 다른 친구들과 잘 어울리는 편이에요.
　　　　　　　　　　　うちの子はよその子とよく付き合えるほうです。

2. 用言＋「-ㄴ 편이다」

키에 비해서 발이 아주 큰 편이에요. 背丈に比べて足がとても大きいほうです。
경험만은 누구보다 풍부한 편이에요.　　　経験だけは誰よりも豊富です。
평소에 판단력이 뛰어나고 의지가 강한 편이에요.
　　　　　　　　　　　　平素判断力に優れ、意志が強いほうです。

＊　用言＋「-은 편이다」

주문한 것보다 색깔이 엷은 편이에요.　注文したものより色が薄いほうです。
나이에 비해서 마음이 꽤 넓은 편이에요.　年に比べて心が相当広いほうです。
들리는 소문보다 실력이 괜찮은 편이에요.
　　　　　　　　　　　　実力が聞こえてくる噂より結構なほうです。

4 1. 用言＋「-는다고 하다」

매일 아침 일찍 일어나서 밥을 짓는다고 해요.
　　　　　　　　　　　　毎朝早く起きてご飯を炊くと言っていました。
사람이 그렇게 안 먹으면 굶어 죽는다고 해요.
　　　　　　　　　　　人がそんなに食べないと餓死すると言っていました。
건강을 위해 매일 삼십분씩 걷는다고 했어요.
　　　　　　　　　　　健康のため毎日三十分ずつ歩くと言っていました。

＊　用言＋「-ㄴ다고 하다」

학교에 가면 친구들이 놀린다고 해요.
　　　　　　　　　　　学校に行くと生徒たちがからかうと言っていました。
두 사람은 하여튼 서로 마음이 통한다고 해요.
　　　　　　　　　　　二人はとにかくお互い馬が合うと言っていました。
일기 예보로는 주말부터 장마가 시작된다고 하지요.
　　　　　　　　　　　天気予報によると週末から梅雨に入るそうですね。

2. 用言＋「-다고 하다」

이 주변은 주차 단속이 심하다고 하지요.
　　　　　　　　　この辺は違法駐車の取締りが厳しいそうですね。
새로 생긴 가게는 서비스가 좋다고 하지요.
　　　　　　　　　新しくできた店はサービスがいいそうですね。
이런 이야기를 하면 아이들조차 웃겠다고 해요.
　　　　　　　　　こんなことを言うと幼い子供でさえ笑うだろうと言っていました。

5 1. 用言＋「-는다는 말은(이) 있다/없다」

남에게 무슨 욕을 들어도 참는다는 말이 있어요.
　　　　　　　　　他人からどんな悪口を言われても我慢するという話があります。
종업원이 함부로 손님을 맞는다는 말이 있었어요.
　　　　　　　　　従業員が無作法で客をもてなすという話がありました。
본인 이름으로 광고가 붙는다는 말은 없었어요.
　　　　　　　　　本人の名前で張り紙が出るという話はありませんでした。

＊ 用言＋「-ㄴ다는 말은(이) 있다/없다」

그 두 사람이 서로 사랑한다는 말이 있어요.
　　　　　　　　　その二人はお互い恋に落ちているという話があります。
일주일에 한번씩 모인다는 말이 있었어요.
　　　　　　　　　週に一度ずつ集まるという話がありました。
마을 앞에 새로 길을 낸다는 말은 없었어요.
　　　　　　　　　村の前に新しく道を作るという話はありませんでした。

2. 用言＋「-다는 말은(이) 있다/없다」

이웃사촌이 먼 친척보다 가깝다는 말이 있어요.
　　　　　　　　　遠くの親類より近くの他人という話があります。
낯선 사람이 집에까지 찾아와 당황했다는 말이 있었어요.
　　　　　　　　　よく知りもしない人が家まで訪ねてきて慌てたという話がありました。
그곳에 새로운 건물이 들어섰다는 말은 없었어요.
　　　　　　　　　そこに新しい建物が建ったという話はありませんでした。

6 用言＋「-ㄹ까 봐」

둑이 터질까 봐 한잠도 못 잤어요.
　　　　　　　　　堤防が壊れまいかと一睡もできませんでした。
엄마가 반대할까 봐 상당히 걱정했어요.
　　　　　　　　　母が反対するのではないかと相当心配しました。
조폭이 찾아올까 봐 마음이 무척 불안했어요.
　　　　　　　　　暴力団が尋ねてくるのではないかとても不安でした。

* 用言＋「-을까 봐」

혹시 책이 비에 젖을까 봐 품속에 넣고 왔어요.
　　　　　　　　　　ひょっとして本が雨に濡れまいかと懐に入れてきました。
감기라도 앓을까 봐 이불을 덮어 주었어요.
　　　　　　　　　　　風邪でも引くまいかと布団を掛けてあげました。
그가 나와의 인연을 끊을까 봐 굉장히 속을 태웠어요.
　　　　　　　　　　彼が私と縁を切るのではないかとよほど気を揉みました。

외출 할 때는 꼭 확인하세요. 오늘의 일기 예보를!!

【練習 1】

1. _____이/가 _____처럼 _____아요/어요/여요.

    보기 : 얼굴/보름달/둥글다
    → **얼굴이 보름달처럼 둥글어요.**

    1) 눈썹/반달/예쁘다　　　　　2) 마음/얼음/차갑다
    3) 표정/로봇/딱딱하다　　　　4) 얼굴/홍당무/빨개지다
    5) 찐빵/떡/쫄깃쫄깃하다　　　6) 노인/젊은이/힘이 세다
    7) 아이의 볼/사과/빨갛다　　　8) 남편/나/많이 덤벙대다
    9) 할아버지/호랑이/무섭다　　10) 내 동생/물개/수영을 잘하다

2. _____에 비해서 _____는/ㄴ/은 편이에요.

    보기→ 가 : 방학 때는 일찍 잡니까? (학기 중/늦게 자다)
    　　　나 : 학기 중에 비해서 늦게 자는 편이에요.

    1) 가 : 음식은 짜게 드세요? 싱겁게 드세요? (다른 집/싱겁게 먹다)
    　　나 : _____.
    2) 가 : 가족들은 말랐어요? 뚱뚱해요? (나/모두 마르다)
    　　나 : _____.
    3) 가 : 아침에는 보통 일찍 일어납니까? (회사원/늦게 일어나다)
    　　나 : _____.
    4) 가 : 시합 결과는 어땠어요? (연습량/좋지 않다)
    　　나 : _____.
    5) 가 : 이번 시험은 어려웠습니까? (지난번 시험/쉽다)
    　　나 : _____.
    6) 가 : 매운 것은 잘 먹어요? (다른 일본 사람/잘 먹다)
    　　나 : _____.
    7) 가 : 요즘 아이들이 책을 많이 읽습니까? (우리들/읽지 않다)
    　　나 : _____.
    8) 가 : 저녁 식사는 주로 외식을 해요? (예전/집에서 먹다)
    　　나 : _____.

3. _____에서 _____는다고/ㄴ다고/다고 했어요.

   보기 : 지난번 편지/다음달에는 귀국하다
      → 지난번 편지에서 다음달에는 귀국한다고 했어요.

   1) 라디오/신곡을 발표하다   2) 저녁 뉴스/범인을 체포했다
   3) 일기 예보/내일은 비가 오다   4) 텔레비전/새 드라마를 찍다
   5) 신제품 광고/불티나게 팔리다   6) 홍보과/광고 모델을 물색하다
   7) 지난번 전보/상황이 위급하다   8) 분실물센터/물건의 주인을 찾다
   9) 경찰서/보호자를 기다리다   10) 신문/남북간 야구 시합이 있다

4. 가 : 소문 들은 것 있어요?
   나 : 네, _____는다는/ㄴ다는/다는 말이 있어요.

   보기 : 회사가 위험하다
      → 가 : 소문 들은 것 있어요?
         나 : 네, 회사가 위험하다는 말이 있어요.

   1) 서비스가 나쁘다   2) 사람이 게으르다
   3) 스토리가 지루하다   4) 내년에 담임을 맡다
   5) 점점 머리가 빠지다   6) 교장선생님이 엄하다
   7) 장남이 부모님을 모시다   8) 책임을 부하에게 전가하다
   9) 두 학교가 자매 결연을 맺다   10) 이번 일로 자리에서 물러나다

5. _____(으)ㄹ까 봐 _____았어요/었어요/였어요.

   보기 : 방이 춥다/난방을 설치하다
      → 방이 추울까 봐 난방을 설치했어요.

   1) 꽃이 시들다/물을 주다   2) 버스를 놓치다/힘껏 달리다
   3) 소리가 안 들리다/앞에 앉다   4) 음식이 상하다/냉장고에 넣다
   5) 감기에 걸리다/에어컨을 끄다   6) 도로가 막히다/지하철을 타다
   7) 친구가 화를 내다/말을 못하다   8) 혹시 안 돌아오다/노심초사하다
   9) 약속 시간에 늦다/미리 연락하다
   10) 엄마에게 붙잡히다/얼른 도망가다

6. 본문을 읽고 배운 문형을 이용하여 대답하세요.

   1) 무슨 이야기를 하고 있습니까?
   2) 내일 날씨는 어떻습니까?
   3) 배철수씨는 일기 예보를 어디에서 들었습니까?
   4) 작년 야유회 때는 날씨가 어땠어요?
   5) 스즈키씨는 올해 우산을 가져갈까요?
   6) 일본 날씨는 어때요?

갑자기 쏟아지면 어떡해요!!

【新出単語】

보름달 : 満月   둥글다 : 丸い   눈썹 : 眉、眉毛   반달 : 半月、弦月
얼음 : 氷   로봇 : ロボット   딱딱하다 : 固い   홍당무 : 人参
찐빵 : 蒸しパン   떡 : お餅   쫄깃쫄깃하다 : もちもちとする、こりこりとする
노인 : 老人   젊은이 : 若者   세다 : 強い   볼 : 頬、ほっぺた   빨갛다 : 赤い
덤벙대다 : 落ち着きのない   할아버지 : おじいさん   물개 : オットセイ
마르다 : (体が)痩せる   뚱뚱하다 : 太る   보통 : 普通   회사원 : 会社員
연습량 : 練習量   지난번 : この間、前回   주로 : 主に   외식 : 外食
예전 : 昔、ずっと前   귀국하다 : 帰国する   신곡 : 新曲   발표하다 : 発表する
범인 : 犯人   체포하다 : 逮捕する、捕まる   신제품 : 新製品
불티나다 : 火花が散る   홍보과 : 広報課   모델 : モデル
물색하다 : 物色する、探す   전보 : 電報   위급하다 : 危急だ
분실물센터 : 忘れ物センター   경찰서 : 警察署   보호자 : 保護者   남북 : 南北
게으르다 : 怠ける   스토리 : ストーリ   지루하다 : 退屈だ   담임 : 担任
맡다 : 引き受ける、担当する   엄하다 : 厳しい、きつい   장남 : 長男
모시다 : 仕える   부하 : 部下   전가하다 : 転嫁する   자매 결연 : 姉妹提携
자리 : 席、地位   시들다 : しぼむ、枯れる   놓치다 : 乗り遅れる
힘껏 : 力の限り、精一杯   달리다 : 走る   상하다 : 腐る、傷む   도로 : 道路
화를 내다 : 怒る   노심초사하다 : 気をもむ   붙잡히다 : 捕まる
얼른 : 早く、すぐ   도망가다 : 逃げる、逃亡する

제 5 과 봄하면 개나리와 진달래지요.

스즈키 : 개나리가 얼마나 고운지 모르겠어요.

이미영 : 한국에서는 봄하면 개나리와 진달래지요.

스즈키 : 진달래요? 그건 어떤 꽃이에요?

이미영 : 주로 분홍색 꽃인데 삼월 초에서 오월 말경에 피어요.

스즈키 : 분홍색이면 꽃이 아주 곱겠네요.

이미영 : 게다가 잎보다 꽃이 먼저 피기 때문에 색이 더욱 돋보여요.

스즈키 : 그것은 일본의 벚꽃하고 비슷하네요.

이미영 : 옛날에 어떤 시인은 진달래가 핀 산을 보고 "불타는 산"이라고 표현하기도 했어요.

스즈키 : 미영씨 의외로 시적 감성이 대단하네요.

이미영 : 놀리지 말아요. 그런데 진달래는 먹을 수도 있어요.

스즈키 : 꽃을 먹어요? 어떻게요?

이미영 : 꽃잎으로 전을 부치기도 하고 술을 빚기도 해요. 삼진날에는 그것을 먹으면서 봄맞이를 하지요.

스즈키 : レンギョウの花が何ともきれいですね。
이미영 : 韓国では春といえばレンギョウと山ツツジですね。
스즈키 : 山ツツジと言いましたか。それはどんな花ですか。
이미영 : 主にピンク色の花で三月の初めから五月の終わり頃まで咲きます。
스즈키 : ピンク色なら花がとてもきれいでしょうね。
이미영 : それに葉っぱより花が先に咲きますので色がとても浮き立ちます。
스즈키 : それは日本の桜の花と似ていますね。
이미영 : 昔ある詩人は山ツツジが咲いた山を見て"火の燃える山"と表現していました。
스즈키 : 미영さんは意外にも以外に詩的感性がとても豊かですね。
이미영 : からかわないでください。ところで、山ツツジは食べることもできますよ。
스즈키 : 花を食べるのですか。どうやってですか。
이미영 : 花びらでチヂミにしたり酒を作ったりします。삼진날にはそれを食べながら春を迎えます。

【新出単語】

개나리：ケナリ（レンギョウ）　　　얼마나：どんなに、いくら
-는/ㄴ/은지：-なのか、-だろうか　　에서는：-では　　-하면：-といえば
진달래：チンダルレ　　그건：それは　　분홍색：桃色、ピンク　　경：ごろ
이면：-なら　　게다가：それに、そのうえ、さらに　　잎：葉っぱ
-기 때문에：-するため、-するせいで　　색：色　　더욱：もっと、さらに、一層
돋보이다：目立つ　　벚꽃：桜　　어떤：ある　　시인：詩人　　불타다：燃える
표현하다：表現する　　-기도 하다：-したりもする　　의외로：意外に
시적：詩的　　감성：感性　　-지 말다：-しない　　꽃잎：花びら
전：チョン、チヂミ　　전을 부치다：チヂミを焼く　　빚다：作る、醸造する
삼진날：陰暦の３月３日　　봄맞이：迎春

최고：最高　　생각이 들다：思いがする　　튤립：チューリップ
네덜란드：オランダ　　풍차：風車　　떠오르다：思い浮かぶ
오히려：むしろ、かえって　　항상：いつも、常に　　다투다：争う、けんかする
집안：家の中、身内、家庭　　부모：親　　술래놀이：かくれんぼ
잡히다：捕まる、捕れる　　만큼：-ほど、-くらい　　출근：出勤
-(으)ㄹ거야：-するつもりだ、-だろう　　음악대：音楽隊　　행진：行進
힘차다：力強い　　의견：意見　　세상：世の中、世間　　이제：今、もうすぐ
곳：所　　일등：１等、優等生　　자랑스럽다：誇らしい、自慢だ
꾸물대다：のろのろする　　꾸다：借りる　　생활하다：生活する
사실대로：ありのままに　　밝히다：明かす、はっきりさせる
필요：必要　　자립심：自立心

1　体言 +「하면」

설악산하면 가을 단풍이 최고지요.　　雪岳山と言えば秋のもみじが一番です。
한국하면 무슨 생각이 먼저 들어요?　韓国と言えばどんな思いが先立ちますか。
튤립하면 네덜란드의 풍차가 떠오릅니다.
　　　　　　　　　私はチューリップと言えばオランダの風車が思い出されます。

2　用言 +「-기 때문에」

너무 서두르기 때문에 오히려 순조롭지 못해요.
　　　　　　　　急ぎすぎるためにかえって順調でなくなります。
서로 다투고 싸우기 때문에 집안이 이 모양이에요.
　　　　　　　　お互い争ってばかりいるために家がこうです。
매일 경험이 새롭기 때문에 항상 생활이 즐거워요.
　　　　　　　　毎日の経験が新しいために日々の生活が楽しいです。

3 用言+「-기도 하고」 用言+「-기도 하다」

아이들 싸움은 이기기도 하고 지기도 해요.
　　　　　　　　　　　子供のけんかは勝ったり負けたりもします。
부모 형제들에게 미안하기도 하고 고맙기도 해요.
　　　　　　　　　　父母や兄弟たちに申し訳なくもあり有り難くもあります。
술래놀이를 하면 서로 잡기도 하고 잡히기도 해요.
　　　　　　　　　　　鬼ごっこをすると追い回したり追い回されたりします。

4 1. 用言+「-는지」

그 집에 돈이 얼마만큼 있는지 알아보세요?
　　　　　　　　　　そこのお家にお金がどれほどあるか調べてみてください。
오늘은 출근을 하는지 안 하는지 모르겠어요.
　　　　　　　　　　　今日は出勤するかしないか分かりません。
내가 너를 얼마나 사랑하는지 모를거야.
　　　　　　　　　　私があなたをどれほど愛しているかわからないだろう。

2. 用言+「-ㄴ지」

그의 마음씨가 얼마나 고운지 알아요?
　　　　　　　　　　あの人の心がどんなに優しいか分かっていますか。
음악대의 행진이 얼마나 힘찬지 모르겠어요.
　　　　　　　　　　音楽隊の行進が何と力強いか分かりません。
시험 문제가 쉬운지 어려운지 자기의 의견을 말해 보세요.
　　　　　　　　試験問題が易しいか難しいか自分の意見を述べてみてください。

＊ 用言+「-은지」

이 세상이 얼마나 넓고도 좁은지 이제는 알아요.
　　　　　　　　　　この世がどんなに奇妙にできているか今は分かります。
이사한 곳이 얼마나 살기 좋은지 모를거예요.
　　　　　　　　　　引っ越したところがどんなに快適か想像がつかないでしょう。
1등을 한 우리 아이가 얼마나 자랑스러운지 모르겠어요.
　　　　　　　　　　最優等生になったうちの子が何と誇らしく思えます。

5 用言+「-지 말다(-지 말고/-지 말아요/-지 말아 주세요/-지 마십시오)」

꾸물대지 말고 바로 대답하세요.　　　　ぐずぐずせず直ちに答えなさい。
남에게 돈은 꾸지 말고 월급만으로 생활하세요.
　　　　　　　　　　人に金を借りず給料だけで生活してください。
도망가지 말고 사실대로 말하세요.
　　　　　　　　　　言い逃れようとせずありのままに話しなさい。

* 짐을 너무 많이 싣지 말아요, 차가 움직이지 못해요.
荷を積みすぎないでください。車が動けません。
　내 이름은 밝히지 말아 주세요, 조용히 살고 싶어요.
私の名前は明かさないで下さい。静かに暮らしたいです。
　필요 이상으로 도와주지 마십시오, 아이들이 자립심을 잃어요.
必要以上には手伝わないでください。子供たちが自立心を亡くします。

병아리 떼　쫑쫑쫑
봄나들이 갑니다

【練習 1】

1. 가 : _____하면 무엇이 생각나요?
   나 : _____하면 _____이/가 떠올라요.

   보기 : 한국/김치와 불고기
      → 가 : 한국하면 무엇이 생각나요?
         나 : 한국하면 김치와 불고기가 떠올라요.

   1) 봄/벚꽃과 소풍   2) 일본/스모와 스시
   3) 서울/자동차와 사람   4) 불란서 영화/남과 여
   5) 브라질/축구와 삼바춤   6) 겨울/눈사람과 군고구마
   7) 나고야/기시멘과 우이로   8) 여름/팥빙수와 불꽃놀이
   9) 중국/자금성과 만리장성   10) 가을/단풍과 파란 하늘

2. _____기 때문에 _____아야/어야/여야 돼요.

   보기 : 시험이 있다/공부하다
      → 시험이 있기 때문에 공부해야 돼요.

   1) 유학을 가다/돈을 모으다
   2) 쌀이 떨어졌다/슈퍼에 들르다
   3) 늦잠을 잤다/오늘은 택시를 타다
   4) 내년에 졸업하다/취직 활동을 하다
   5) 집에서 학교까지 멀다/전철을 타다
   6) 담배를 많이 피우다/폐 검사를 받다
   7) 부모님이 집을 비우다/집안일을 하다
   8) 받아쓰기를 못하다/연습을 많이 하다
   9) 명절에 친척들이 오다/음식을 준비하다
   10) 내일은 새벽에 일찍 출발하다/일찍 일어나다

3. _____기도 하고 _____기도 해요.

   보기 : 반찬은 직접 만들다/사다
      → 반찬은 직접 만들기도 하고 사기도 해요.

   1) 내용이 재미있다/슬프다   2) 영화를 보면서 울다/웃다
   3) 인생은 성공하다/실패하다   4) 시험 문제는 간단하다/어렵다
   5) 영어를 알아듣다/못 알아듣다   6) 중고 가게는 물건을 팔다/사다
   7) 일은 경기에 끝나다/늦어지다   8) 남을 돕다/남에게 도움을 받다
   9) 한국어로 말하다/일본어로 말하다
   10) 친구에게 엽서를 보내다/편지를 쓰다

4. _____는지/ㄴ지/은지 _____겠어요.

   보기 : 얼마나 마음이 아프다/모르다
   → 얼마나 마음이 아픈지 모르겠어요.

   1) 어떤 점이 다르다/모르다   2) 얼마나 귀여워하다/알다
   3) 얼마나 정신이 없다/알다   4) 얼마나 만나고 싶다/모르다
   5) 동생이 누구와 싸웠다/알다   6) 평소에 얼마나 안 먹다/알다
   7) 그 건물이 어디에 있다/모르다   8) 평소에 무엇을 먹고 살다/알다
   9) 여기서부터 얼마나 걸리다/모르다
   10) 집에서 얼마나 떨어져 있다/모르다

5. _____에서는/에는 _____지 마십시오.

   보기 : 복도/뛰다
   → 복도에서는 뛰지 마십시오.

   1) 수업 시간/졸다   2) 잔디밭/들어가다
   3) 관내/음식을 먹다   4) 공연중/전화를 켜다
   5) 야구장/술을 마시다   6) 중계석/들어오다
   7) 산/취사 행위를 하다   8) 실내/사진 촬영을 하다
   9) 도서관/큰소리로 떠들다   10) 공공장소/음란 행위를 하다

6. 본문을 읽고 배운 문형을 이용하여 대답하세요.

   1) 한국의 봄하면 무슨 꽃이 생각나요?
   2) 진달래는 무슨 색 꽃이에요?
   3) 진달래는 언제 피어요?
   4) 진달래는 어떤 점이 벚꽃하고 비슷해요?
   5) 진달래꽃은 어떻게 해서 먹어요?
   6) 삼짇날은 무엇을 하는 날이에요?

A: 의외로 시적 감성이 대단하네요.　　B: 놀리지 말아요.

A: 의외로 노래 실력이 대단하네요.　　B: 놀리지 말아요.
A: 의외로 인기가 높네요.　　　　　　B: 놀리지 말아요.
A: 의외로 힘이 세네요.　　　　　　　B: 놀리지 말아요.
A: 의외로 돈이 많네요.　　　　　　　B: 놀리지 말아요.

【新出単語】

생각나다 : 思いつく、思い出す　　스모 : 相撲　　스시 : 寿司　　불란서 : フランス
남과여 : 男と女　　브라질 : ブラジル　　삼바춤 : サンバ(sammba)
눈사람 : 雪だるま　　군고구마 : 焼き芋　　우이로 : ういろ　　팥빙수 : かき氷
불꽃놀이 : 花火　　자금성 : 紫禁城　　만리장성 : 万里の長城
떨어지다 : なくなる、離れる　　들르다 : 寄る　　늦잠 : 朝寝坊　　폐 : 肺
섭사 : 検食　　비우다 : 空ける、留守にする　　집안일 : 家のこと、家事
받아쓰기 : 書き取り　　명절 : 名節　　새벽 : 夜明け、明け方　　내용 : 内容
중고 가게 : リサイクルショップ　　정시 : 定時　　도움 : 助け、援助
점 : ところ、点、側面　　귀여워하다 : かわいがる　　정신 : 精神、気、魂
복도 : 廊下　　졸다 : 居眠りする　　잔디밭 : 芝生　　관내 : 館内　　공연 : 共演
야구장 : 野球場　　중계석 : 中継席　　취사 : 炊事　　행위 : 行為　　실내 : 室内
큰소리 : 大声　　공공장소 : 公の場　　음란 : 淫乱

제 6 과 맛이 기가 막힌데요.

이미영 : 이것 우리 엄마가 스즈키씨 가져다 주라고 했어요.

스즈키 : 김치군요! 정말 맛있겠다.

이미영 : 아니 먹어 보지도 않고 군침부터 흘려요.

스즈키 : 어디 한번 맛부터 봐요. 하-, 맛이 기가 막힌데요.

이미영 : 정말 맛있게 먹네요. 스즈키씨 한국 사람 다됐어요.

스즈키 : 그렇지요. 저도 그렇게 생각해요. 그런데 같은 김치라도 맛이 다 다른 것 같아요.

이미영 : 그래서 한국에서는 음식은 손맛이라고 해요.

스즈키 : 손맛이요? 그게 무슨 뜻이에요?

이미영 : 음식은 만드는 사람마다 맛이 다르다는 뜻이에요.

스즈키 : 조리법에도 끓이다, 익히다, 삶다, 튀기다 등 여러가지 표현이 있던데요. 그런데 '볶다'는 무슨 뜻이죠?

이미영 : 강한 불에 저으면서 익힌다는 말이에요.

스즈키 : 미영씨가 나를 들들 볶을 때의 그 '볶다'지요?

이미영 : これ母が鈴木さんに持っていってあげなさいとくれました。
스즈키 : キムチじゃないですか。本当に美味しそうね。
이미영 : 味見もしないで、先によだれを出していますか。
스즈키 : 食べてみましょう。あーこの味、最高ですね。
이미영 : 本当においしそうに食べますね。鈴木さん、もう韓国人になりましたね。
스즈키 : そうでしょう。私もそう思います。ところで、同じキムチといっても全部味がちがうようですね。
이미영 : だから韓国では食べ物は"手先からの味"と言います。
스즈키 : "手先からの味"ですか。それはどんな意味ですか。
이미영 : 食べ物は作る人それぞれ味が違うという意味です。
스즈키 : 調理法にも沸かす、煮る、ゆでる、揚げるなどいろんな表現がありましたね。ところで、「볶다」はどんな意味ですか。
이미영 : 強火でかき回しながら炒るという意味です。
스즈키 : 미영さんが私をさんざんいびる時のその「볶다」でしょう。

【新出単語】

-아다(가)/어다(가)/여다(가) 주다：-てあげる、-てくれる　　군침：よだれ、生つば
어디：さあ、よし　　맛을 보다：味見をする　　하-：ああ、ほう、まあ
기：気　　기가 막히다：最高だ、あきれる　　다되다：完成される、尽きる、終わる
-는/ㄴ/은 것 같다：-ようだ、-みたいだ　　손맛：手の味　　뜻：意味、意志
마다：ごとに、たびに　　-는다는/ㄴ다는/다는 뜻이다：-という意味だ
조리법：調理法　　익히다：煮る　　튀기다：揚げる　　등：など
여러가지：いろいろ、さまざま　　-던데요：-でしたよ、-ましたよ
-는다는/ㄴ다는/다는 말이다：-という意味だ　　들들：くどくど、ぱちぱち

창가：窓際　　새：鳥　　조르다：ねだる、せがむ　　결국：結局
큰집：おじの家、本家　　작은집：おじの家、分家　　온：みんな、全~
띄다：目立つ　　당신：あなた　　의지하다：頼る、寄りかかる
이르다：(時間が)早い　　발휘：発揮　　뻔하다：明らかだ、分かりきっている
드물다：まれだ、めったにない　　굳다：かたい　　짓궂다：意地悪だ
변명：言い訳、弁明　　벌：罰　　포기하다：諦める　　쏟다：(力を)注ぐ
미치다：狂う　　이상：異常　　눈빛：目つき　　준비중：準備中
이라는：-という　　햇님：お日さま　　표시：印　　전화를 받다：電話に出る
싫다：嫌だ、嫌いだ　　쑥：ヨモギ　　한움큼：一握り　　껍질：皮、殻
불우이웃：恵まれない人　　물품：物品、品物　　꺾다：折る
아주머니：おばさん　　구입하다：購入する　　지역：地域　　인구：人口
이동：移動　　실태：実態　　조사하다：調査する、調べる　　증명：証明
서류：書類　　복사하다：コピーする　　처지：立場、状態　　부럽다：羨ましい
씩씩하다：勇ましい、男らしい　　방침：方針

1 体言＋「마다」

아침마다 창가에서 새가 울어요.　　　　　　　　毎朝、窓辺で鳥が鳴きます。
날이면 날마다 졸라서 결국에는 새 옷을 사 주었어요.
　　　　　　　　　　　　日ごと新しい服をねだるので結局は買ってあげました。
주말마다 큰집 작은집 온 가족이 모여서 식사를 해요.
　　　　　　　　　　　　週末ごとに本家、分家全家族が集まって食事をします。

2 1. 用言＋「-는 것 같다」

색깔이 너무 눈에 띄는 것 같아요.　　　　　色が目立ちすぎのようです。
옆집에서 생선을 굽는 것 같아요.　　　　　隣家で魚を焼いているようです。
당신이 부인에게 너무 많이 의지하는 것 같아요.
　　　　　　　　　　　　あなたが奥様に頼り過ぎているようです。

2. 用言＋「-ㄴ 것 같다」

아직 시간이 너무 이른 것 같아요.　　　　　　　まだ時間が早すぎるようです。
결과는 듣지 않아도 뻔한 것 같아요.　　結果は聞かなくても明らかなようです。
실력 발휘의 기회가 너무 드문 것 같아요.
　　　　　　　　　　　　　実力発揮の機会がなさ過ぎるようです。

＊ 用言＋「-은 것 같다」

벌써 몸이 너무 굳은 것 같아요.　　　　もう体が硬くなりすぎたようです。
노는 것이 너무 짓궂은 것 같아요.　　　　遊び方が腕白すぎるようです。
두 사람이 쓰기에는 침대가 너무 좁은 것 같아요.
　　　　　　　　　　　　二人で使うにはベッドが狭すぎるようです。

3 1. 用言＋「-는다는 뜻이다/말이다」

변명을 하지 않고 벌을 받는다는 뜻이에요.
　　　　　　　　　　　　　弁解せず処分を受けるという意味です。
포기하지 않고 힘을 쏟는다는 말입니다.　諦めずに力を注ぐという意味です。
방에서 나오지 않는 것은 밥을 굶는다는 뜻이지요.
　　　　　　　部屋から出ないというのは食事をしないという意味でしょう。

＊ 用言＋「-ㄴ다는 뜻이다/말이다」

「미치다」는 정신에 이상이 생긴다는 뜻입니다.
　　　　　　　　　　　「미치다」は精神に異常が生じるという意味です。
눈빛만으로도 서로 마음이 통한다는 말이에요.
　　　　　　　　　　　　　目線だけで心が通じ合うという意味です。
준비중이라는 말은 아직 장사를 안 한다는 뜻이지요.
　　　　　　　準備中という言葉はまだ商売していないという意味でしょう。

2. 用言＋「-다는 뜻이다/말이다」

얼굴 표정이 그것이 마음에 안 들었다는 뜻이네요.
　　　　　　　　　表情からしてそれが気に入らなかったという意味ですね。
일기 예보 중에서 햇님 표시는 날씨가 맑다는 말이에요.
　　　　　　　　　　　天気予報中のお日様マークは晴れを意味します。
전화를 받지 않는 것은 싫다는 뜻이지요.
　　　　　　　　　電話を受けないとはいやだという意味でしょう。

4 用言+「-아다(가) 주다」

쑥을 한움큼 뽑아다가 주었어요.　　　　ヨモギを一握り取ってさしあげました。
먹기 쉽게 사과 껍질을 깎아다가 주었어요.
　　　　　　　　　食べやすいようにりんごの皮を剥いてあげました。
불우이웃에게 물품을 모아다가 주었어요.
　　　　　　　　　恵まれない人たちのために寄付物資を集めてあげました。

＊　用言+「-어다(가) 주다」

꽃을 한 송이 꺾어다가 주었어요.　　　　　一輪の花を持ってあげました。
학생들이 힘을 모아서 종이학을 접어다가 주었어요.
　　　　　　　　生徒たちが力を合わせて折り鶴を折ってあげました。
아주머니가 케이크를 만들어다가 주었어요.
　　　　　　　　　　　　おばさんがケーキを作ってあげました。

＊　用言+「-여다(가) 주다」

필요한 물품을 구입해다가 주었어요.　　必要な品物を購入してあげました。
서울지역의 인구 이동의 실태를 조사해다가 주었어요.
　　　　　　　　ソウル地域の人口移動の実態を調査してあげました。
졸업 증명 서류를 복사해다가 주었어요.
　　　　　　　　　　　卒業証明書類をコピーしてあげました。

5 用言+「-던데요」

당신의 처지가 너무 부럽던데요. あなたの状況があまりにも羨ましかったです。
그 친구는 혼자서도 씩씩하게 잘 살아가던데요.
　　　　　　　　　　　　　彼は一人でもうまくやっていました。
우리 회사의 방침에 문제가 있다는 소문이 들리던데요.
　　　　　　わが社の方針に問題があると言う声が聞こえてきました。

우리도 김치를 담가 볼까요!!

【練習1】

1. _____마다 _____아요/어요/여요.

   보기 : 나라/식습관이 다르다
   → 나라마다 식습관이 달라요.

   1) 학교/특징이 있다   2) 선수/장단점이 있다
   3) 운동회 때/비가 오다   4) 사람/생각이 다르다
   5) 집집/김치 맛이 다르다   6) 소풍 때/김밥을 싸다
   7) 출근 때/그녀를 만나다   8) 홍수 때/도로가 잠기다
   9) 회사/주력 상품이 다르다   10) 퇴근 때/포장마차에 들르다

2. _____아서/어서/여서 _____는/ㄴ/은 것 같아요.

   보기 : 점심을 굶다/배가 고프다
   → 점심을 굶어서 배가 고픈 것 같아요.

   1) 너무 달다/못 먹다   2) 행동이 밉다/싫어하다
   3) 발이 붓다/신발이 작다   4) 벽이 얇다/소리가 들리다
   5) 마음이 순하다/인기가 있다   6) 몸이 회복되다/혼자서 걷다
   7) 머리카락이 없다/모자를 쓰다   8) 달리기를 하다/다리가 아프다
   9) 내가 실수를 하다/모두 비웃다   10) 빛이 너무 강하다/눈이 시리다

3. 가 : 그것이 무슨 뜻이에요?
   나 : _____는다는/ㄴ다는/다는 말이에요.

   보기 : 위험하다
   → 가 : 그것이 무슨 뜻이에요?
      나 : 위험하다는 말이에요.

   1) 땅이 젖었다   2) 음식이 싱겁다
   3) 기분이 울적하다   4) 상황이 참담하다
   5) 뱃속이 시커멓다   6) 산짐승이 나타나다
   7) 북부 지방에 눈이 내리다   8) 음식을 먹어서는 안 되다
   9) 10미터 앞에서 공사를 하다   10) 노인에게 자리를 양보하다

4. 가 : 어떻게 했어요?
   나 : 결국 _____ 아다가/어다가/여다가 주었어요.

   보기 : 밥을 짓다
      → 가 : 어떻게 했어요?
         나 : 결국 밥을 지어다가 주었어요.

   1) 역까지 짐을 들다   2) 열무김치를 담그다
   3) 길 잃은 개를 찾다   4) 제가 다림질을 하다
   5) 산에서 나물을 캐다   6) 숲에서 나무를 베다
   7) 구청에서 배급을 받다   8) 야영지에 촛불을 켜다
   9) 선물로 포스터를 모으다   10) 크리스마스에 양말을 사다

5. 가 : _____ 은/는 어땠어요?
   나 : _____ 던데요.

   보기 : 신칸센/깨끗하고 굉장히 빠르다
      → 가 : 신칸센은 어땠어요?
         나 : 깨끗하고 굉장히 빠르던데요.

   1) 백화점/거기는 더 비싸다   2) 전시회/작품들이 신선하다
   3) 건물/너무 심하게 낡았다   4) 그 회사/노사 문제로 시끄럽다
   5) 밖의 날씨/바람이 많이 불다   6) 런던의 날씨/안개가 많이 끼다
   7) 철수씨/점심 먹으러 가고 없다   8) 새로 산 자전거/잘 나가고 좋다
   9) 선생님/그냥 교무실에 계시다
  10) 회의 분위기/긴장감이 팽팽하다

6. 본문을 읽고 배운 문형을 이용하여 대답하세요.

    1) 이미영씨는 무엇을 가지고 왔어요?
    2) 그 김치는 누가 만들었어요?
    3) 스즈키씨는 김치를 좋아해요?
    4) 알고 있는 조리법을 말해 보세요.
    5)「볶다」는 무슨 뜻이에요?
    6)「삶다」는 무슨 뜻이에요?
    7) 한국에서는 음식의 맛을 무엇이라고 합니까?

라면하면 김치가 있어야죠.

【新出単語】

나라 : 国   식습관 : 食習慣   특징 : 特徴   장단점 : 長所と短所
운동회 : 運動会   집집 : 家々   김밥을 싸다 : 海苔巻きを作る   홍수 : 洪水
잠기다 : 浸かる   주력 : 主力   퇴근 : 退勤   포장마차 : 屋台
행동 : 行動   밉다 : 憎い、憎らしい   벽 : 壁   얇다 : 薄い
순하다 : 穏やかだ、おとなしい   회복되다 : 回復する   머리카락 : 髪の毛
달리기 : 走り   다리 : 足   실수 : 失敗、間違い
비웃다 : あざ笑う、ばかにする   빛 : 光   시리다 : (目が)まぶしい
울적하다 : 憂鬱だ   참담하다 : 惨憺としている   뱃속 : 腹の中、心の中
시커멓다 : 真っ黒だ   산짐승 : 山に住む獣   나타나다 : 現れる、出る
북부 : 北部   지방 : 地方   미터 : メートル   공사 : 工事   양보하다 : 譲る
열무 : 幼い大根   다림질 : アイロン   다림질을 하다 : アイロンをかける
나물 : ナムル   캐다 : 掘る   숲 : 森   나무 : 木   베다 : 切る、刈る
구청 : 区役所   배급 : 配給   야영지 : 野営地   촛불 : 蝋燭の火
포스터 : ポスター   크리스마스 : クリスマス   신칸센 : 新幹線   노사 : 労使
런던 : ロンドン   교무실 : 教務室   회의 : 会議   긴장감 : 緊張感
팽팽하다 : 張りつめる

제 7 과 민속박물관에 다녀왔거든요.

스즈키 : 미영씨, 제가 멋진 엽서 한 장 보여 줄까요?

이미영 : 우리나라 한복이랑 옛 물건을 소개하는 엽서잖아요.

스즈키 : 맞아요. 색이 너무 예쁘죠!

이미영 : 그렇네요. 어디에서 이런 것을 샀어요?

스즈키 : 주말에 민속박물관에 다녀왔거든요. 거기서 샀어요.

이미영 : 한국에서 박물관은 많이 가 봤어요?

스즈키 : 많이 가 보기는요. 이제부터 열심히 가 보려고 해요.

이미영 : 스즈키씨가 한국 사람인 저보다 낫네요.

스즈키 : 이번 관람에서는 옛날 한국 사람들이 어떻게 살았는지 공부 많이 했어요.

이미영 : 지난번에는 국립중앙박물관에도 다녀왔다고 했잖아요.

스즈키 : 네, 역사 공부도 할 겸 해서요. 올해는 주말마다 박물관을 순회하기로 했어요.

スズキ：미영さん、私がきれいな葉書をお見せしましょうか。
이미영：韓国の伝統衣装や昔のものを紹介する葉書じゃないですか。
スズキ：そうです。色がとてもきれいでしょう。
이미영：そうですね。どこでこんなものを買いましたか。
スズキ：週末に民俗博物館に行ってきました。そこで買ったものです。
이미영：韓国で博物館はあちこち行ってみましたか。
スズキ：あちこちだなんて。これから頑張って行ってみようと思っています。
이미영：鈴木さんが韓国人である私より頑張っていますね。
スズキ：今度の観覧では昔の韓国人たちがどのように生活していたかいろいろ勉強になりました。
이미영：この前は国立中央博物館に行ってきたと言っていましたよね。
スズキ：はい、歴史の勉強も兼ねてです。今年は週末ごとに博物館を回ることにしています。

【新出単語】

이잖아요 : -じゃないですか　　소개하다 : 紹介する　　민속박물관 : 民俗博物館
-거든요 : -するのです、-なのです　　거기서 : そこで
-기는요 : -だなんですって　　관람 : 観覧　　국립중앙박물관 : 国立中央博物館
-(으)ㄹ 겸 : -を兼ねて、-がてら　　순회하다 : 巡回する
-기로 하다 : -することにする

공간 : 空間　　꾸미다 : 整える、飾る　　가꾸다 : 栽培する、育てる　　일상 : 日常
이루다 : 叶える　　벌다 : 稼ぐ、儲ける　　쫓다 : 追う、追い払う
쌓다 : 積む、重ねる　　해답 : 回答　　심다 : 植える　　풀 : 草　　산소 : 墓
남기다 : 残す　　자국 : 跡、痕跡　　냄비 : 鍋　　생명 : 生命　　신비 : 神秘
놀랍다 : 驚くべきだ、目覚しい　　안마당 : 中庭、内庭　　잔디 : 芝生
깔다 : 敷く　　딱하다 : 気の毒だ、かわいそうだ　　추진하다 : 推進する
대다 : 触れる、つける　　훼방 : 妨害、邪魔　　반성 : 反省　　관리하다 : 管理する
반영되다 : 反映される　　합치다 : 合わせる　　그래야 : それでこそ
편 : 仲間、見方　　찍다 : (ハンコを)押す

1　体言＋「도」　用言＋「-ㄹ 겸」

공간도 꾸미고 취미도 살릴 겸 하여 꽃을 가꾸고 있어요.
　　　　空間を飾るかたわら趣味も生かすためにガーデニングをしています。
일상생활도 바꿀 겸 내 꿈도 이룰 겸 하여 이 일을 배우고 있어요.
　　　　日常生活も変えるかたわらわたしの夢もかなえるためにこの仕事を学んでいます。
시간도 보내고 돈도 벌 겸 하여 아르바이트를 시작했어요.
　　　　暇をつぶすかたわらお金も稼ぐためにバイトを始めました。

＊　体言＋「도」　用言＋「-을 겸」

벌레도 잡고 새도 쫓을 겸 하여 약을 뿌렸어요.
　　　　虫を取るかたわら鳥も追うために薬を撒いています。
경험도 쌓을 겸 해답도 찾을 겸 하여 열심히 하고 있어요.
　　　　経験を積むかたわら答えも見つけるために頑張ってやっています。
나무도 심고 풀도 뽑을 겸 하여 산소에 왔어요.
　　　　木を植えるかたわら草むしりもするために墓参りに来ました。

2　体言＋「이잖아요」

이것 정말 대단한 작품이잖아요.　　　　これ本当に大した作品ですね。
태풍이 지나가면서 남긴 자국이잖아요.
　　　　台風が通り過ぎながら残した痕跡ですね。
내일을 알 수 없는 것이 우리들의 인생이잖아요.
　　　　明日を知ることができないのがわたしたちの人生です。

* 体言+「잖아요」

냄비가 타는 냄새잖아요.　　　　　　　　　鍋が焦げているにおいですね。
아기가 깨서 우는 소리잖아요.　　　　　赤ちゃんが目覚めて泣いている音ですね。
놀랍고 놀라운 것이 생명의 신비잖아요.　　　驚きに値するのが命の神秘です。

3　用言＋「-기로 하다」

우리 집 안마당에는 잔디를 깔기로 했어요.
　　　　　　　　　　　我が家の内庭には芝生を敷くことにしました。
사정이 너무 딱해서 우리가 돕기로 했어요.
　　　　　　　　あまりにもかわいそうでわたしたちが助けることにしました。
그 일을 추진하기 위해서 서울에서 담당자가 오기로 했어요.
　　　　　　その仕事を推進するためにソウルから担当者が派遣されることなりました。

4　用言＋「-기는요」

다 먹기는요. 손도 안 댔어요.　　　全部食べたですって。手もつけていません。
앞장서기는요. 훼방만 하고 있어요.
　　　　　　　　　　　率先しているですって。邪魔をしているだけです。
잘못을 깨닫기는요. 반성조차도 안 하고 있어요.
　　　　　　　　　　　間違いを認めるですって。反省さえもしていません。

5　用言＋「-거든요」

성적을 잘 관리해야 돼요. 취직에 반영되거든요.
　　　　　　成績はよく管理しておかなければなりません。就職に反映されますからね。
모두가 힘을 합쳐야 해요. 그래야 우리 편이 이길 수 있거든요.
　　　　　　みな力を合わせなければいけません。それでこそこっちが勝てますからね。
그건 제 책임이에요. 그 서류에 도장은 제가 찍었거든요.
　　　　　　　それはわたしの責任です。その書類の判はわたしが押しましたからね。

이런 복주머니 본 적 있어요?

【練習 1】

1. 가 : 왜 _____았어요?/었어요?/였어요?
   나 : _____도 _____(으)ㄹ 겸 해서 _____았어요/었어요/였어요.

   보기 : 제주도에 가다/휴식을 취하다
   → 가 : 왜 제주도에 갔어요?
     나 : 휴식도 취할 겸 해서 제주도에 갔어요.

   1) 고향에 내려가다/성묘를 하다
   2) 시내에 나가다/머리를 식히다
   3) 병원에 들르다/건강 검진을 받다
   4) 오늘은 집에 있다/밀린 빨래를 하다
   5) 일요일인데 인천에 가다/바다를 보다
   6) 부모님께서 오시다/손자 손녀들을 보다
   7) 직장을 그만두다/새로운 일을 찾아보다
   8) 방의 인테리어를 바꾸다/기분 전환을 하다
   9) 이렇게 꼭두새벽에 일어나다/아침 공기를 쐬다
   10) 갑자기 그 이야기를 꺼내다/속마음을 알아보다

2. _____(으)ㄴ _____이잖아요/잖아요.

   보기 : 이번에 받다/약혼 반지
   → 가 : 그게 뭐예요?
     나 : 이번에 받은 약혼 반지잖아요.

   1) 회사에 내다/이력서   2) 요전에 사다/컴퓨터
   3) 새로 나오다/휴대폰   4) 남편이 보내다/꽃다발
   5) 퍼즐로 만들다/지구본   6) 이집트에서 찍다/사진
   7) 결혼 예물로 받다/시계   8) 그 화가가 남기다/유작
   9) 독일 월드컵 때 팔다/기념품   10) 피카소가 그리다/마지막 작품

3. _____기로 했어요.

   보기 : 한번 해 보다
   → 가 : 어떻게 할 거예요?
     나 : 한번 해 보기로 했어요.

   1) 마을의 도로를 넓히다   2) 외국인 등록증을 만들다
   3) 제가 마음의 문을 열다   4) 결혼식은 교회에서 하다
   5) 졸업식에는 하카마를 입다   6) 부모님에게 용서를 구하다
   7) 좀 더 시간을 두고 지켜보다   8) 다 같이 병원으로 찾아가다
   9) 조금만 더 부모에게 의지하다   10) 참가자 전원에게 주먹밥을 준비하다

4. 가 : _____았어요?/었어요?/였어요?
   나 : _____기는요. 아직이오.

   보기 : 숙제는 다 끝내다
      → 가 : 숙제는 다 끝냈어요?
         나 : 다 끝내기는요. 아직이오.

   1) 적임자는 찾다   2) 오해가 풀리다
   3) 이제 술이 깨다   4) 벌써 월급을 타다
   5) 상대방이 동의하다   6) 빌린 돈은 다 갚다
   7) 방학 숙제는 다 하다   8) 감나무의 감은 익다
   9) 이전 서류는 제출하다   10) 이삿짐은 다 정리하다

5. 가 : 왜 _____아요?/어요?/여요?
   나 : _____아서/어서/여서 _____거든요.

   보기 : 연락이 없다/막 아이가 태어나다/정신이 없다
      → 가 : 왜 연락이 없어요?
         나 : 막 아이가 태어나서 정신이 없거든요.

   1) 직접 가다/성질이 급하다/못 기다리다
   2) 잠을 못 자다/매미가 울다/하도 시끄럽다
   3) 일찍 일어나다/여름이 되다/해가 빨리 뜨다
   4) 온종일 집에만 있다/너무 덥다/밖에 못 나가다
   5) 큰소리를 지르다/하는 일이 안 풀리다/울고 싶다
   6) 모임에 안 나오다/연말이 다가오다/가게가 바쁘다
   7) 일찍 잠자리에 들다/하루종일 돌아다니다/피곤하다
   8) 저녁을 집에서 안 먹다/일이 많다/퇴근 시간이 늦다
   9) 아이를 야단치다/이제는 좀 컸다고 하다/말을 안 듣다
   10) 추운데 창문을 열다/누구 발냄새가 심하다/견딜 수가 없다

6. 본문을 읽고 배운 문형을 이용하여 대답하세요.

   1) 스즈키씨는 미영씨에게 무엇을 보여 주었습니까?
   2) 엽서에는 무엇이 소개되어 있습니까?
   3) 그 엽서는 어디에서 샀어요?
   4) 언제 민속박물관에 다녀왔습니까?
   5) 민속박물관에서 무엇을 보고 왔습니까?
   6) 스즈키씨는 지난번에 또 어디에 다녀왔습니까?
   7) 왜 국립중앙박물관에는 갔어요?
   8) 스즈키씨는 올해 주말마다 무엇을 하기로 했어요?

【新出単語】

휴식	休憩	취하다	(休憩を)取る
성묘	墓参り	식히다	冷やす
검진	検診	밀리다	たまる
공기	空気	쐬다	(空気を)吸う
손자	男の孫	손녀	孫娘
직장	職場	찾아보다	探す
인테리어	インテリア	전환	転換
꼭두새벽	明け方、早朝		
갑자기	急に、突然に	꺼내다	(話などを)切り出す、始める
속마음	本心、内心		
약혼	婚約	반지	指輪
요전에	この前、先日	휴대폰	携帯電話
퍼즐	パズル	지구본	地球儀
이집트	エジプト	결혼	結婚
예물	礼物	화가	画家
유작	遺作	독일	ドイツ
월드컵	ワールドカップ	기념품	記念品
피카소	ピカソ		
넓히다	広くする、広げる	외국인	外国人
등록증	登録証		
결혼식	結婚式	교회	教会
올리다	挙げる、あげる	졸업식	卒業式
하카마	袴	용서	容赦
구하다	求める、乞う	두다	置く、わたる
지켜보다	見守る	찾아가다	会いに行く
참가자	参加者	전원	全員
주먹밥	おにぎり	적임자	適任者
오해	誤解	타다	(給料・薬を)もらう
상대방	相手側、相手方	동의하다	同意する
갚다	返す、返済する、報いる		
익다	熟する、実る	이전	移転
제출하다	提出する		
이삿짐	引っ越しの荷物	막	たった今、ちょうど
태어나다	生まれる		
성질	性質	급하다	短気だ、急ぐ
매미	セミ	뜨다	(日が)昇る
하도	とても、あまりにも	다가오다	近づく、近づいてくる
온종일	一日中		
잠자리	寝床、寝る所	하루종일	一日中
돌아다니다	歩き回る、巡る		
야단치다	叱る		

제 8 과   정원 문화에 대해서 알고 싶습니다.

교 수 : 다음에는 각 나라의 문화에 대해서 수업을 하겠습니다.

스즈키 : 저는 한국의 정원 문화에 대해서 알고 싶습니다

교 수 : 한국의 정원은 그 양식이 일본하고는 많이 다르지요.

스즈키 : 모르기는 해도 어딘가 소박한 정취가 있는 것 같아요.

교 수 : 말하자면 한국은 자연미, 일본은 인공미라고 하지요.

스즈키 : 한국은 자연스런 정원을 가꾸어 즐긴다는 뜻입니까?

교 수 : 맞아요. 건물과 정원이 자연의 일부분처럼 보이게 만듭니다.

스즈키 : 그러고 보니까, 한국에서 본 정원들은 자연 그대로라는 느낌이 들었어요.

교 수 : 그것은 한국인들이 사람도 자연의 일부분으로 생각했기 때문이에요. 그것이 정원 문화에 그대로 나타나 있어요.

스즈키 : 그런 차이가 있었군요. 다음 시간에는 두 나라의 정원 문화에 관해서 발표해 보도록 하겠습니다.

교 수：次の時間は各国の文化について授業をします。
スズキ：私は韓国の庭園文化について知りたいです。
教 授：韓国の庭園はその様式が日本とは相当違います。
スズキ：詳しくは知りませんが、どことなく素朴な味わいがある気がします。
教 授：言うとなれば、韓国は自然美、日本は人工美と言います。
スズキ：韓国では自然な庭園を作って楽しむという意味ですか。
教 授：そのとおりです。建物と庭園が自然の一部のように見えるようにします。
スズキ：そういえば、韓国で見た庭園は自然そのままという感じがありました。
教 授：それは韓国人が人間も自然の一部分だと考えたからです。それが庭園文化にそのまま現れています。
スズキ：そんな相違があったのですね。次の時間には両国の庭園文化に関して発表してみるようにいたします。

【新出単語】

각:各　　정원:庭園　　양식:様式　　어딘가:どこか　　소박하다:素朴だ
정취:情趣、味わい　　-자면:しようとすれば、すると　　자연미:自然美
인공미:人工美　　자연스럽다:自然だ　　자연:自然　　일부분:一部分
-게 만들다:-にする、-くする　　그러고:そうして　　-(으)니까:-から、-ので
그대로:そのまま　　느낌:感じ、感想　　한국인:韓国人
-기 때문이다:-するためだ、-するからだ　　그런:そのような、そんな
차이:差異、違い　　-에 관하여(서):-に関して　　-도록:-ように

대중 매체:マスメディア　　활용:活用　　연구하다:研究する　　관계:関係
사실:事実　　거론하다:論ずる、言及する　　강연하다:講演する　　경위:経緯
당시:当時　　경제:経済　　검토하다:検討する　　필요:必要
케케하다:すえた臭いがする　　싹:すっかり、きれいに　　불량하다:不良だ
빨간색:赤色　　흰색:白、白色　　섞다:混ぜる
사소하다:些少だ、わずかだ、つまらない　　참견하다:干渉する、口出しをする
지옥:地獄　　꼬박:まる　　새우다:(夜を)明かす、徹夜する
-게 하다:-くする、-にする　　-(으)ㄹ지 말지:-するかどうか
스스로:自分で、自ら　　딱:きぱりっと、ぴたりと　　동안:間　　천사:天使
소원:願い、念願　　빌다:祈る　　기획:企画　　팀:チーム
병이 들다:病気にかかる　　먹이다:食べさせる　　흙:土　　비료:肥料

1 1. 体言＋「에 대하여(서)」

대중 매체의 활용에 대해서 연구하고 있어요.
　　　　　　　　　　　　大衆マスコミの活用について研究しています。
그 두 사람의 관계에 대해서 알고 있는 사실은 하나도 없어요.
　　　　　　　　　　　　二人の関係について知っている事実は何もありません。
이제부터는 더 이상 이 일에 대해서 거론하지 마세요.
　　　　　　　　　　　　これ以上このことについては取り上げないでください。

2. 体言＋「에 관하여(서)」

한국의 대중 문화에 관해서 강연해 주시겠습니다.
　　　　　　　　　　　　韓国の大衆文化について講演なさいます。
이번 사건의 경위에 관해서 설명을 드리겠어요.
　　　　　　　　　　　　この事件の経緯についてご説明いたします。
당시의 경제 상황에 관해서 검토할 필요가 있어요.
　　　　　　　　　　　　当時の経済状況について検討する必要があります。

자연과 더불어 살아요.

2 用言 +「-니까」

쓰레기통을 치우니까 케케한 냄새가 싹 없어졌어요.
　　　　　　　　　　　ゴミ箱を片付けたら不潔なにおいがすっきりなくなりました。
병이 낫는 꿈을 꾸니까 병이 나았어요.　　病が治る夢をみたら病が治りました。
사람들을 한꺼번에 모으니까 일이 금세 끝났어요.
　　　　　　　　　　　　　　大勢の人を一度に集めたらことはすぐ片付きました。

＊　用言 +「-으니까」

껌을 씹으니까 사람이 불량하게 보여요.
　　　　　　　　　　　　　　ガムを噛んでいるから不良のように見えます。
높은 곳에 올려놓으니까 훨씬 더 잘 보여요.
　　　　　　　　　　　　高いところに上げておいたらうんときれいに見えます。
빨간색에 흰색을 섞으니까 분홍색이 됐어요.
　　　　　　　　　　　　　　　赤色に白を混ぜたらピンクになりました。

3 用言 +「-자면 (=자고 하면)」

경위를 다 설명하자면 이야기가 너무 길어져요.
　　　　　　　　　　　事情を全部説明しようものなら話が長くなりすぎます。
사소한 일까지 다 참견하자면 매일매일이 지옥일 거예요.
　　　　　　　　　　　些細なことまで構おうものなら毎日が地獄になります。
그 술을 다 마시자면 밤을 꼬박 새워야 할 거예요.
　　　　　　　　　　その酒を全部飲もうものなら絶対夜が更けてしまいます。

4 用言 +「-게 만들다/하다」

유학을 할지 말지 스스로 판단하게 해요.
　　　　　　　　　　留学をするかやめるか自分で判断するようにさせます。
딱 일년 동안만 해외에서 근무하게 해 주세요.
　　　　　　　　　　　　　きっかり一年だけ海外で勤めさせてください。
천사가 그녀에게 자기의 소원을 빌게 했어요.
　　　　　　　　　　　　天使が彼女に自分の願いを申しでるようにさせました。

5 用言 +「-도록 하다」

그 일을 마친 뒤에는 기획팀을 도와주도록 해요.
　　　　　　　　　　その仕事が終わった後は企画部を手伝うようにしなさい。
병이 든 강아지에게는 이 약을 먹이도록 해요.
　　　　　　　　　　　病にかかった子犬にはこの薬を飲ませるようにしなさい。
꽃을 심기 전에는 흙에 비료를 조금 섞도록 해요.
　　　　　　　　　　　花を植える前に土に少々肥料を混ぜるようにしなさい。

【練習 1】
1. _____에 대하여(서) _____고 싶습니다.

   보기 : 시험 결과/알다
   → 시험 결과에 대해서 알고 싶습니다.

   1) 여름 곤충/자세히 알다   2) 젊은이들의 생각/질문하다
   3) 국제화 시대/논문을 쓰다   4) 옛 주거 생활/자료를 찾다
   5) 생활 속의 요가/강연을 하다   6) 자연 생태계/공동 연구를 하다
   7) 노인 문제의 심각성/발표하다   8) 이번 조치/각자의 생각을 듣다
   9) 학생운동/선생님의 견해를 묻다
   10) 사고 원인/정확한 조사를 부탁하다

2. _____(으)니까 _____(으)ㅂ시다.

   보기 : 약속이 있다/먼저 가다
   → 약속이 있으니까 먼저 갑시다.

   1) 짐이 무겁다/같이 들다   2) 시간이 없다/택시로 가다
   3) 밤길이 위험하다/조심하다   4) 오늘은 바쁘다/내일 만나다
   5) 햇볕이 강하다/모자를 쓰다   6) 배가 고프다/말을 시키지 말다
   7) 길을 모르다/지도를 그려 주다   8) 한국말을 못하다/영어로 말하다
   9) 발음이 어렵다/열심히 연습하다 10) 바겐세일을 하다/백화점에 가 보다

3. _____자면 _____아요/어요/여요.

   보기 : 모두에게 알리다/시간이 걸리다
   → 모두에게 알리자면 시간이 걸려요.

   1) 이야기를 하다/끝이 없다   2) 제대로 하다/사흘은 걸리다
   3) 대우를 받다/이 일은 못하다   4) 평생을 살다/갖은 고비가 있다
   5) 참고 살다/속이 새까맣게 타다   6) 사람을 속이다/충분히 가능하다
   7) 생활을 유지하다/돈이 필요하다   8) 불평을 듣고 있다/도망가고 싶다
   9) 소원을 빌다/한두가지로 안 끝나다
   10) 일을 같이 하다/의견 차이가 생기다

4. _____에게 _____게 했어요.

   보기 : 학생들/직접 발표하다
   → 가 : 그 일은 어떻게 처리했어요?
   　　나 : 학생들에게 직접 발표하게 했어요.

   1) 동생/커피를 타다　　　　　　　2) 본인들/직접 복사하다
   3) 재수생/학원에 다니다　　　　　4) 직원들/야간 근무를 하다
   5) 후배/공항에 마중나가다　　　　6) 입학생/대표 인사를 하다
   7) 관계자/숙소를 예약하다　　　　8) 담당자/앙케이트를 실시하다
   9) 패널리스트/내용을 준비하다　　10) 참가자/각자의 점심을 준비하다

5. 네, _____도록 하겠습니다.

   보기 → 가 : 이것은 아주 중요한 서류입니다. (잃어 버리지 않다)
   　　　나 : 네, 잃어 버리지 않도록 하겠습니다.

   1) 가 : 원고 마감 날짜까지 약속을 지킬 수 있어요? (약속을 어기지 않다)
   　 나 : _____.
   2) 가 : 오늘은 너무 늦었으니 돌아가 주세요. (내일 다시 오다)
   　 나 : _____.
   3) 가 : 이런 일이 있어서 되겠어요? (다음부터는 조심하다)
   　 나 : _____.
   4) 가 : 그 영화는 놓치지 말고 꼭 보세요. (시간을 내서 보다)
   　 나 : _____.
   5) 가 : 이것은 두 사람만 아는 비밀이에요. (비밀은 꼭 지키다)
   　 나 : _____.
   6) 가 : 박선생님에게 누가 연락할 거예요? (제가 연락하다)
   　 나 : _____.
   7) 가 : 언제까지 그것만 하고 있을 거예요? (늦어도 오늘 안에 끝마치다)
   　 나 : _____.
   8) 가 : 당신에게 맡겨도 되겠어요? (빈틈없이 처리를 하다)
   　 나 : _____.

6. 본문을 읽고 배운 문형을 이용하여 대답하세요.

   1) 다음 시간은 무엇에 대해서 공부하려고 합니까?
   2) 스즈키씨는 무엇에 대해 관심이 있어요?
   3) 스즈키씨는 한국의 정원에 대해서 어떻게 생각하고 있어요?
   4) 보통 한국과 일본의 정원 양식을 무엇이라고 합니까?
   5) 스즈키씨는 다음 시간에 무엇을 하려고 합니까?

내일은 좀더 키가 크겠죠!!

【新出単語】

곤충 : 昆虫	자세히 : 詳しく	질문하다 : 質問する	국제화 : 国際化
시대 : 時代	주거 : 住居	요가 : ヨガ	강연 : 講演	생태계 : 生態系
공동 : 共同	연구 : 研究	심각성 : 深刻性	조치 : 措置	각자 : 各自
학생운동 : 学生運動	견해 : 見解	원인 : 原因	정확하다 : 正確だ
조사 : 調査	밤길 : 夜道	햇볕 : 日、日光、日差し	발음 : 発音
바겐세일 : バーゲンセール	대우 : 待遇	평생 : 一生

갖은 : 이러이러, さまざまな 고비 : やま、クライマックス、峠
새까맣다 : 真っ黒だ 속이 타다 : 気がもめる、苛立つ 속이다 : だます、欺く
충분히 : 十分に 가능하다 : 可能だ 유지하다 : 維持する、保つ
불평 : 不平、不満、愚痴 한두가지 : 一つか二つ
커피를 타다 : (コーヒーを)入れる 재수생 : 浪人 야간 : 夜間 근무 : 勤務
마중나가다 : 出迎える 입학생 : 入学生 인사 : 挨拶 관계자 : 関係者
숙소 : 宿所、宿 예약 : 予約 앙케이트 : アンケート 실시하다 : 実施する
패널리스트 : パネリスト 원고 : 原稿 어기다 : 破る
끝마치다 : 終える、すませる 맡기다 : 任せる
빈틈없이 : すき間なく、抜け目なく 처리 : 処理

제9과 어느 쪽이 더 빠른가요?

우체국 : 어디로 보내는 소포입니까?

스즈키 : 일본에 부칠 건데요.

우체국 : 항공편과 선박편 중 어느 것으로 보낼 건가요?

스즈키 : 어느 쪽이 더 빠른가요?

우체국 : 비행기가 빠르기는 빠르지만 배보다 좀 비쌉니다.

스즈키 : 요금이 비싸도 제일 빠른 쪽이 좋아요.

우체국 : 그러면 좀 비싸기는 하지만 항공편 중에서도 제일 빠른 EMS가 어떠세요?

스즈키 : 그것으로 해 주세요.

우체국 : 무게를 재야 하니까, 저울 위에 올려 주시겠어요.

스즈키 : 얼마나 걸리는가요? 이틀이면 도착할까요?

우체국 : 삼사일은 걸릴 거예요. 중앙우체국으로 해서 가니까요.

스즈키 : 그러니까 적어도 삼일은 걸린다는 거군요.

우체국 : 그렇지요. 여기에 받는 사람 주소와 이름, 그리고 내용물을 써 주세요.

```
우체국 : どちらに出す小包ですか。
스즈키 : 日本へ出します。
우체국 : 航空便と船便のうちどっちにしますか。
스즈키 : どちらが速いですか。
우체국 : 航空便が速いことは速いですが、船便より少し高いです。
스즈키 : 料金が高くても一番速い方がいいです。
우체국 : それでは少し高いけれでも、航空便の中でも一番速いEMSはどうですか。
스즈키 : それにしてください。
우체국 : 重さを測らなければなりませんので秤の上に載せてください。
스즈키 : どれぐらいかかりますか。二日あれば到着しますか。
우체국 : 三四日はかかるでしょう。中央郵便局を通って出されますから。
스즈키 : だから、少なくとも三日はかかるということですね。
우체국 : そうですね。ここに受取人の住所と名前、それから中身を書いてください。
```

【新出単語】

부치다 : 送る、出す　　-(으)ㄹ 건데요 : -でしょう、-ます　　항공편 : 航空便
선박편 : 船便　　　-(으)ㄹ 건가요? : -ですか、-ますか
-는/ㄴ/은가요? : -ですか、-ますか　　배 : 船
-는/ㄴ/은 쪽이 좋다 : -するほうがいい　　EMS : 国際特急郵便　　무게 : 重さ
재다 : 量る　　저울 : 秤　　삼사일 : 三四日　　중앙우체국 : 中央郵便局
으로/로 해서 : -を経由して、-に寄って　　적어도 : 少なくとも
-는다는/ㄴ다는/다는 거군요 : -ということですね　　내용물 : 内容物、中身

뉴욕 : ニューヨーク　　-느라고 : -するため、-ので　　해운대 : 海雲臺
해수욕장 : 海水浴場　　한바퀴 : 一回り、一周　　돌다 : 回る
고속도로 : 高速道路　　마포 : 麻浦　　쳐다보다 : 見上げる、見つめる
홀가분하다 : 快い、楽だ　　적적하다 : 寂しい、ひっそりとする
버티다 : 耐える、辛抱する　　장난 : いたずら
-는/ㄴ/은 편이 좋다 : -するほうがいい　　뛰어들다 : 係わる、飛び込む
죽이다 : 殺す　　나아가다 : 進む　　조그맣다 : 小さい　　커다랗다 : 非常に大きい
퉁명스럽다 : 無愛想だ、ぶっきらぼうだ　　정답다 : 仲がいい、むつまじい
화장 : 化粧　　짙다 : 濃い、深い　　옅다 : 薄い、浅い　　당 : -当たり
패널티 : ペナルティー　　주어지다 : 与えられる　　김 : 湯気
김이 나다 : (湯気が)立つ　　창구 : 窓口　　수 : 数、人数
줄어들다 : 減る、少なくなる　　무책임하다 : 無責任だ　　서투르다 : 下手だ、未熟だ
어설프다 : 不手際だ、がさつだ　　하찮다 : 大したものではない、つまらない
사법고시 : 司法試験　　합격하다 : 合격する　　덩실덩실 : ひょいひょいと
이래도 : これでも　　앞서다 : 先立つ、先頭に立つ　　기온 : 気温
모조리 : 全部、すっかり　　비닐 : ビニール　　그릇 : 器、容器
천천히 : 注意深く、落ち着いて、ゆっくり　　말귀 : のみ込み
없애다 : なくす、取り除く　　규모 : 規模　　입학 : 入学　　정원 : 定員
늘리다 : 増やす　　목숨 : 命、生命　　내놓다 : 投げ出す　　카레 : カレー
되다 : 固い

1 体言＋「으로 해서」

동경으로 해서 뉴욕에 갈 거예요.　　東京を経由してニューヨークへ行きます。
친구 집으로 해서 오느라고 늦었어요.
　　　　　　　　　友達の家を経由して帰ってきたために遅くなりました。
해운대 해수욕장으로 해서 한바퀴 돌 생각이에요.
　　　　　　　　　海雲台海水浴場の方面を経由し一周するつもりです。

＊　体言＋「로 해서」

이 길로 해서 가면 더 빨리 갈 수 있어요.
　　　　　　　　　この道を経由すれば早めに着けます。
고속도로로 해서 공항까지 가 주세요.
　　　　　　　　　高速道路を利用して空港まで行ってください。
여기서는 마포로 해서 신촌으로 가요.
　　　　　　　　　ここからは麻浦を経由して新村のほうに行きます。

2 用言＋「-기는」 用言＋「-지만」

화면을 쳐다보기는 쳐다보지만 마음은 여기에 없어요.
　　　　　　　　　　　画面を見つめるは見つめるが心はここにありません。
돈을 빌리기는 빌리지만 어떻게 갚을지 걱정이에요.
　　　　　　　　　　　お金を借りるは借りるがどうやって返すか心配です。
혼자 생활이 홀가분하기는 홀가분하지만 적적할 때도 있어요.
　　　　　　　　　　　一人生活が身軽は身軽だが寂しい時もあります。

＊　用言＋「-기는 하지만」

지금은 견디기는 하지만 언제까지 버틸 수 있을지 모르겠어요
　　　　　　　　　　　今現在凌ぐは凌ぐが何時まで耐えられるかは分かりません。
장난이 좀 짓궂기는 하지만 마음은 따뜻해요.
　　　　　　　　　　　いたずらが少し酷いは酷いが心は温かいです。
일이 힘에 좀 버겁기는 하지만 재미있어요.
　　　　　　　　　　　仕事がちょっと手に終えない感じはするが面白いです。

3 1. 用言＋「-는 쪽이 좋다/편이 좋다」

그 일에 뛰어드는 것보다 그만두는 쪽이 좋을 거예요.
　　　　　　　　　　　その仕事に係わるよりやめたほうがいいでしょう。
죽이는 것보다 살리는 편이 좋을 거예요.
　　　　　　　　　　　殺すより生かしておくほうがいいでしょう。
그대로 나아가는 것보다 돌아가는 편이 좋을 거예요.
　　　　　　　　　　　そのまま進むより迂回したほうがいいでしょう。

2. 用言＋「-ㄴ 쪽이 좋다/편이 좋다」

화려한 것보다 평범한 쪽이 좋을 거예요.
　　　　　　　　　　　目立つものより平凡なもののほうがいいでしょう。
조그만 것보다 커다란 편이 좋을 거예요.
　　　　　　　　　　　小さいものより大きいもののほうがいいでしょう。
퉁명스러운 것보다 정다운 편이 좋을 거예요.
　　　　　　　　　　　ぶすっとするより優しいほうがいいでしょう。

＊　用言＋「-은 쪽이 좋다/편이 좋다」

나쁜 것보다 좋은 편이 좋을 거예요.
　　　　　　　　　　　悪いものよりいいもののほうがいいでしょう。
무거운 것보다 가벼운 편이 좋을 거예요.
　　　　　　　　　　　重いものより軽いもののほうがいいでしょう。
화장은 짙은 것보다 옅은 쪽이 좋을 거예요.
　　　　　　　　　　　化粧は濃いより浅いほうがいいでしょう。

4 1. 用言＋「-는가요?」

한 게임 당 패널티는 얼마만큼 주어지는가요?
　　　　　　　　　　　　―ゲームあたりペナルティーはどれくらい与えられるのですか。
김이 나면 물을 한번 더 붓는가요?　　蒸気が出るともう一度水を足すのですか。
오후 세시가 지나면 창구의 직원 수도 줄어드는가요?
　　　　　　　　　　　　午後三時を過ぎると窓口の職員の数も少なくなるのですか。

2. 用言＋「-ㄴ가요?」

어디 믿는 곳이 있어서 그렇게 무책임한가요?
　　　　　　　　　　　どこか頼れるところがあってそんなに無責任なのですか。
내가 하는 일이 너무 서툴러서 보기에 어설픈가요?
　　　　　　　　　　　　私のやることが下手すぎて見るに耐えないのですか。
어제 눈이 와서 날씨가 이렇게 추운가요?
　　　　　　　　　　　　昨日雪が降ったために天気がこんなに寒いのですか。

＊ 用言＋「-은가요?」

물건이 너무 흔해서 하찮은가요?　　品数が溢れすぎてくだらないのですか。
내가 입기에는 옷 색깔이 너무 밝은가요?
　　　　　　　　　　　　私が着るには服の色が明るすぎなのですか。
지금 신청하기에는 때가 너무 늦은가요?
　　　　　　　　　　　　今申請するにはもう間に合わないのですか。

5 1. 用言＋「-ㄹ 건데요 (=ㄹ 것인데요)」

사법고시에 합격하는 날에는 덩실덩실 춤을 출 건데요.
　　　　　　　　　　　司法試験に合格する日には気持ちよく踊ります。
지금은 이래도 결국에는 저희들이 앞설 건데요.
　　　　　　　　　　　今はこうでもあげくはわたしたちが勝ちます。
그렇게 늦게까지 일하면 많이 피곤할 건데요.
　　　　　　　　　　　そんなに遅くまで働くとひどく疲れるでしょう。

＊ 用言＋「을 건데요 (=을 것인데요)」

기온이 떨어지면 모조리 비닐을 덮을 건데요.
　　　　　　　　　　　気温が下がればすべてビニールを掛けます。
먼저 흙으로 그릇들을 빚어서 나중에 한꺼번에 구울 건데요.
　　　　　　　　　　　先に粘土で型を作り後で一緒に焼きます。
천천히 이야기하면 말귀를 알아들을 건데요.
　　　　　　　　　　　ゆっくり話せば話が通じるでしょう。

2. 用言＋「-ㄹ 건가요? (=ㄹ 것인가요?)」

저 쓰레기들은 다 없앨 건가요?　　　　　あのごみは全部処理するつもりですか。
오는 길에 저희 집에도 들를 건가요?
　　　　　　　　　　来られる際には我が家にも立ち寄られるつもりですか。
학원의 규모를 키우기 위해서 입학 정원을 늘릴 건가요?
　　　　　　　　　　学園の規模を大きくするために入学定員を増やすつもりですか。

* 用言＋「-을 건가요? (=을 것인가요?)」

청소 시간에 창문도 닦을 건가요?　　　　掃除の時間に窓も拭くつもりですか。
회사일이라면 목숨도 내놓을 건가요?
　　　　　　　　　　会社のことなら命も投げ出すつもりですか。
카레가 된 것 같은데 물을 부을 건가요?
　　　　　　　　　　カレーが固いようだが水を入れるつもりですか。

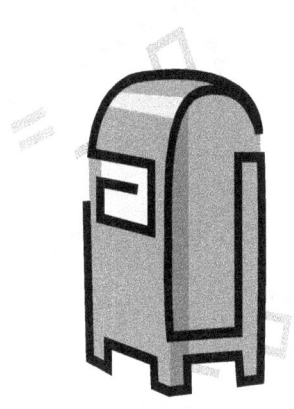

보고 싶은 친구에게 엽서 한장!!

【練習 1】

1. _____으로/로 해서 _____.

   보기→ 가 : 이 기차 어디까지 갑니까?(대구 → 부산)
         나 : 대구로 해서 부산까지 갑니다.

   1) 가 : 이 비행기는 곧장 런던까지 갑니까?(동경 → 런던)
      나 : _____.
   2) 가 : 여행은 어디로 가세요?(한려수도 → 남해안)
      나 : _____.
   3) 가 : 할아버지는 어디 가셨어요?(고모집 → 삼촌집)
      나 : _____.
   4) 가 : 화장실은 어디에 있어요?(사무실 옆 → 복도 끝)
      나 : _____.
   5) 가 : 어디로 가는 것이 길이 안 막혀요?(큰 길 → 시내)
      나 : _____.
   6) 가 : 이 버스 명동 가요?(퇴계로 → 명동)
      나 : _____.
   7) 가 : 어제는 어디에서 마셨어요?(생맥주집 → 포장마차)
      나 : _____.
   8) 가 : 이 신칸센은 어디까지 가요?(히로시마 → 하카타)
      나 : _____.

2. _____기는 _____지만 _____아요/어요/여요.

   보기 : 행복하다/걱정거리도 있다
     → 행복하기는 행복하지만 걱정거리도 있어요.

   1) 좀 통통하다/귀엽다   2) 편하다/내 집이 제일이다
   3) 무뚝뚝하다/정이 넘치다   4) 야채가 신선하다/좀 비싸다
   5) 놀이기구가 무섭다/신나다   6) 수줍어 하다/할 말은 다 하다
   7) 나물이 쓰다/냄새가 향긋하다   8) 얼굴이 곱다/나이는 어쩔 수 없다
   9) 손님으로 북적거리다/수익이 없다
   10) 날씨가 쌀쌀하다/반팔로도 충분하다

3. 가 : 어떻게 하는 것이 좋을까요?
   나 : _____는/ㄴ/은 편이 좋겠어요.

   보기 : 좀 쉬다
     → 가 : 어떻게 하는 것이 좋을까요?
        나 : 좀 쉬는 편이 좋겠어요.

1) 전철로 가다 2) 수선을 맡기다
3) 미리 연락하다 4) 좀 더 절약하다
5) 약은 먹지 않다 6) 야채를 많이 먹다
7) 빨리 병원에 가다 8) 도시락을 준비하다
9) 우산을 가지고 가다 10) 매일 조금씩 연습하다

4. 가 : _____는가요?/ㄴ가요?/은가요?
   나 : _____아요/어요/여요.

   보기 : 적이 두렵다/전혀 두렵지 않다
   → 가 : 적이 두려운가요?
       나 : 전혀 두렵지 않아요.

   1) 그 집안은 부유하다/겨우 밥 먹고 살다
   2) 색이 지나치게 노랗다/별로 노랗지 않다
   3) 언제 철거하다/이달 말에 작업을 시작하다
   4) 요즘 해는 몇 시에 뜨다/새벽 5시쯤 뜨다
   5) 원래 저렇게 퉁명스럽다/알고 보면 상냥하다
   6) 신고가 많이 들어오다/요즘은 뜸해지고 있다
   7) 파이프가 너무 가늘다/이 정도 굵기가 가장 좋다
   8) 기다리기가 무료하다/그래도 만나는 즐거움이 크다
   9) 맥이 잡히다/뭐가 뭔지 전혀 짐작이 안 가다
   10) 제비는 남쪽으로 날아가다/흔히들 강남으로 간다고 하다

5. 가 : _____(으)ㄹ 건가요?
   나 : _____(으)ㄹ 건데요.

   보기 : 내일은 무엇을 하다/홈센터에 커튼을 사러 가다
   → 가 : 내일은 무엇을 할 건가요?
       나 : 홈센터에 커튼 사러 갈 건데요.

   1) 점심으로 무엇을 먹다/비빔밥을 먹다
   2) 직접 운전하다/기사아저씨에게 부탁하다
   3) 계속 그렇게 잠만 자다/이제 그만 일어나다
   4) 새 양복을 맞추다/네, 검정색으로 하나 마련하다.
   5) 그 남자와 계속 사귀다/아니오, 조만간에 헤어지다
   6) 이대로 그만두다/지금 하는 일을 끝내고 결정하다
   7) 대학원에서 무엇을 공부하다/사회복지학을 전공하다
   8) 내 핸드폰을 몰래 보다/이제부터는 보여 줘도 안 보다
   9) 이번 선거 때 투표하다/당연하지요. A씨에게 한표 찍다
   10) 회장님도 참석하시다/좀 늦지만 반드시 참석하시다.

6. 본문을 읽고 배운 문형을 이용하여 대답하세요.

   1) 어디에서 이루어지는 대화입니까?
   2) 스즈키씨는 어디로 소포를 보내려고 합니까?
   3) 소포를 보내는 방법에는 어떤 것이 있습니까?
   4) 가장 빠른 것은 어떤 것이에요?
   5) 요금이 가장 싼 것은 어떤 것이에요?
   6) 스즈키는 무엇으로 결정했습니까?
   7) 왜 그것으로 정했습니까?
   8) 서류에는 무엇을 써야 합니까?

【新出単語】

대구 : 大邱	곧장 : まっすぐ、直接に
한려수도 : 閑麗水道	남해안 : 南海岸
고모 : おば	삼촌 : おじ
사무실 : 事務室	퇴계로 : 退渓路
생맥주 : 生ビール	생맥주집 : ビール屋、居酒屋
히로시마 : 広島	하카타 : 博多
걱정거리 : 心配事	통통하다 : 丸々と太る
귀엽다 : かわいい	정 : 情け
무뚝뚝하다 : 無愛想だ	놀이기구 : 乗り物
신나다 : 浮かれる、興がわく	수줍어하다 : 内気だ、はにかみ屋だ
향긋하다 : 芳ばしい、かぐわしい	어쩔 수 없다 : 仕方ない、やむをえない
북적거리다 : 込み合う	수익 : 受益
쌀쌀하다 : 肌寒い、ひんやりとする	반팔 : 半袖
충분하다 : 十分だ	수선 : 修理、修繕
절약하다 : 節約する	적 : 敵、相手
두렵다 : 恐い、恐ろしい	부유하다 : 豊かだ、富裕だ
겨우 : やっと、ようやく	지나치다 : (度が)過ぎる
철거하다 : 撤去する	이달 : 今月
작업 : 作業	쯤 : ごろ、ぐらい
원래 : 元来、そもそも	신고 : 申告、届け
뜸하다 : まばらだ	파이프 : パイプ
가늘다 : 細い	굵기 : 太さ
무료하다 : 退屈だ	즐거움 : 楽しみ
맥 : 脈	짐작 : 推測、推量、見当
제비 : ツバメ	남쪽 : 南側、南
날아가다 : 飛び立つ	흔히들 : よく
강남 : 江南	커튼 : カーテン
홈센터 : ホームセンター	기사 : 運転手さん
그만 : もう、つい	양복 : 洋服、スーツ
맞추다 : (スーツを)注文する、あつらえる	검정색 : 黒色、黒
마련하다 : 用意する、準備する	사귀다 : 付き合う
조만간 : そのうち	이대로 : このまま、この通り
대학원 : 大学院	전공하다 : 専攻する、専門する
사회복지학 : 社会福祉学	선거 : 選挙
투표하다 : 投票する	한표 : 一票
당연하다 : 当然だ、当たり前だ	표를 찍다 : (票を)入れる、投票する

제10과 쓸 수 있고 말고요.

미용사 : 어서 오세요. 저희 가게 처음이신가요?

스즈키 : 친구가 소개해 줘서 왔어요. 멋지게 해 주세요.

미용사 : 친구 소개라니까 더 잘 해 드려야겠네요.

스즈키 : 친구에게 할인 쿠폰도 받았는데 이것 쓸 수 있어요?

미용사 : 쓸 수 있고 말고요. 머리는 어떻게 해 드릴까요?

스즈키 : 여름이기도 하니까, 짧게 잘라 염색을 할까 생각해요. 그런데 짧은 머리가 제게 잘 어울릴까요?

미용사 : 얼굴형이 짧은 머리도 아주 잘 어울릴 것 같아요. 염색은 이 색깔이 어때요?

스즈키 : 저에게는 좀 야해 보일 것만 같은데요.

미용사 : 참신한 색깔이라고 써 보신 분들이 다 만족해 하세요. 전에 염색해 보신 적은 있으세요?

스즈키 : 아뇨, 그냥 커트만 하는 경우가 많았어요.

미용사 : 헤어스타일을 조금 바꾸면 기분 전환도 되고 좋죠. 그럼 먼저 샴푸부터 할까요?

미용사 : いらっしゃいませ。うちの店ははじめてですか。
スズキ : 友達の紹介で来ました。格好良くお願いします。
미용사 : 友達のご紹介だと言うからもっとよくして差し上げなければなりませんね。
スズキ : 友達から割引のクーポンももらいましたが、これ使えますか。
미용사 : 勿論使えます。ヘアースタイルはどのようにしましょうか。
スズキ : 夏でもありますから、ちょっと短く切って染めようかと思っています。ところで、短い髪型が私に似合うでしょうか。
미용사 : お顔がショットカットもとてもよく似合うと思います。色はこの色がどうですか。
スズキ : 私にはちょっと派手すぎに見えますが。
미용사 : 斬新な色だと使ってみたお客さん皆ご満足しています。以前、髪を染められたことはありますか。
スズキ : いいえ、ただカットだけの場合が多かったです。
미용사 : ヘアースタイルを少し変えると気分転換にもなっていいですよね。では、お先にサンプーをしましょうか。

【新出単語】

미용사：美容師　　어서：さあ、どうぞ　　소개：紹介
이라니까：ーだというから、ーだというので　　쿠폰：クーポン
-고 말고요：ーですとも、ーするとも
이기도 하니까：ーでもあるから、ーでもあるので　　염색：染色、色染め
얼굴형：顔の形　　야하다：派手だ　　-(으)ㄹ 것만 같다：ーしそうだ
참신하다：斬新だ　　만족하다：満足する　　하시다：なさる　　아뇨：いいえ
커트：カット　　-는/ㄴ/은 경우가 많다：ーする場合が多い
헤어스타일：ヘアスタイル　　샴푸：シャンプー

군대：軍隊　　님：彼氏、ボーイフレンド　　맨발：素足、裸足
뛰어나가다：走り出る、走り出す　　척：ふり　　무정하다：無情だ、つれない
선뜻：気軽に、快く　　응하다：応じる、答える　　조종사：パイロット
떨어지다：離れる　　거들떠보다：目を向ける　　가뭄：日照り
정신을 차리다：整える、気をしっかり持つ　　스승：恩師　　은퇴식：退任式
정신과：精神科　　상담：相談　　그들：彼ら　　활력소：活力素
하수구：下水溝、どぶ　　막히다：詰まる　　살충제：殺虫剤　　후유증：後遺症
팔다리：腕と足　　저리다：しびれる　　불량품：不良品　　규격품：規格品
표면：表面　　거칠다：粗い、荒い　　환자：患者　　상태：状態　　죄：罪
죄를 짓다：罪を犯す　　멋적다：ぎこちない　　가엾다：かわいそうだ
선전：宣伝　　요란하다：騒がしい、うるさい　　실제로：実際に
이제라도：今にも　　예감：予感　　해내다：成し遂げる、やりぬく
유용하다：有用だ　　만능：万能　　고통스럽다：苦しい、苦痛だ、つらい

1　体言＋「이라니까 (=이라고 하니까)」

군대에 가 있는 님소식이라니까, 맨발로 뛰어나갔어요.
　　　兵役についているボーイフレンドのお話だと言ったら裸足で飛んでいきました。
어려운 일이라니까 아는 척도 하지 않았어요.
　　　　　　　　難しいことだと言ったら他人のそぶりを見せました。
그렇게도 무정했는데 돈이라니까 선뜻 응했어요.
　　　　　　そんなに薄情だったのにお金だと言ったら進んで応じました。

＊　体言＋「라니까 (=라고 하니까)」

직업이 비행기 조종사라니까 떨어져 산다고 거들떠보지도 않아요.
　　　職業がパイロットだと言ったら離れて住むのがいやだと見向きもしませんでした。
이 가뭄에 비라니까 춤이라도 추고 싶어요.
　　　　　　　　　　こんな旱魃に雨だと言うからわくわくしてきます。
아르바이트라니까 반가워서 정신을 못 차려요.
　　　　　　　バイトだと言ったら嬉しくて立っても座ってもいられなかったです。

2 体言＋「이기도 하니까」

저의 스승이기도 하니까 은퇴식에는 꼭 참석해야죠.
　　　　　　　　　　　私の恩師でもあるから退官式には必ず参加します。
정신과 의사이기도 하니까 상담을 한번 해 보세요.
　　　　　　　　　　精神科医者でもあるから一度カウンセリングを受けてみてください。
강아지가 그들 생활의 활력소이기도 하니까 정말 소중하게 키워요.
　　　　　　　　　　子犬が彼らの活力剤にもなるから本当に大事に育てています。

3 1. 用言＋「-는 경우가 많다」

비가 오면 하수구가 막히는 경우가 많아요.
　　　　　　　　　　　雨が降ると下水道が詰まる場合が多いです。
벌레가 생기면 살충제를 뿌리는 경우가 많아요.
　　　　　　　　　　　　虫が湧くと殺虫剤を撒くのが普通です。
후유증으로는 머리카락이 빠지는 경우가 많아요.
　　　　　　　　　　　後遺症で髪の毛が抜ける場合がしばしばです。

　2. 用言＋「-ㄴ 경우가 많다」

나이가 들면 팔다리가 저린 경우가 많아요.
　　　　　　　　　　　年を取ると手足が痺れる場合が多いです。
불량품은 규격품에 비해 표면이 거친 경우가 많아요.
　　　　　　　　　　　不良品は規格品に比べて表面が粗いのが普通です。
환자들의 건강 상태는 생각보다 심각한 경우가 많아요.
　　　　　　　　　　患者たちの健康状態は思ったより深刻な場合がしばしばです。

＊　用言＋「-은 경우가 많다」

죄 지은 일 없이 멋적은 경우가 많아요.
　　　　　　　　　　　罪なく気まずい思いをする場合が多いです。
이야기를 들어 보면 사정이 너무 가엾은 경우가 많아요.
　　　　　　　　　　　話を聞いてみるとかわいそう過ぎるのが普通です。
선전만 요란하고 실제로는 하찮은 경우가 많아요.
　　　　　　　　　　広告だけが派手で実際は中身がない場合がしばしばです。

4 用言＋「-ㄹ 것만 같다」

이번에는 반드시 합격할 것만 같습니다　　　今度こそ必ずや合格しそうです。
하늘을 보니 이제라도 비가 올 것만 같아요.
　　　　　　　　　　　空を見れば今にも雨が降りそうです。
거기에 가면 그를 만날 것만 같은 예감이 들어요.
　　　　　　　　　　　そこに行けば彼に会えそうな予感がします。

* 用言＋「-을 것만 같다」

끝까지 해낼 수 있을 것만 같아요.　　　　　最後までやりぬける気がします。
반드시 범인을 찾을 수 있을 것만 같은데요.
　　　　　　　　必ずや犯人を捕まえることができそうですが。
오늘은 꼭 연락이 있을 것만 같은 예감이 들어요.
　　　　　　　　今日はきっとお便りがありそうな予感がします。

5　**用言＋「-고 말고요」**

걷고 말고요. 뛰기까지 해요.　　　　　歩きますとも。走ることもできます。
유용하고 말고요. 거의 만능이라고까지 할 수 있어요.
　　　　　　　　有用ですとも。ほとんど万能とも言えます。
힘들고 말고요. 고통스럽기까지 하다고 해요.
　　　　　　　　つらいですとも。苦しいとまで言っています。

요즘은 어떤 스타일이 유행이에요?

【練習1】

1. _____이라니까/라니까 _____네요.

   보기 : 사장님/모두 자리에서 일어나다
   → 사장님이라니까 모두 자리에서 일어나네요.

   1) 50년대 동경 사진/모두 놀라다
   2) 민심이 천심/겨우 조금 숙연해지다
   3) 이 사람이 제 남편/아무도 안 믿다
   4) 술/그저 좋아서 입이 함지박만해지다.
   5) 약간 상했는데도 비싼 과일/얼른 먹다
   6) 우리집에서 가져온 음식/입에도 안 대다
   7) 유명한 지휘자/갑자기 박수를 마구 치다
   8) 천둥 번개/일찌감치 안방에 이불을 깔고 눕다
   9) 우리 팀이 우승/다들 목이 터지게 함성을 지르다
   10) 인기 있는 탤런트/지나가는 차를 보고 절을 하다

2. _____이기도 하니까 _____(으)ㅂ시다.

   보기 : 일요일/집에서 쉬다
   → 일요일이기도 하니까 집에서 쉽시다.

   1) 마침 정전/오늘은 이만하다
   2) 단순 노동/일단은 한번 해 보다
   3) 학생들의 주장/그렇게 처리하다
   4) 우리 모두의 재산/소중히 다루다
   5) 핵심 구성원/이번만은 용서해 주다
   6) 불법주차/어쩔 수 없이 벌금을 물다
   7) 창단 이래 첫 무대/좋은 성과를 거두다
   8) 이것이 주어진 현실/그대로 받아들이다
   9) 하나의 조직 사회/규율을 우선으로 따르다
   10) 마지막 기회/할 수 있는 만큼 최선을 다하다

3. _____(으)면 _____는/ㄴ/은 경우가 많아요.

   보기 : 춥다/감기에 걸리다
   → 추우면 감기에 걸리는 경우가 많아요.

   1) 화가 나다/부모에게 대들다   2) 비를 맞다/칠이 잘 벗겨지다
   3) 설거지를 하다/그릇을 잘 깨다   4) 시간이 있다/헌책방에 자주 가다
   5) 여름이 되다/해외로 출장을 가다
   6) 일이 바쁘다/외부 사원이 투입되다
   7) 컴퓨터를 쓰다/눈이 자주 피로하다

8) 컨디션이 안 좋다/시합에서 패하다
9) 특별전을 하다/이조백자가 전시되다
10) 동기회로 모이다/멕시코 요리를 먹다

4. _____아도/어도/여도 _____(으)ㄹ 것만 같아요.

   보기 : 그 사람의 얼굴만 보다/가슴이 터지다
   → 그 사람의 얼굴만 보아도 가슴이 터질 것만 같아요.

   1) 열심히는 하다/어쩐지 실패하다
   2) 조금만 부주의하다/큰 병이 나다
   3) 포장지는 비싸게 보이다/내용물은 하찮다
   4) 그림자만 스치다/눈물이 쏟아져 버리다
   5) 노력을 아무리 하다/이 고비는 넘기지 못하다
   6) 언뜻 보아 쉬워 보이다/실제로는 만만하지 않다
   7) 애타게 부르다/그는 화가 나서 대답을 안 하다
   8) 하는 일이 어른스럽다/나이는 아직 많이 어리다
   9) 아무리 비싼 선물을 하다/그 사람의 눈에는 하찮게 보이다
   10) 가게는 조그맣다/드나드는 손님 수를 보면 매출액이 엄청나다

5. 가 : _____아요?/어요?/여요?
   나 : 그럼 _____고 말고요.

   보기 : 좀 쉬어도 되다
   → 가 : 좀 쉬어도 돼요?
   　나 : 그럼, 좀 쉬어도 되고 말고요.

   1) 아이가 귀엽다   2) 씀씀이가 헤프다
   3) 이 전화 써도 되다   4) 사진첩을 봐도 되다
   5) 마을의 인심이 좋다   6) 메밀국수를 좋아하다
   7) 런던의 물가는 비싸다   8) 여름에 오키나와도 덥다
   9) 전화번호를 기억할 수 있다   10) 사장님의 생일파티에 갈 수 있다

6. 본문을 읽고 배운 문형을 이용하여 대답하세요.

   1) 스즈키씨는 이 미용실에 자주 왔습니까?
   2) 친구에게 무엇을 받아왔습니까?
   3) 머리 스타일은 어떻게 하려고 합니까?
   4) 왜 짧게 자르려고 합니까?
   5) 스즈키씨는 언제나 염색을 합니까?
   6) 스즈키씨는 염색 색깔을 보고 어떻게 생각합니까?

A:짧은 머리가 제게 잘 어울릴까요?　　　　B:그럼요, 잘 어울리고 말고요.

A:이 색이 제게 잘 어울려요?　　　　　　B:그럼요, 잘 어울리고 말고요.
A:이 디자인이 제게 잘 어울리겠어요?　　B:그럼요, 잘 어울리고 말고요.
A:이 옷이 제게 잘 어울립니까?　　　　　B:그럼요, 잘 어울리고 말고요.
A:이 스타일이 제게 잘 어울리겠습니까?　B:그럼요, 잘 어울리고 말고요.

【新出単語】

년대 : 年代　　　민심 : 民心　　　천심 : 天心　　　숙연하다 : 粛然とする、厳かだ
그저 : ただ、そのまま　　함지박 : 盛り皿　　-만하다 : -のほどだ
약간 : 若干, 少し　　입에 대다 : 口にする　　유명하다 : 有名だ
지휘자 : 指揮者　　박수 : 拍手　　박수를 치다 : 拍手をする　　천둥 : 雷
번개 : 稲妻, 稲光　　일찌감치 : 早めに、もう少し早く　　안방 : アンバン、主婦部屋
눕다 : 横になる、寝る　　우승 : 優勝　　함성 : 喊声　　탤런트 : タレント
절 : 挨拶　　마침 : 折りよく、ちょうど　　정전 : 停電　　이만하다 : やめる
단순 : 単純　　노동 : 労働　　일단 : 一旦、ひとたび　　주장 : 主張
처리하다 : 処理する、片付ける　　재산 : 財産　　소중히 : 大事に、大切に
다루다 : 扱う　　핵심 : 核心　　구성원 : 構成員　　용서하다 : 許す
불법 주차 : 駐車違反　　어쩔 수 없이 : 仕方なく、やむなく　　벌금 : 罰金
벌금을 물다 : 罰金を払う　　창단 : 創立　　이래 : 以来　　첫 : 初めての、最初の
무대 : 舞台　　성과 : 成果　　성과를 거두다 : 成果をあげる　　현실 : 現実
받아들이다 : 受け入れる　　조직 : 組織　　규율 : 規律　　우선으로 : 最初に、まず
따르다 : 従う、追う　　최선 : 最善　　최선을 다하다 : 最善を尽くす
대들다 : はむかう、挑む　　비를 맞다 : 雨に降られる　　칠 : ペンキ、ペイント
벗겨지다 : 剥げる、むける　　설거지 : (食後の)後片付け、皿洗い　　깨다 : 割る
헌책방 : 古本屋　　외부 : 外部　　사원 : 社員　　투입되다 : 投入する
피로하다 : 疲労する、疲れる　　컨디션 : コンディション、具合　　패하다 : 負ける
특별전 : 特別展　　이조백자 : 李朝白磁　　전시되다 : 展示される
동기회 : 同期会　　멕시코 : メキシコ　　가슴 : 胸　　가슴이 터지다 : 胸が裂ける
어쩐지 : どういうわけか、どうやら　　부주의하다 : 不注意する
병이 나다 : 病気になる　　포장지 : 包装紙　　그림자 : 影、陰　　스치다 : 映る
쏟아지다 : あふれる、こぼれる　　넘기다 : 越す、過ごす
힐끗 : ちらっと、ちらりと　　만만하다 : くみしやすい、見くびる
애타다 : いらいらする、気があせる　　어른스럽다 : 大人っぽい
드나들다 : 出入りする、通う　　매출액 : 売上額　　엄청나다 : 途方もない、どえらい
씀씀이 : 費用、入費　　헤프다 : 減りやすい　　사진첩 : アルバム
인심 : 人情、人心　　메밀국수 : そば　　기억하다 : 記憶する、覚える

제 11 과   화살같이 빠르네요.

배철수 : 스즈키씨, 저쪽이 우리 자리인가 봐요. 직접 보니까, 응원 열기가 대단하네요.

스즈키 : 그러니까 제가 오자고 했죠. 스트레스 해소에는 스포츠가 그저그만이에요.

배철수 : 정말 그런 것 같네요. 저기 11 번 선수 정말 화살같이 빠르네요.

스즈키 : 저 선수가 지금 제일 유망주인데 몰라요? 수비뿐만 아니라 공격도 패스도 정확하잖아요.

배철수 : 정말 뛰는 폼만 봐도 유망주답네요. 우리도 경기가 끝난 다음에 한강이라도 한바퀴 돌까요?

스즈키 : 좋지요. 철수씨는 학생 때 축구 안 했어요?

배철수 : 하기는 했지만 축구는 별로 좋아하지 않았어요. 그래도 월드컵 때는 시청까지 가서 응원도 했어요.

스즈키 : 붉은악마말이지요? 그건 일본에서도 화제가 됐어요. 그 열기, 한국은 정말 대단한 것 같아요.

배철수 : 鈴木さん、あちらが私たちの席のようです。直接来てみたら、応援の熱気が大したものですね。
스즈키 : だから、私が行こうと誘ったでしょう。ストレスの解消にはスポーツが一番です。
배철수 : 本当にそんな気がします。あそこ 11 番選手、本当に矢のように速いですね。
스즈키 : あの選手が今第一株ですが知りませんか。守備だけでなく攻撃もパスも正確でしょう。
배철수 : 本当に走る姿だけを見ても第一株にふさわしいです。私たちも試合が終わった後漢江でも一周しましょうか。
스즈키 : いいですね。철수さんは学生の時サッカーはしませんでしたか。
배철수 : したことはありますが、サッカーはあまり好きではありませんでした。それでもワールドカップの時は市庁まで行って応援もしました。
스즈키 : レットデービルのことですね。それは日本でも話題を呼びました。その熱気、韓国は本当にすごかったですね。

【新出単語】

인가 보다 : －ようだ、－みたいだ　　응원 : 応援　　　열기 : 熱気
스트레스 : ストレス　　해소 : 解消　　그저그만이다 : この上もない　　번 : －番
같이 : －ように　　유망주 : 有望株　　수비 : 守備
-뿐만 아니라 : －だけでなく、－のみならず　　공격 : 攻撃　　패스 : パス
폼 : フォーム、形式　　　-답다 : －らしい　　　경기 : 競技、試合
-(으)ㄴ 다음에 : －したあと　　한강 : 漢江　　-기는 하다 : －することはする
붉은악마 : ブルグンアンマ　　화제 : 話題

개발 : 開発　　제품 : 製品　　생산 : 生産　　모든 : みんな、全て　　구기 : 球技
종목 : 種目　　　재능 : 才能　　일반 : 一般　　흥미 : 興味
제일가다 : 一番だ、最高だ　　발표 : 発表　　반 : クラス、学級
일등하다 : 1等になる、最上だ　　엔진 : エンジン　　파워 : パワー　　선진 : 先進
자랑하다 : 自慢する、誇る　　청년 : 青年　　여인 : 女性
아무래도 : どうしても、どうでも　　암 : 癌　　지름길 : 近道　　변비 : 便秘
해결 : 解決　　갈증 : 渇き　　찬물 : 冷たい水　　민감성 : 敏感性　　피부 : 皮膚
용 : 用　　로션 : ローション　　진실 : 真実　　밝혀내다 : 明かす
탐지기 : 探知機　　무덥다 : 蒸し暑い　　콩국수 : コングッス　　시멘트 : セメント
바르다 : 張る、塗る　　벽지 : 壁紙　　적당량 : 適当量
챙기다 : まとめる、取りまとめる　　등반 : 登山　　고르다 : 整える　　씨앗 : 種
맥을 짚다 : 脈をとる　　진단 : 診断　　진단을 내리다 : 診断を下す

1　体言＋「뿐만 아니라」

연구 개발뿐만 아니라 제품 생산도 하고 있어요.
　　　　　　　　　　　　　　研究開発だけでなく製品生産もしています。
야구뿐만 아니라 모든 구기 종목에 재능이 있어요.
　　　　　　　　　　　　　　野球だけでなくすべての球技に才能があります。
영어뿐만 아니라 외국어 일반에 흥미를 갖고 있어요.
　　　　　　　　　　　　　　英語だけでなく外国語一般に興味を持っています。

2　体言＋「답다」

실력이 한국에서 제일가는 선수답네요.
　　　　　　　　　　　　　実力が韓国で一番の選手にふさわしいです。
발표 내용이 반에서 일등하는 학생답네요.
　　　　　　　　　　　　　発表内容がクラスで一番の生徒にふさわしいです。
엔진의 파워가 선진 기술을 자랑하는 회사의 제품답네요.
　　　　　　　　　　　エンジンのパワーが先進技術を誇る会社の製品にふさわしいです。

3 体言＋「인가 보다」

저 젊은 청년이 저 여인의 아들인가 봐요.
あの若い青年があの女性の息子のようです。
그 사람의 병이 아무래도 암인가 봐요.　その人の病がどうしても癌のようです。
이 길이 그 가게로 가는 지름길인가 봐요.
この道がその店に行く近道のようです。

4 体言＋「이 그저그만이다」

변비 해결에는 이 약이 그저그만이에요.　　便秘にはこの薬が一番です。
갈증 해소에는 찬물이 그저그만이에요.　　渇きの解消には冷水が一番です。
민감성 피부에는 아기용 로션이 그저그만이에요.
敏感肌にはベビーローションが一番です。

*　体言＋「가 그저그만이다」

시간을 보내기에는 독서가 그저그만이에요.
暇をつぶすには読書が一番です。
진실을 밝혀내는 데는 거짓말 탐지기가 그저그만이에요.
真実を明かすにはウソ探知機が一番です。
무더운 날에는 시원한 콩국수가 그저그만이에요.
暑い日には冷たいコンクッスが一番です。

5 用言＋「-ㄴ 다음에」

시멘트로 벽을 바른 다음에 벽지를 발라요.
セメントで壁を塗った後壁紙を貼ります。
재료를 다 끓인 다음에 적당량의 국물을 부어요.
材料に全部火を通した後適量の水を入れます。
먼저 짐을 챙긴 다음에 등반을 가요.　先ず荷物をつめた後登山に出かけます。

*　用言＋「-은 다음에」

주문을 받은 다음에 생산에 들어가요.　　注文を受けた後生産に入ります。
발로 흙을 고르게 밟은 다음에 씨앗을 뿌려요.
足で土を平らにした後種を蒔きます。
맥을 짚은 다음에 진단을 내려요.　　　脈拍を取った後処方します。

대～한민국

【練習 1】

1. _____뿐만 아니라 _____도 _____아요/어요/여요.

   보기 : 수학을 잘하다/국어
   → 가 : 수학을 잘해요?
     나 : 수학뿐만 아니라 국어도 잘해요.

   1) 한 끼를 굶다/두 끼
   2) 단어를 외우다/문장
   3) 이론에 밝다/실무
   4) 소금을 안 쓰다/설탕
   5) 택시를 몰다/트럭
   6) 방 청소를 하다/마당 청소
   7) 한국은 경기가 좋지 않다/일본
   8) 직장 생활에 충실하다/가정 생활
   9) 인건비가 많이 오르다/재료비
   10) 가족들이 기뻐하다/마을 사람들

2. 가 : 저 사람의 모습이 어때요?
   나 : _____답네요.

   보기 : 게임의 일인자
   → 가 : 저 사람의 모습이 어때요?
     나 : 게임의 일인자답네요.

   1) 영국신사
   2) 진정한 프로
   3) 젊은이의 우상
   4) 노벨상 수상자
   5) 전 대학의 수석
   6) 둘도 없는 친구
   7) 일류 기업의 회장
   8) 최고의 축구 선수
   9) 한 국가의 통치자
   10) 이 시대를 대표하는 지성인

3. _____인가 봐요.

   보기 : 이 방법이 최선이다.
   → 이 방법이 최선인가 봐요.

   1) 원서 창구는 이쪽이다
   2) 새로 개발된 시스템이다
   3) 지금이 인생의 갈림길이다
   4) 내일이 합격자 발표날이다
   5) 어려울 때는 가족이 제일이다
   6) 이 나라의 재산은 지하자원이다
   7) 저것이 대통령 전용 비행기이다
   8) 그 사람이 이 사이트 운영자이다
   9) 저 사람의 말투를 보면 교사이다
   10) 중앙에 서 있는 사람이 주인공이다

4. _____에는 _____ _____이/가 그저그만이에요.

   보기 : 기미/비타민 C
   → 기미에는 비타민 C가 그저그만이에요.

1) 졸음/냉수　　　　　　　　2) 과음/꿀물
3) 변비/현미밥　　　　　　　4) 더위/삼계탕
5) 돈벌이/주식　　　　　　　6) 감기/인삼차
7) 다이어트/걷기　　　　　　8) 냄새 제거/방향제
9) 피로 회복/반신욕　　　　 10) 여가 활동/스포츠

5. _____(으)ㄴ 다음에 _____아요/어요/여요.

　　보기 : 밥을 먹다/노래방에 가다
　　　　→ 밥을 먹은 다음에 노래방에 가요.

　　1) 밥을 먹다/꼭 이를 닦다　　　　2) 비자를 받다/미국에 가다
　　3) 땀을 흘리다/샤워를 하다　　　 4) 비빔밥은 다 비비다/먹다
　　5) 의사의 처방전이 있다/약을 타다　6) 버스가 멈추다/자리에서 일어나다
　　7) 사람들이 다 모이다/식사하러 가다
　　8) 테이프를 듣다/그 지시에 따라 하다
　　9) 먼저 표를 구입하다/박물관에 입장하다
　　10) 비행기를 타다/내려서 버스로 갈아타다

6. 본문을 읽고 배운 문형을 이용하여 대답하세요.

　　1) 지금 이곳은 어디예요?
　　2) 스즈키씨는 스트레스 해소에 무엇이 좋다고 생각합니까?
　　3) 배철수씨는 축구에 대해서 잘 아는 것 같아요?
　　4) 월드컵 때 배철수씨는 무엇을 했어요?
　　5) 한국 축구 응원단의 이름은 무엇이에요?

【新出単語】

수학 : 数学　　　국어 : 国語　　　이론 : 理論　　　실무 : 実務　　　소금 : 塩
몰다 : 運転する　　트럭 : トラック　　마당 : 庭　　충실하다 : 充実している
인건비 : 人件費　　재료비 : 材料費　　기뻐하다 : 喜ぶ　　일인자 : 一人者
신사 : 紳士　　진정하다 : まことだ　　프로 : プロ　　우상 : 偶像
노벨상 : ノーベル賞　　수상자 : 受賞者　　전 : 全　　대학 : 大学
수석 : 首席　　둘도 없다 : 二つとない、この上ない　　일류 : 一流　　기업 : 企業
국가 : 国家　　통치자 : 統治者　　대표하다 : 代表する　　지성인 : 知性人
원서 : 願書　　개발되다 : 開発される　　시스템 : システム
갈림길 : 分かれ道、岐路　　합격자 : 合格者　　자원 : 資源　　대통령 : 大統領
전용 : 専用　　사이트 : サイト　　운영자 : 運営者　　기미 : しみ
비타민 : ビタミン　　졸음 : 眠り、眠気　　냉수 : 冷水、お水　　과음 : 飲み過ぎ
꿀물 : 蜂蜜を溶かした水　　현미밥 : 玄米ご飯　　돈벌이 : 金儲け
주식 : 株　　인삼차 : 人参茶　　다이어트 : ダイエット　　걷기 : 歩き
냄새제거 : 消臭　　방향제 : 消臭剤　　회복 : 回復　　반신욕 : 半身浴
여가 : 余暇、暇　　흘리다 : こぼす　　비비다 : 混ぜる　　처방전 : 処方箋
내리다 : 降りる　　지시 : 指示　　입장하다 : 入場する　　응원단 : 応援団

제12과 하숙집으로 옮길까 싶어요.

스즈키 : 사감 선생님, 좀 상담 드리고 싶은 일이 있는데요.

사 감 : 스즈키씨 무슨 일이에요?

스즈키 : 전부터 생각해 왔는데, 저 다음 학기부터 하숙집으로 옮길까 싶어요.

사 감 : 왜요? 기숙사가 강의실 가기도 편하고 친구들 사귀기도 좋지 않아요?

스즈키 : 그건 그런데요. 유학생활을 하는 김에 한국의 하숙집에서도 한번 살아 보고 싶어서요.

사 감 : 무슨 말인지는 알겠지만, 서운해서 어쩌지요? 그동안 스즈키씨와는 정이 많이 들었는데…….

스즈키 : 이쪽에 올 때마다 놀러 오면 되잖아요. 나중에 놀러와도 괜찮죠?

사 감 : 언제든지 환영이에요. 그런데 서류는 이사가기 한달 전까지 제출해 주세요.

스즈키 : 그동안 사감 선생님께는 신세 많이 졌습니다.

스ズキ：사감先生、ちょっと相談したいことがありますが。
사 감：鈴木さん、何の用ですか。
スズキ：この前から考えてきましたが、後期から下宿に引っ越そうかと思っています。
사 감：どうしてですか。寮の方が教室にも通いやすく、友達を作るにもよくありませんか。
スズキ：それはそうです。しかし、留学生活をするついでに韓国の下宿でも一度生活してみたいと思いましたから。
사 감：何を言っているかは分かりますが、寂しくなりますね。今まで鈴木さんとはとても親しくなったのに。
スズキ：こちらに来るたびに遊びに来ればいいでしょう。たまに寄っても構いませんよね。
사 감：いつでも歓迎です。ところで、書類は引越しの一ヶ月前まで提出してください。
スズキ：今まで사감先生にはいろいろお世話になりました。

【新出単語】

사감：舎監　　-아/어/여 오다：-てくる　　하숙집：下宿先
-는/(으)ㄴ 김에：-するついでに、-する機会に　　인지：-なのか
서운하다：寂しい、残念だ　　어쩌다：どうする　　그동안：その間、しばらく
정이 들다：情が深くなる、なじむ、親しくなる　　-(으)ㄹ 때마다：-するたびに
-(으)면 되다：-すればいい　　환영：歓迎　　이사가다：引っ越しする
달：-か月　　께는：-には　　신세：世話、面倒　　지다：(お世話に)なる

아르바이트생：アルバイトの人　　구별：区別　　구별이 가다：区別がつく
벙어리：口のきけない人　　아무런：どんな、いかなる　　가시다：いらっしゃる
부엌：台所、キッチン　　수리하다：修理する　　제사：法事
지내다：(法事を)執り行う　　끝을 내다：終わらせる、すませる
아버님：お父様、父上　　곡：-曲　　한턱：おごり
한턱을 내다：ご馳走する、おごる　　-(으)ㄴ 거예요：-ました　　꾀：知恵、計略
부리다：ふるまう　　일점：一点　　감점：減点　　떠올리다：思い浮かべる
저절로：自然に、ひとりでに　　귀가하다：帰宅する　　묻다：つく、くっつく
찡그리다：しかめる　　송편：ソンピョン　　고물：(餅にまぶす)粉
묘하다：妙だ、変だ　　미소를 짓다：微笑む　　-아/어/여 가다：-ていく
간밤：昨夜、昨晩　　허벅지：内もも　　차다：溜まる、満ちる　　둥지：巣
날다：飛ぶ　　동쪽：東、東側　　비구름：雨と雲　　몰다：追る、集める
불행：不幸　　굽히다：曲げる　　꿋꿋하다：(意志が)強い　　고소：告訴
전하다：伝える　　봉사：奉仕、ボランティア　　접하다：接する　　-인가：-なのか
압력：圧力　　가하다：加える　　귀찮다：面倒だ、やっかいだ　　굴다：ふるまう
무시하다：無視する　　아무것도：何も　　채우다：補う、満たす
뻗다：伸びる、伸ばす　　털어놓다：打ち明ける

1　体言＋「인지」

오늘이 무슨 날인지 기억하고 있어요?　　　　今日が何の日か覚えていますか。
직원인지 아르바이트생인지 구별이 안 가네요.
　　　　　　　　　　　　　　　職員かアルバイトなのか区別できません。
벙어리인지 사람이 물어도 아무런 대답을 안 해요.
　　　　　　　　　　　　　口が利けないのか人が聞いても何の返事もしません。

2　1.　用言＋「-는 김에」

밥을 사는 김에 술도 사는게 어때요?
　　　　　　　　　　　　食事を奢るついでにお酒も奢ったらどうですか。
우체국에 가시는 김에 제 편지도 부쳐 주세요.
　　　　　　　　　　　　郵便局に寄るついでにわたしの手紙も出してください。
부엌을 고치는 김에 화장실도 수리했어요.
　　　　　　　　　　　　台所を修理するついでにお手洗いも修理しました。

2. 用言＋「-ㄴ 김에」

떡 본 김에 제사를 지냈어요.　　　　　　ついでしたのでやってしまいました。
말이 나온 김에 끝을 낼게요.　　もう言いかけたついでに最後まで言いますね。
백화점에 들른 김에 아버님 생일 선물도 샀어요.
　　　　　　　　デパートに寄ったついでにお父様への誕生プレゼントも買いました。

* 用言＋「-은 김에」

돈을 찾은 김에 기분좋게 쇼핑을 했어요.
　　　　　　　お金を引き出したついでに気持ちよくショッピングを楽しみました。
칭찬을 받은 김에 노래 한 곡 불렀어요.
　　　　　　　　　　　　褒められたついでに歌を一曲歌いました。
술 한잔 먹은 김에 한턱 낸 거예요.
　　　　　　　　　　　一杯かけたついでに気前よく一食奢っただけです。

3 用言＋「-ㄹ 때마다」

꾀를 부릴 때마다 일점씩 감점이라는 사실을 기억하세요.
　　　　　　　　怠るたびに一点ずつ減点になるということを覚えておきなさい。
어머니는 아이들의 얼굴을 떠올릴 때마다 저절로 힘이 생겨났어요.
　　　　　　　　お母さんは子供たちの顔を思い出すたびに自然に力を得ました。
귀가할 때마다 술집에 들러서 한잔 하고 와요.
　　　　　　　　　帰宅するたびに居酒屋に寄って一杯飲んで帰ってきます。

* 用言＋「-을 때마다」

옷에 흙이 묻을 때마다 얼굴을 찡그려요.
　　　　　　　　　　　　　　　　服に埃がつくたびに顔をしかめます。
송편을 빚을 때마다 고물이 모자라요.
　　　　　　　　　　　　　　송편을 作るたびにアンが足りません。
커피에 설탕을 넣고 저을 때마다 묘한 미소를 지었어요.
　　　　　　　コーヒーに砂糖を入れ混ぜるたびに妙な微笑を浮かべていました。

4 用言＋「-아 오다/기다」

간밤에 내린 눈이 허벅지까지 차 왔어요.
　　　　　　　　　　　　夕べ降った雪が太ももにまで積もってきました。
강남 갔던 제비가 제 둥지로 날아 왔어요.
　　　　　　　　　　　　　南国に行っていたツバメが戻ってきています。
바람이 동쪽으로부터 강한 비구름을 몰아 오고 있어요.
　　　　　　　　　　　　　　風が東から強い風雨を伴ってきています。

* 用言＋「-어 오다/가다」

장마로 강물이 둑을 넘쳐 왔어요. 　　　梅雨で川の水が堤防を越えてきました。
어릴 때부터 변호사가 되겠다는 꿈을 꾸어 오고 있어요.
　　　　　　　　　　　　小さいときから弁護士になりたいという夢を見てきました。
어떤 불행에도 굽히지 않고 꿋꿋하게 버텨 오고 있어요.
　　　　　　　　　　　　　どんな不幸にも屈せずがんと堪えてきています。

* 用言＋「-여 오다/가다」

저쪽에서는 이제 고소라도 하겠다는 뜻을 전해 왔어요.
　　　　　　　　　　相手側はもう告訴でも辞さないという意を伝えてきました。
작년에 시작한 봉사활동을 통해 어려운 이웃들과 접해 오고 있어요.
　　　　　　　　　　昨年始めた奉仕活動を通して恵まれない人々と接してきています。
언제부터인가 자기 편이 되라고 우리에게 압력을 가해 오고 있어요.
　　　　　　　　　　いつからか自分側に立つようにと私たちに圧力を掛けてきています。

5 　**用言＋「-면 되다」**

귀찮게 굴어도 무시하면 돼요. 　　　面倒を掛けられても無視すればいいです。
값이 조금 비싸도 어울리면 돼요. 　　　値段が少々高くても似合えばいいです。
아무것도 몰라도 자리만 채우면 돼요.
　　　　　　　　　　　何も知らなくても人数さえそろえばいいです。

* 用言＋「-으면 되다」

얼굴이 더러우면 씻으면 돼요. 　　　　　　顔が汚ければ洗えばいいです。
다리가 아프면 뻗으면 돼요. 　　　　足が痛ければ投げ足にすればいいです。
불평이 있으면 털어놓으면 돼요. 　　　不満があれば言ってしまえばいいです。

이사는 너무 힘들어요. 헉헉!!

【練習 1】

1. _____인지 _____아요/어요/여요.

   보기 : 발매일이 언제/알고 싶다
   → 발매일이 언제인지 알고 싶어요.

   1) 밥인지 죽/모르겠다   2) 참인지 거짓/애매하다
   3) 약속이 오늘/헷갈리다   4) 어떤 젊은이/보고 싶다
   5) 낮인지 밤/모르고 일하다   6) 어떤 얼굴/떠오르지 않다
   7) 정말로 경찰/의심이 가다   8) 어떤 내용/설명을 해 주다
   9) 꿈인지 현실/구분을 못하다   10) 그 사람이 누구/생각이 안 나다

2. _____는 김에 _____(으)ㄹ까 해요.
   _____(으)ㄴ 김에 _____았어요/었어요/였어요.

   보기 : 이탈리아에 가다/바티칸에도 들르다
   → 이탈리아에 가는 김에 바티칸에도 들를까 해요.
     이탈리아에 간 김에 바티칸에도 들렀어요.

   1) 복습을 하다/예습도 하다   2) 마당을 쓸다/잡초를 뽑다
   3) 머리를 자르다/염색도 하다   4) 외출하다/밖에서 식사를 하다
   5) 시장에 가다/은행에도 들르다   6) 김밥을 싸다/넉넉히 준비하다
   7) 국제 회의에 참석하다/관광도 하다
   8) 내 것을 사다/동생 것도 하나 사다
   9) 마루 청소를 하다/창문 청소도 하다
   10) 배추 김치를 담그다/깍두기도 담그다

3. _____(으)ㄹ 때마다 _____아요/어요/여요.

   보기 : 여행을 가다/물건을 잃어 버리다
   → 여행을 갈 때마다 물건을 잃어 버려요.

   1) 잠을 자다/꿈을 꾸다   2) 비가 오다/낚시를 가다
   3) 말을 하다/언성을 높이다   4) 친구를 만나다/싸움을 하다
   5) 흰 옷을 입다/국물을 흘리다   6) 영화를 보다/중간에 잠이 들다
   7) 서울에 가다/냉면을 먹고 오다   8) 눈을 감다/그 사람이 생각나다
   9) 그 사람은 전화하다/집에 없다   10) 작업을 시작하다/화장실에 가다

4. _____아/어/여 가요(와요).

　　보기 → 가 : 집은 아직 멀었어요? (다 오다/가다)
　　　　　　나 : 아니오, 다 와 가요.

　　1) 가 : 날씨가 이상하네요? (접근하다/오다)
　　　　나 : 태풍이 이쪽으로 _____.
　　2) 가 : 사업은 잘 돼요? (꾸리다/가다)
　　　　나 : 그럭저럭 _____.
　　3) 가 : 준비는 다 되었습니까? (다 되다/가다)
　　　　나 : 잠깐만요, _____.
　　4) 가 : 벌써 6월 말이네요. (끝나다/가다)
　　　　나 : 그래요, 한 학기가 _____.
　　5) 가 : 화분들이 왜 이렇지요? (죽다/가다)
　　　　나 : 잎이 노란 것이 점점 _____.
　　6) 가 : 옛날 풍습들을 찾아볼 수가 없어요. (사라지다/가다)
　　　　나 : 하루가 다르게 많이 _____.
　　7) 가 : 장래 희망이 선생님이었지요? (꿈을 키우다/가다)
　　　　나 : 그래서 열심히 _____.
　　8) 가 : 그만 돌아갈까요? (어둡다/가다)
　　　　나 : 그래요, 벌써 날이 _____.

5. 가 : _____(으)ㄹ 때는 어떻게 하면 돼요?
　　나 : _____(으)면 돼요.

　　보기 : 텔레비전이 고장나다/수리점에 맡기다
　　　→ 가 : 텔레비전이 고장날 때는 어떻게 하면 돼요?
　　　　　나 : 수리점에 맡기면 돼요.

　　1) 쇠고기가 질기다/배를 넣다
　　2) 좌석이 없다/그냥 서서 보다
　　3) 두통이 심하다/약을 먹고 쉬다
　　4) 돈을 줍다/경찰서에 가지고 가다
　　5) 용돈이 떨어지다/아르바이트를 하다
　　6) 소나기가 오다/잠시 어디에서 피하다
　　7) 하수구가 막히다/관리 사무실에 연락하다
　　8) 물건을 분실하다/분실물센터에 신고하다
　　9) 기분이 상하다/다른 즐거운 일을 생각하다
　　10) 소포가 도착하지 않다/우체국에 확인해 보다

6. 본문을 읽고 배운 문형을 이용하여 대답하세요.

　　1) 지금까지 스즈키씨는 어디에서 살았어요?
　　2) 기숙사의 좋은 점은 어떤 것이 있을까요?
　　3) 스즈키씨는 왜 이사하려고 합니까?
　　4) 사감선생님과 스즈키씨는 사이가 어땠어요?
　　5) 서류는 언제까지 제출하면 됩니까?

A: 언제까지 제출하면 돼요?　　B: 이사가기 한달 전까지 제출해 주세요.

A: 몇 시까지 들어오면 돼요　　B: 밥 먹기 1시간 전까지 들어오면 돼요.
A: 언제까지 신고하면 돼요?　　B: 마감하기 일주일 전까지 신고하면 돼요.
A: 몇 시까지 가면 돼요?　　B: 기차가 출발하기 30분 전까지 가면 돼요.
A: 언제까지 참석하면 돼요?　　B: 시작하기 10분 전까지 참석하면 돼요.

새집으로 이사했어요. 집들이에 오세요.

【新出単語】

발매일 : 発売日　　죽 : お粥　　거짓 : 嘘、偽り　　애매하다 : 曖昧だ
헷갈리다 : こんがらがる　　낮 : 昼　　정말로 : 本当に　　경찰 : 警察
의심 : 疑心、疑い　　의심이 가다 : 疑わしく思われる　　구분 : 区分
생각이 나다 : 思い浮かぶ、思い出す　　이탈리아 : イタリア　　비티칸 : バチカン
복습 : 復習　　예습 : 予習　　쓸다 : 掃く　　잡초 : 雑草　　국제 : 国際
배추 : 白菜　　깍두기 : カクテギ　　언성 : 話し声　　희다 : 白い
중간에 : 途中、途中で　　접근하다 : 接近する、近づく　　사업 : 事業
꾸리다 : 営む、やりとりする　　그럭저럭 : どうにか、どうやら
잠깐만 : しばらく、ちょっと　　화분 : 植木鉢　　풍습 : 風習
사라지다 : 消える、なくなる　　장래 : 将来　　희망 : 希望
수리점 : 修理店、修理処　　쇠고기 : 牛肉　　질기다 : 硬い　　좌석 : 座席、席
두통 : 頭痛　　줍다 : 拾う　　소나기 : 夕立、にわか雨　　잠시 : しばらく
분실하다 : 紛失する、なくす　　신고하다 : 届ける、申告する
기분이 상하다 : 気分を悪くする　　확인하다 : 確認する
마감하다 : 締め切る、終える

제 13 과   언제 가도 좋은 것 같아요.

이미영 : 지난주에는 강화도에 있는 마니산에 갔었어요.

스즈키 : 어, 나도 좀 데리고 가지 그랬어요.

이미영 : 스즈키씨는 마니산도 알아요?

스즈키 : 전에부터 꼭 한번 올라가 보고 싶었는데…….

이미영 : 미리 알았으면 같이 갔을 텐데……. 그런 사적에는 언제 가도 좋은 것 같아요.

스즈키 : 마니산 꼭대기의 참성단까지 올라갔어요?

이미영 : 당연하지요. 산은 역시 정상까지 올라가야 제맛이지요.

스즈키 : 그래요. 산은 오르기 위해서 있는 것이니까요. 산 꼭대기까지는 얼마나 걸렸어요?

이미영 : 어른들 걸음으로 한 시간 반에서 두 시간쯤 걸렸어요.

스즈키 : 그 정도라면 등산하기에 제일 좋겠네요. 날씨 좋을 때 꼭 한번 같이 갑시다.

이미영 : 先週は江華島にある摩尼山に行ってきました。
스즈키 : ふむ、私にもちょっと誘ってくれればよかったのに。
이미영 : 鈴木さんは摩尼山も知っていますか。
스즈키 : 前からぜひ一度登ってみたかったんです。
이미영 : 知っていたら一緒に行ったのに。そんな史跡にはいつ行ってもいいですね。
스즈키 : 摩尼山の頂上、塹城壇まで登りましたか。
이미영 : 当たり前でしょう。山はやはり頂上まで登ってこそ本物でしょう。
스즈키 : そうです。山は登るためにあるものですからね。頂上まではどれほどかかりましたか。
이미영 : 大人の足で一時間半から二時間くらいかかりました。
스즈키 : それくらいなら登山にはちょうどいいですね。天気のいい時、ぜひ一度一緒に行きましょう。

【新出単語】

강화도：江華島　　마니산：摩尼山　　-았었/었었/였었：－た　　데리다：つれる
-지：－たら(どうだ)　　-(으)ㄹ 텐데：－はずなのに　　사적：遺跡、史跡
꼭대기：頂上、てっぺん　　참성단：塹城壇　　역시：やはり　　정상：正常
제맛이다：本物だ　　-기 위하여(서)：－のために　　이니까：－だから、－なので
걸음：歩み、歩行　　등산하다：登山する

어버이날：母の日、父の日　　카네이션：カーネーション　　기간：期間
뿐：－だけ、－のみ、－ばかり　　당연히：当然　　어린애：子供
보살피다：面倒をみる、世話をする　　저축：貯蓄、貯金　　무사하다：無事だ
집세：家賃　　물고기：魚　　주저앉다：座り込む　　전화가 되다：電話が通じる
과거：過去

1 体言＋「이니까」

내일은 어버이날이니까 카네이션을 준비했어요.
　　　　　　　　　　　　明日は母の日ですからカーネーションを用意しました。
다음주부터 시험 기간이니까 지금은 시간이 없어요.
　　　　　　　　　　　　次週からテストになるので今は時間がありません。
최선을 다하는 이유는 인생이 한번뿐이니까요.
　　　　　　　　　　　　最善を尽くす理由は人生が一度しかありませんからね。

＊　体言＋「니까」

EMS니까 당연히 빨리 도착하지요.　　　　　EMSだから当然早く着きます。
아직 어린애니까 잘 보살펴 줘야 해요.
　　　　　　　　　　　　まだ子供ですからよく世話をしてあげなければいけません。
참고 견디는 것도 하나의 인생 공부니까요.
　　　　　　　　　　　　耐えて持ちこたえるのも人生勉強の一つですからね。

2 用言＋「-기 위하여(서)」

유학을 가기 위해서 저축을 하고 있어요.
　　　　　　　　　　　　留学をするために貯蓄をしています。
새 집을 짓기 위해서 준비를 하고 있어요.
　　　　　　　　　　　　新しい家を建てるために準備をしています。
좋은 결과를 내기 위하여 힘을 모으고 있어요.
　　　　　　　　　　　　よい結果を出すために力を合わせています。

③ 用言＋「-ㄹ 텐데」

곧 애들은 여행을 떠날 텐데 우리는 뭐 할 거예요?
　　　　　　今頃子供たちは旅行に出かけただろうがわたしたちは何をしますか。
그곳도 비가 많이 올 텐데 다들 무사한지 모르겠어요.
　　　　　　そこも雨がたくさん降っただろうがみな無事でしょうね。
내년이면 집세가 많이 오를 텐데요.　　来年は家賃がうんと上がるでしょうに。

＊　用言＋「-을 텐데」

이대로 두면 물고기가 다 죽을 텐데 어떻게 해 봐야죠.
　このままだったら魚が全部死ぬだろうから何とかしてみなければいけないでしょう。
그 사람이 있으면 한 숟가락도 안 남기고 다 먹을 텐데 너무 아까워요.
　　　　　　その人がいれば一さじも残さず食べるだろうにもったいないです。
그렇게 바닥에 주저앉으면 옷에 흙이 묻을 텐데요.
　　　　　　そのように地べたに座ると服が汚れるでしょうに。

④ 用言＋「-았었다」

어렸을 때는 자주 산에 갔었어요.　　小さい時はしばしば山に登りました。
집을 비운 사이에 누가 왔었어요?　　私のいない間誰か尋ねてきましたか。
아침에 전화가 안 되던데 고장이 났었어요?
　　　　　　朝方電話が通じませんでしたが故障でしたか。

＊　用言＋「-었었다」

졸업까지는 많은 시간이 걸렸었어요.　　卒業までは長い時間が掛かりました。
작년에는 눈이 많이 내렸었어요.　　　　昨年は雪がたくさん降りました。
학교 다닐 때는 술을 참 많이 마셨었어요.
　　　　　　大学に通っていた時はよく酒を飲みました。

＊　用言＋「-였었다」

과거에는 이런 사건들이 자주 발생했었어요.
　　　　　　過去はしばしばこんな事件が起こりました。
전에는 돈 많은 부자가 되기를 원했었어요.
　　　　　　前はお金持ちになることを願っておりました。
몸이 아파서 병원에 일주일간 입원했었어요.
　　　　　　体の調子が悪くて病院に一週間入院していました。

5 用言＋「-지」

내가 올 때까지 좀 참지 그랬어요.
　　　　　　　　　　私が到着するまでちょっと我慢すべきでした。
이 집에서 좀더 살지 왜 이사하려고 해요?
　　　このお家でもう少し長く住めばいいのになぜ引越しをしようと思うのですか。
한번 더 해 보지 왜 그렇게 쉽게 포기해요?
　　　　　　もう一度試してみるべきところをなぜそんなに容易く諦めるのですか。

야호

산 꼭대기에서 우리 모두 다함께　야호　～　야호

【練習 1】

1. _____이니까/니까 _____아요/어요/여요.
   _____는/ㄴ/은 것은 _____이니까요/니까요.

   보기 : 여름/머리를 짧게 자르다
     → 여름이니까 머리를 짧게 잘라요.
        머리를 짧게 자르는 것은 여름이니까요.

   1) 시골/공기가 좋다   2) 교사/모범을 보이다
   3) 담당자/책임을 지다   4) 제 인생/열심히 살다
   5) 학생/매일 학교에 가다   6) 특허상품/기술을 지키다
   7) 신상품/선전이 필요하다   8) 내 고향/마음이 편안하다
   9) 부모/자식을 용서하다   10) 여름/아침저녁으로 화분에 물을 주다

2. 가 : 왜 _____았어요?/었어요?/였어요?
   나 : _____기 위하여(서) _____았어요/었어요/였어요.

   보기 : 백화점에 들르다/시간을 때우다
     → 가 : 왜 백화점에 들렀어요?
        나 : 시간을 때우기 위해서 백화점에 들렀어요.

   1) 면허증을 따다/운전을 하다   2) 식사 양을 줄이다/살을 빼다
   3) 책을 많이 읽다/작가가 되다   4) 구청에 가다/결혼신고를 하다
   5) 학원에 다니다/기타를 배우다   6) 열심히 일을 하다/생활을 하다
   7) 교무과에 가다/수료증을 받다   8) 최선을 다하다/테스트에 합격하다
   9) 낮잠을 안 자다/불면증을 없애다
   10) 분실물센터에 가다/신분증을 찾다

3. _____(으)ㄹ 텐데 _____(으)세요.

   보기 : 동생도 먹고 싶다/조금만 남겨 주다
     → 동생도 먹고 싶을 텐데 조금만 남겨 주세요.

   1) 많이 피곤하다/좀 쉬다   2) 벌써 끝났다/연락해 보다
   3) 곧 데리러 오다/기다리다   4) 아이들이 찾다/어서 가 보다
   5) 상당히 무겁다/몸 조심하다   6) 담배는 몸에 해롭다/좀 끊다
   7) 훈련소에서 나오다/조금만 참다   8) 상대방도 부담스럽다/말하지 말다
   9) 나머지는 내가 하다/염려하지 말다
   10) 이미 저녁을 먹었다/걱정하지 말다

4. _____았었어요/었었어요/였었어요.

   보기 : 옛날에는 주변도 깨끗하다
   → 옛날에는 주변도 깨끗했었어요.

   1) 아이 때는 잘 울다   2) 옛날에는 바다가 새파랗다
   3) 중학교 때는 성적이 좋다   4) 몇 해 전에 그 소식을 듣다
   5) 유치원 때는 몸이 약하다   6) 내 모습이 추하다고 비웃다
   7) 몇 년 전까지는 부부로 살다   8) 전에는 이런 일이 절대 없다
   9) 초등학교 때 홍콩에서 살다   10) 예전에 그 사람과 자주 만나다

5. _____지 왜 _____아요?/어요?/여요?

   보기 : 시험을 보다/포기하다
   → 시험을 보지 왜 포기해요?

   1) 수리점에 맡기다/버리다   2) 실컷 자다/벌써 일어나다
   3) 말을 걸어 보다/그만두다   4) 바람을 좀 쐬다/방에만 있다
   5) 가족하고 살다/혼자 지내다   6) 다른 사람을 시키다/직접하다
   7) 끝까지 버티다/남에게 넘겨주다   8) 좀더 설득해 보다/그냥 헤어지다
   9) 서로 인사만 하다/식사까지 하다
   10) 마음놓고 요양을 하다/벌써 나오다

6. 본문을 읽고 배운 문형을 이용하여 대답하세요.
   1) 누가 마니산에 갔다 왔습니까?
   2) 마니산은 어디에 있는 산이에요?
   3) 스즈키씨는 강화도에 간 적이 있어요?
   4) 마니산의 꼭대기에는 무엇이 있어요?
   5) 이미영씨는 정상까지 올라 갔어요?
   6) 정상까지는 얼마나 걸린다고 해요?
   7) 여러분은 마니산이라는 이름을 들어 본 적이 있어요?

A:정상까지 올라갔어요?　　B:산은 정상까지 올라가야 제맛이지요.

A:언제가 맛있어요?　　　　B:삼계탕은 여름에 먹어야 제맛이지요.
A:정말 시원하네요.　　　　B:맥주는 역시 차야 제맛이지요.
A:무지하게 덥네요.　　　　B:여름은 더워야 제맛이지요.
A:진짜 맛있네요.　　　　　B:곰탕은 역시 진해야 제맛이지요.

건강한 몸과 꿈을 위하여 한발 한발 힘차게!!

【新出単語】

모범 : 模範　　책임을 지다 : 責任を持つ　　특허 : 特許　　편안하다 : 楽だ
아침저녁 : 朝晩　　시간을 때우다 : 時間をつぶす　　면허증 : 免許証
줄이다 : 減らす　　살을 빼다 : ダイエットする　　작가 : 作家　　결혼 신고 : 入籍
수료증 : 修了証　　테스트 : テスト　　불면증 : 不眠症
해롭다 : 有害だ、害になる　　훈련소 : 訓練所　　부담스럽다 : 負担だ
염려하다 : 心配する　　이미 : すでに、とうに、いま　　새파랗다 : 真っ青だ
중학교 : 中学校　　해 : 年、とし　　유치원 : 幼稚園　　추하다 : 不潔だ、醜い
절대 : 絶対　　초등학교 : 小学校　　홍콩 : 香港　　시험을 보다 : 試験を受ける
바람을 쐬다 : 風に当たる　　직접하다 : 直接する、自分でやる
넘기다 : 渡す、譲る　　설득하다 : 説得する　　마음놓다 : 安心する　　요양 : 療養
무지하다 : ものすごい　　진짜 : 本物　　곰탕 : コムタン　　진하다 : 濃い

제 14 과 좀 배워 둘 걸 그랬어요.

이미영 : 스즈키씨 한국 노래방에 온 적 있어요?

스즈키 : 아니오, 오늘이 처음이에요.

이미영 : 그래도 한국 노래 중에서 아는 것은 있지요?

스즈키 : 만남, 서울의 찬가는 제가 좋아하는 노래예요. 또, 등대지기하고 고향의 봄은 학교에서 배웠어요.

이미영 : 그런 것 말고 요즘 유행하는 것 중에 아는 거 없어요?

스즈키 : 바쁘다 보니 노래 배울 시간도 없었어요. 노래방에 오는 줄 알았으면 좀 배워 둘 걸 그랬어요.

이미영 : 일본 노래도 괜찮아요. 요즘은 한국 노래방에도 일본 노래가 거의 다 들어 있어요.

스즈키 : 정말이요?

이미영 : 어머, 일본 노래라니까 스즈키씨 얼굴색이 달라지네.

스즈키 : 저 일본 노래라면 가수 못지않아요.

이미영 : 鈴木さん、韓国のカラオケに来たことありますか。
스즈키 : いいえ、今日がはじめてです。
이미영 : でも、韓国の歌の中で知っている歌はあるでしょう。
스즈키 : 「만남」、「ソウルの賛歌」は私が一番好きな歌です。また、「燈台守」と「故郷の春」は学校で習いました。
이미영 : そんな歌ではなく、最近流行っているものの中で知っているものはありませんか。
스즈키 : 忙しくて歌を習う時間もありませんでした。カラオケに来ることが分かっていたらちょっと習っておいたのに。
이미영 : 日本の歌もいいですよ。この頃は韓国のカラオケにも日本の歌がほとんど入っています。
스즈키 : 本当ですか。
이미영 : あら、日本の歌と言ったら鈴木さん、顔色が変わりましたね。
스즈키 : 私、日本の歌なら歌手にも負けません。

【新出単語】

만남：マンナム　　　서울의 찬가：ソウルの賛歌　　　등대지기：灯台守
고향의 봄：故郷の春　　　-말고：-でなくて
-다(가) 보니：-ていると、-ものだから　　-는/ㄴ/은 줄 알다：-とわかる
-아/어/여 두다：-ておく　　-(으)ㄹ 걸：-たのに　　어머：あら
얼굴색：顔色
달라지다：変わる、変化する　　못지않다：劣らない、遜色がない

적자：赤字　　-빼고：-ではなく、-除外して　　골프：ゴルフ
골프에 미치다：ゴルフにはまる　　몰두하다：没頭する、専念する
-는/ㄴ/은 줄 모르다：-と分からない　　어젯밤：昨夜
짐을 꾸리다：荷物をまとめる　　조심：用心、注意
잘못하다：間違う、誤りを犯す　　맞선：お見合い
어색하다：ぎこちない、不自然だ　　거절하다：拒絶する、拒む
낭비：浪費、無駄遣い　　수리：修理　　멀미：(乗り物)酔い　　가난：貧乏
-아/어/여 놓다：-ておく　　밑반찬：常備総菜　　멸치：カタクチイワシ
정해지다：決まる　　포대기：とわら、おくるみ　　차곡차곡：きちんと
청바지：ジーパン　　서랍：引き出し　　몫：分、分け前　　식탁：食卓、テーブル
데이터：データ　　따로따로：別々に、離れて　　나누다：分ける　　-이고：-でも
강조하다：強調する　　정확히：正確に　　파악하다：把握する　　자금：資金
빈손：素手、手ぶら

1　1. 体言＋「말고(는)」

저 말고 또 누가 오기로 했어요? 私以外にまた誰が来ることになっていますか。
여행 말고 정원 가꾸는 일에 취미가 있어요.
　　　　　　　　　　　　　　旅行ではなくガーデニングの趣味があります。
어떻게 된 일인지 지난달 말고는 다 적자예요.
　　　　　　　　　　　　どうした訳か商売が先月以外は全部赤字です。

2. 体言＋「빼고(는)」

이곳은 냉면 빼고 또 뭐가 맛있어요?
　　　　　　　　　　　　　　ここは冷麺以外また何が美味しいですか。
스포츠 중에서 수영 빼고는 뭐든지 다 잘해요.
　　　　　　　　　　　　スポーツのうち、水泳以外は何でもよくできます。
골프에 미쳐 잠자는 시간 빼고는 골프 연습에만 몰두해요.
　　　　　　大のゴルフ好きで寝る時間以外はゴルフの練習に没頭しています。

2 1. 用言＋「-는 줄 알다/모르다」

일찍 출발하는 줄 알았으면 어젯밤에 짐을 꾸리는 건데 잘못했어요.
　　　　　　　　　　早く出発すると分かったら夕べ荷造りをしておくべきでした。
이렇게 살이 찌는 알았으면 더 조심을 했을 텐데.
　　　　　　　　　　こんなに太ると分かったら気をつけていただろうに。
힘드는 줄도 모르고 골인까지 달렸어요.
　　　　　　　　　　しんどいとも知らずゴールまで走りぬきました。

2. 用言＋「-ㄴ 줄 알다/모르다」

이렇게 추운 줄 알았으면 방 안에 있는 건데 잘못했어요.
　　　　　　　　　　こんなに寒いと分かったら外出しないでいるべきでした。
맞선 분위기가 그렇게 어색한 줄 알았으면 아예 거절했을 텐데.
　　お見合いの雰囲気がそんなに気まずいと分かったらもとから応じなかっただろうに。
시간이 아까운 줄도 모르고 낭비를 했어요.
　　　　　　　　　　時間が惜しいとも分からず浪費していました。

＊　用言＋「-은 줄 알다/모르다」

집이 이렇게 낡은 줄 알았으면 수리부터 하는 건데 잘못했어요.
　　　　　　　　　　家がこんなに古いと分かったら先に修理をすべきでした。
사람이 이렇게 많은 줄 알았으면 밖에 안 나왔을 텐데.
　　　　　　　　　　人がこんなに多いと分かったら外出しなかっただろうに。
귀찮은 줄도 모르고 아이들하고 놀았어요.
　　　　　　　　　　面倒とも思わず子供たちと遊びました。

3 用言＋「-ㄹ 걸」

처음부터 우산을 가지고 올 걸 안 가지고 왔어요.
　　　　　　　　　　初めから傘を持ってくるべきでしたが持ってきていません。
멀미를 할 줄 알았으면 미리 약을 먹고 갈 걸 그랬어요.
　　　　　　　　　　車に酔うと知っていたら前もって薬を飲んでいくべきでした。
언제든지 발표가 가능하도록 미리 연습을 해 둘 걸.
　　　　　　　　　　いつでも発表できるように前もって練習をしておくべきだった。

＊　用言＋「-을 걸」

정원에 꽃이라도 한 송이 심을 걸 못 심었어요.
　　　　　　　　　　お庭に花でも一株植えるべきでしたが植えていません。
잘 몰라도 뭐든지 적어 놓을 걸 그랬어요.
　　　　　　　　　　よく分からなくても空欄を埋めておくべきでした。
가난이 이렇게 고통스러운 줄 알았으면 저축을 좀 해 놓을 걸.
　　　　　　　　　　貧乏がこんなにつらいと分かっていたら貯金をしておくべきだった。

4　用言＋「-아 두다/놓다」

밑반찬으로는 멸치를 볶아 두었어요.　お惣菜として小魚を炒っておきました。
쓰레기는 정해진 시간에 내 놓으세요.
　　　　　　　　　　　　　　　　ゴミは決まった時間に出してください。
포대기는 무너지지 않게 차곡차곡 쌓아 놓으세요.
　　　　　　　　　　たわらは崩れないようにきちんと積んでおいてください。

＊　用言＋「-어 두다/놓다」

청바지는 서랍 안에 넣어 둬요.
　　　　　　　　　　　　　ジーンズは引き出しの中に入れておいてください。
당신 몫은 식탁 위에 남겨 두었어요.
　　　　　　　　　　　　　　あなたの分は食卓の上に残しておきました。
데이터는 알기 쉽게 따로따로 나누어 놓으세요.
　　　　　　　　　　　　データは分かりやすく別々に分けておいてください。

＊　用言＋「-여 두다/놓다」

그 사실은 몇번이고 강조해 두었어요.　その事実は何度も強調しておきました。
사건의 경위를 정확히 파악해 둬요.　事件の経緯は正確に把握しておきます。
일단 사업에 필요한 자금부터 마련해 놓으세요.
　　　　　　　　　　　　　先ずは事業に必要な資金を用意しておいてください。

5　用言＋「-다(가) 보니」

시간이 없다 보니 빈손으로 왔어요.
　　　　　　　　　　　時間がないために何も用意できずにお邪魔しました。
담배를 많이 피우다 보니 건강이 나빠졌어요.
　　　　　　　　　　　　　タバコを吸いすぎたために健康を害しました。
찢어지게 가난하다 보니 제대로 먹지도 못해요.
　　　　　　　　　　　　貧しすぎるために食べることもままなりません。

【練習 1】

1. _____ 말고 _____ 아요/어요/여요.
   _____은/는 빼고 _____ (으)세요.

   보기 : 예습/복습을 하다
   → 예습 말고 복습을 해요.
      예습은 빼고 복습을 하세요.

   1) 만화책/수필을 읽다   2) 고기/야채를 먹다
   3) 눈물/미소를 짓다   4) 음료수/물만 지참하다
   5) 처음/마지막을 보다   6) 감독/프로듀서를 부르다
   7) 옆 자리/맞은편에 앉다   8) 은행/우체국을 돌아보다
   9) 보육원/유치원을 물색하다   10) 남학생/여학생만 데리고 가다

2. _____는/ㄴ/은 줄 알았으면 좋았을 텐데요.

   보기 : 12시면 점심을 먹다/알다
   → 12시면 점심을 먹는 줄 알았으면 좋았을 텐데요.

   1) 인생길이 험하다   2) 모두 내가 유학가다
   3) 집세가 많이 오르다   4) 식당이 일찍 문을 닫다
   5) 딸이 이렇게 예쁘다   6) 표를 구하기가 쉽지 않다
   7) 두 사람이 함께 가다   8) 그 친구가 그렇게 멋있다
   9) 내가 노래를 잘 부르다   10) 남자 친구가 술주정을 하다

3. _____ (으)ㄹ 걸 그랬어요.

   보기 → 가 : 그 영화 엄청 재미있었는데……. (나도 보러 가다)
          나 : 나도 보러 갈 걸 그랬어요.

   1) 가 : 오늘은 철야 작업을 하겠습니다. (오늘은 출근하지 말다)
      나 : _____.
   2) 가 : 이번 여행 정말 재미있었어요. (나도 같이 가다)
      나 : _____.
   3) 가 : 파티는 다 끝나고 모두 놀아갔는데요. (좀 일찍 오다)
      나 : _____.
   4) 가 : 시험이 너무 어려웠지요? (공부 좀 열심히 하다)
      나 : _____.
   5) 가 : 일본 여행은 어땠어요? (일본어 공부를 좀 해 두다)
      나 : _____.
   6) 가 : 몸은 다 나았어요? (평소에 건강에 신경을 좀 쓰다)
      나 : _____.

7) 가 : 그 사람은 어제 떠났어요. (미리 인사를 해 놓다)
   나 : _____.

8) 가 : 시험에 상식 문제가 나왔지요. (평소에 신문을 좀 읽어 두다)
   나 : _____.

4. _____아/어/여 놓았아요.

   보기 : 미리 예습을 하다
        → 미리 예습을 해 놓았어요.

   1) 저녁 준비를 다 하다   2) 바지는 이미 빨다
   3) 이불에다 지도를 그리다   4) 방을 엉망으로 만들다
   5) 이미 기사를 마무리하다   6) 빈 상자는 창고에 쌓다
   7) 자료는 컴퓨터에 저장하다   8) 책상 위에 메모를 남기다
   9) 옛날에 러시아어를 배우다   10) 그 동안의 사정을 설명하다

5. _____다(가) 보니 _____네요.

   보기 : 열심히 살다/좋은 일도 있다
        → 열심히 살다가 보니 좋은 일도 있네요.

   1) 사귀다/결혼까지 하다   2) 떡을 썰다/물집이 생기다
   3) 추위에 떨다/얼굴이 굳다   4) 오차를 마시다/습관이 되다
   5) 열심히 하다/결과가 나오다   6) 화를 참다/우울증이 생기다
   7) 기술을 익히다/전문가가 되다   8) 밖에서 놀다/얼굴이 까맣게 타다
   9) 매일 테이프를 듣다/귀가 뚫리다
   10) 배우생활을 하다/집안일이 소홀해지다

6. 본문을 읽고 배운 문형을 이용하여 대답하세요.

   1) 모두 어디에 와 있습니까?
   2) 스즈키씨는 오늘 노래방에 오는 줄 알았어요?
   3) 스즈키씨가 좋아하는 한국 노래는 어떤 것이 있어요?
   4) 한국 노래방에는 일본 노래가 있습니까?
   5) 스즈키씨는 노래를 잘 해요?

A:노래 잘해요?   B:일본 노래라면 가수 못지않아요.

A:요리 잘해요?   B:한국 요리라면 요리사 못지않아요.
A:영어 회화 잘해요   B:영어 회화라면 미국 사람 못지않아요
A:그 사람 솜씨는 어때요?   B:전문가 못지않은 실력이에요.
A:힘이 세요?   B:힘이라면 젊은이 못지 않아요.

다함께 신나게 불러 봅시다.

【新出単語】

수필 : 随筆　　지참하다 : 持参する　　감독 : 監督　　프로듀서 : プロデューサー
맞은편 : 向かい側、反対側　　보육원 : 保育園　　남학생 : 男子学生
여학생 : 女学生　　험하다 : 険しい、大変だ　　딸 : 娘　　술주정 : 酒癖、酒乱
엄청 : 非常に、途方もなく　　철야 : 徹夜　　상식 : 常識　　빨다 : 洗う、洗濯する
엉망으로 : めちゃくちゃに　　마무리하다 : 仕上げる　　비다 : 空く　　상자 : 箱
창고 : 倉庫　　저장하다 : 貯蔵する、溜める　　러시아어 : ロシア語
추위 : 寒さ　　썰다 : 切る　　물집 : 水腫れ、水泡
추위에 떨다 : 寒さに身震いする　　오차 : お茶　　습관 : 習慣　　우울증 : うつ病
익히다 : 覚える、習う　　전문가 : 専門家　　얼굴이 타다 : 日焼けをする
귀가 뚫리다 : 耳が聞こえる　　회화 : 会話　　솜씨 : 手際、腕前
요리사 : コック、板前

제 15 과 태권도를 배우기 시작했어요.

김민수 : 아니, 스즈키씨 오늘은 웬 도복 차림입니까?

스즈키 : 지난주부터 태권도를 배우기 시작했어요.

김민수 : 공부만 하더니 갑자기 무슨 바람이 불었어요?

스즈키 : 갑자기가 아니고 전에부터 생각은 있었어요. 제가 일본에 있을 때 가라테를 좀 했거든요.

김민수 : 그 공수도라고 하는 것 말이죠? 그래서 한국의 태권도에도 관심이 있군요.

스즈키 : 그리고 요즘은 먹기만 먹고 운동 부족인 것 같아서 시작하게 됐어요.

김민수 : 그런데 가라테는 배운 지 얼마나 됐어요?

스즈키 : 중학교 때부터 했으니까 10년 정도 됐어요. 한국에 오기 바로 전에 이 단을 땄어요.

김민수 : 가라테가 이단이라고요? 스즈키씨 앞에서는 조심해야 되겠어요.

김민수 : え、鈴木さん今日は道着姿ですか。
스즈키 : 先週からテコンドを習い始めました。
김민수 : 勉強ばかりやっていたのに、突然何かあったのですか。
스즈키 : 突然ではなく、以前から思いはありました。私が日本にいた時、空手を少しやっておりましたからです。
김민수 : その公手道というものですね。それで韓国のテコンドにも感心があるのですね。
스즈키 : それに最近は食べるばかりで、運動不足の気がしたので始めることにしました。
김민수 : ところで、空手は習い始めてからどれくらいになりますか。
스즈키 : 中学生の時からやりましたから10年くらいになります。韓国に来る直前に二段を取りました。
김민수 : 空手が二段ですか。鈴木さんの前では気を付けなければいけませんね。

【新出単語】

웬：どんな、なんの　　　도복：道服　　　차림：身なり、姿、服装　　　태권도：太拳道
-더니：-だったので、-だったが　　　가라테：空手　　　공수도：空手道
관심：関心　　　부족：不足　　　인 것 같다：-であるようだ、-であるみたいだ
-게 되다：-することになる、-するようになる　　　-(으)ㄴ 지：-てから
단：-段

이젠：今は　　　완연하다：はっきりとする　　　샐러리맨：サラリーマン
실망하다：失望する、がっかりする　　　쓸모：使い道、効用
속상하다：気に障る、腹が立つ　　　어지럽히다：散らかす、惑わす
온통：全部、すべて　　　넘다：過ぎる　　　오래되다：古くなる　　　기억：記憶
피해를 입다：被害を受ける　　　일정：日程　　　바뀌다：変わる、切り替わる
입장：立場　　　도무지：まったく、全然　　　돌려주다：返す、返済する

1　体言＋「인 것 같다」

이제는 완연한 가을인 것 같아요.　　　　　　　　もう完全に秋のようです。
중국은 한번 가 볼 만한 나라인 것 같아요.
　　　　　　　　　　　　　　　　中国は一度行く価値のある国のようです。
평범한 샐러리맨인 것 같아서 실망했어요.
　　　　　　　　　　　　　　　　平凡なサラリーマンのようで失望しました。

2　用言＋「-기만」　用言＋「-고」

자동차가 크기만 크고 쓸모가 없어요.　車が大きいだけで融通がきかないです。
바쁘기만 바쁘고 성과가 없어서 속상해요.
　　　　　　　　　　　　　　　　忙しいのみで成果がないのでつらいです。
먹기만 먹고 일 할 생각은 안해요.
　　　　　　　　　　　　　　　　食べるだけ食べて働くことは考えていません。

＊　用言＋「-기만 하고」

떠들기만 하고 선생님 말은 안 들어요.
　　　　　　　　　　しゃべるだけしゃべって先生の言うことは聞きません。
어지럽히기만 하고 청소는 선혀 안해요.
　　　　　　　　　　　　散らかすだけ散らかして掃除はしません。
온통 낯설기만 하고 익숙해지지가 않아요.
　　　　　　　　　　　　まるっきり見知らぬ感じでしっくり来ません。

3 用言＋「-ㄴ 지」

결혼한 지 얼마나 되셨어요?　　　　　　結婚してからどれくらいになりますか。
회의를 시작한 지 4시간이 넘었습니다.
　　　　　　　　　　　　　　　会議を始めてから四時間も経ちました。
고등학교를 졸업한 지 벌써 10년이 지났어요.
　　　　　　　　　　　　　　高校を卒業してからもう十年が経ちました。

＊　用言＋「-은 지」

집을 지은 지 얼마나 됐어요?　　　　　家を建ててからどれほど経ちましたか。
아침을 먹은 지 30분도 안 지났어요.
　　　　　　　　　　　　　朝ごはんを食べてから三十分も過ぎていません。
책을 읽은 지 오래돼서 기억이 안 나요.
　　　　　　　　　　　　　　　その本を読んで久しいので思い出せません。

4 用言＋「-게 되다」

태풍 때문에 큰 피해를 입게 되었어요.
　　　　　　　　　　　台風のために大きな被害を受けることになりました。
갑자기 일정이 바뀌어서 입장이 곤란하게 되었어요.
　　　　　　　　　　　　　急に日程が変わって立場が妙になりました。
이제부터는 체육관을 사용하지 못하게 되었어요.
　　　　　　　　　　　　　　　　これからは体育館が使えなくなりました。

5 用言＋「-더니」

아침에는 비가 오더니 지금은 눈이 와요.
　　　　　　　　　　　　　朝は雨が降っていたが今は雪が降っています。
책을 빌려 가더니 도무지 돌려줄 생각이 없어요.
　　　　　　　　　　　　　　本を借りていってまるっきり返そうとしません。
밤을 새워 일하더니 오후부터는 열이 나기 시작했어요.
　　　　　　　　　　　　　　夜通し働いていたが午後からは熱を出し始めました。

저와 같이 태권도 안 배울래요?

【練習 1】

1. _____인 것 같아서 _____았어요/었어요/였어요.

   보기 : 봄/씨를 뿌리다
   → 봄인 것 같아서 씨를 뿌렸어요.

   1) 유명한 사람/사인을 받다   2) 내 고향/마음이 편안하다
   3) 쌍둥이/사진을 대조해 보다   4) 곤란한 입장/이번에는 참다
   5) 이것이 이름/한번 불러 보다   6) 저 분이 감독/인터뷰를 하다
   7) 이국적인 분위기/깜짝 놀라다   8) 손윗 사람/정중히 대접해 주다
   9) 저 사람이 대표/한번 물어보다
   10) 그것이 이유/더 이상 조사하지 않다

2. _____기만 _____고 _____잖아요.

   보기 → 가 : 왜 그렇게 화가 났어요? (약속을 하다/안 지키다)
          나 : 약속을 하기만 하고 안 지키잖아요.

   1) 가 : 그 옷 왜 안 샀어요? (비싸다/품질이 안 좋다)
      나 : _____.
   2) 가 : 왜 그렇게 성적이 낮지요? (놀다/공부를 안 하다)
      나 : _____.
   3) 가 : 그 사람 정말 구두쇠같지요? (돈을 벌다/절대 안 쓰다)
      나 : _____.
   4) 가 : 남편이 집안일을 도와 줘요? (시키다/손 하나 까딱 안 하다)
      나 : _____.
   5) 가 : 지난번 맞선은 어땠어요? (지루하다/전혀 재미없다)
      나 : _____.
   6) 가 : 동생에게 무슨 일 있어요? (울다/말을 안 하다)
      나 : _____.
   7) 가 : 그 책 안 읽을 거예요? (두껍다/내용이 없다)
      나 : _____.
   8) 가 : 왜 남자 친구를 안 사귀어요? (피곤하다/별로 흥미가 없다)
      나 : _____.

3. 가 : _____기 시작해서 얼마나 되셨어요?
   나 : _____(으)ㄴ 지 _____았어요/었어요/였어요.

   보기 : 혼자서 생활하다/2년 정도 되다
   → 가 : 혼자서 생활하기 시작해서 얼마나 되셨어요?
      나 : 혼자서 생활한 지 2년 정도 되었어요.

   1) 담배를 끊다/꽤 되다   2) 두통을 앓다/오래되다
   3) 책을 쓰다/반년은 지나다   4) 여기서 살다/8년 정도 되다
   5) 한국어를 공부하다/3년 되다   6) 이 회사에 근무하다/10년 넘다
   7) 남자 친구를 사귀다/한달 지나다
   8) 생수를 마시다/3개월 정도 지나다
   9) 아스피린을 복용하다/벌써 꽤 되다
   10) 새 프로젝트를 구상하다/반년 정도 되다

4. 가 : _____게 되었어요.
   나 : _____.

   보기 : 대회를 주최하다
   → 가 : 어떻게 되었어요?
      나 : 대회를 주최하게 되었어요.

   1) 신입 사원으로 일하다   2) 은행에서 대출을 받다
   3) 외국 기술을 도입하다   4) 결국 제가 다 뒤집어쓰다
   5) 결과에만 관심이 쏠리다   6) 그 사건은 결국 제가 맡다
   7) 북경에서 올림픽이 열리다   8) 에베레스트에 등반할 수 있다
   9) 연말에 다카라즈카 공연을 보다   10) 다음달 테니스 대회에 참가하다

5. _____더니 _____았어요/었어요/였어요.

   보기 : 방에서 공부하다/좀 전에 밖에 나가다
   → 방에서 공부하더니 좀 전에 밖에 나갔어요.

   1) 밤을 새워 일하다/쓰러지다
   2) 건강하시다/갑자기 돌아가시다
   3) 소독약을 바르다/상처가 아물다
   4) 어제는 치통이 심하다/가라앉다
   5) 공사를 많이 하다/교통이 막히다
   6) 다친 곳에서 피가 나다/겨우 멈추다
   7) 전에는 논밭이다/이제 빌딩숲이 되다
   8) 어제도 라면을 먹다/오늘도 라면을 먹다
   9) 아까까지는 안 보이다/지금은 자리에 있다
   10) 반도체 사업은 인기가 있다/지금은 시들해지다

6. 본문을 읽고 배운 문형을 이용하여 대답하세요.

   1) 오늘 스즈키씨는 어떤 옷을 입고 있어요?
   2) 언제부터 태권도를 시작했어요?
   3) 원래 스즈키씨는 무술이 뛰어나요?
   4) 왜 스즈키씨는 태권도를 시작하게 되었어요?
   5) 스즈키씨는 가라테가 몇 단이에요?
   6) 스즈키씨는 가라테를 한 지 얼마나 됐어요?

이게 전통 양궁이라는 거예요.

올림픽에서도 볼 수 있지요.

【新出単語】

씨 : 種   대조하다 : 対照する   인터뷰 : インタビュー   이국적 : 異国的
깜짝 : ぎょっと、びっくり   손위 : 目上   정중히 : 丁重に
대접하다 : もてなする   구두쇠 : けち、けちん坊、しみったれ
까딱 : こっくりと   생수 : ミネラルウォーター   아스피린 : アスピリン
복용하다 : 服用する   반년 : 半年   대회 : 大会   주최하다 : 主催する
신입 : 新入   대출 : 貸し出し   도입하다 : 導入する、受け入れる
뒤집어쓰다 : 被る   쏠리다 : 傾く   북경 : 北京   올림픽 : オリンピック
열리다 : 開かれる   에베레스트 : エベレスト   등반하다 : 登攀する
다카라즈카 : 宝塚   쓰러지다・倒れる、滅びる   건강하다 : 健康だ
소독약 : 消毒薬   상처 : 傷   상처가 아물다 : 傷がいえる   치통 : 歯痛
가라앉다 : 和らぐ、沈む   다치다 : 怪我する   피 : 血   논밭 : 田畑
빌딩숲 : たくさんのビル   아까 : さっき、ちょっと前   반도체 : 半導体
시들하다 : 気乗り薄だ、気乗りがしない

제16과 그것 정말 볼 만 하겠어요.

스즈키 : 「난타」 공연은 세 시부터니까, 시간이 좀 남네요.

이미영 : 기다리는 동안 덕수궁이라도 둘러보지 않을래요?

(덕수궁 안)

스즈키 : 그런데 저기 드레스나 한복을 입고 사진을 찍는 사람들이 많은데, 모두 모델들인가요?

이미영 : 모델이 아니고 결혼할 커플이 야외 촬영을 하는 거예요. 한국 결혼 문화의 새로운 모습인 셈이죠.

스즈키 : 그것 참 흥미롭네요.

이미영 : 일본에서는 피로연을 성대하게 한다면서요?

스즈키 : 네, 오이로나오시라고 해서 신랑 신부가 웨딩드레스, 기모노, 파티드레스로 하객에게 몇번이고 인사를 해요.

이미영 : 그것 정말 볼 만 하겠어요. 스즈키씨는 과연 어떤 모습일까요?

스즈키 : 궁금하시지요? 제가 결혼할 때는 미영씨를 꼭 초대하겠습니다.

スズキ：「난타」の公演は三時からですからちょっと時間がありますね。
이미영：待っている間、徳寿宮でも回ってみませんか。
(徳寿宮内)
スズキ：ところで、あそこにドレスか韓服を着て写真を撮っている人たちが大勢いますが、皆モデルですか。
이미영：モデルではなく結婚するカップルが記念撮影をしているところです。韓国の結婚文化の新しい一面だといえますね。
スズキ：それはとても興味深いですね。
이미영：日本では披露宴を盛大にするそうですね。
スズキ：はい、お色直しと言って新郎新婦がウェディングドレス、着物、パーティドレスなどでお客様に何回も挨拶をします。
이미영：それこそ見ものでしょうね。鈴木さんはどんな姿でしょうか。
スズキ：知りたいでしょう。私が結婚する時は미영さんをぜひ招待します。

【新出単語】

난타:乱打(NANTA)　　-는 동안:ーする間　　덕수궁:德壽宮
둘러보다:見回す、見渡す　　-지 않을래요?:ーしませんか、ーてみませんか
드레스:ドレス　　인가요?:ーですか　　커플:カップル　　야외:野外
인 셈이다:ーのわけだ　　피로연:披露宴　　성대하다:盛大だ
-는다면서요/ㄴ다면서요/다면서요?:ーそうですね　　오이로나오시:お色直し
신랑:新郎　　신부:新婦　　웨딩드레스:ウエデングドレス　　하객:祝いの客
-(으)ㄹ 만하다:ーくらいだ、ーの程度だ　　과연:さすが、果たして
궁금하다:気がかりだ、気遣わしい　　초대하다:招待する、招く

바로:ほかならない、まさに　　이후:以後　　책임자:責任者
휴학하다:休学する　　유학하다:留学する　　광고판:広告看板　　상:賞
축하드리다:お祝いを申し上げる　　전근:転勤　　풀리다:和らぐ、緩む
엉뚱하다:とんでもない、突飛だ　　-자 하니:ーていると　　장학생:奨学生
뽑히다:選ばれる、選抜される、抜かれる　　구내:構内　　밴드:バンド
결성하다:結成する　　아프리카:アフリカ　　난민:難民

1　体言+「인 셈이다」

바로 우리 두 사람이 한 약속인 셈이죠.
　　　　　　　　　　外でもない私たち二人が交わした約束だと言えます。
그러니까 당신이 우리의 인생 선배인 셈이죠.
　　　　　　　　　　だからあなたが私たちの人生の先輩に当たると言えます。
그 사건 이후 지금은 제가 이 회사의 책임자인 셈이죠.
　　　　　　　　　　その事件後、今は私がこの会社の責任者だと言えます。

2　用言+「-는 동안」

병을 앓는 동안 학교는 휴학했어요.
　　　　　　　　　　病に伏せている間学校は休学していました。
유학하고 있는 동안 친구들을 많이 사귀었어요.
　　　　　　　　　　留学している間大勢の友達を作りました。
그 기사는 지하철을 기다리는 동안 광고판에서 읽었어요.
　　　　　　　　　　その記事は地下鉄を待っている間広告版で読みました。

3　1. 用言+「-는다면서요?」

새로 집을 짓는다면서요? 어디에 지어요?
　　　　　　　　　　新しく家を建てるそうですね。どこに建てますか。
일본에서는 졸업식에 하카마를 입는다면서요?
　　　　　　　　　　日本では卒業式の時に袴を着るそうですね。
이번에 학교에서 큰 상을 받는다면서요? 축하드려요.
　　　　　　　　　　今回学校から大きな賞をもらうそうですね。おめでとうございます。

* 用言＋「-ㄴ다면서요?」

내년에는 부산으로 전근 간다면서요?　　　　　来年は釜山へ転勤だそうですね。
저희 옆 집에 산다면서요? 몰랐어요.
　　　　　　　うちの隣に住んでいるいるそうですね。知らなかったです。
며칠 동안 몹시 추웠는데 주말부터 날씨가 풀린다면서요? 다행이에요.
　　　　　　　2・3日とても寒かったが週末からは天気が和らぐそうですね。

2. 用言＋「-다면서요?」

감기로 많이 아팠다면서요? 괜찮아요?
　　　　　　　　　　風邪で苦労されたそうですね。大丈夫ですか。
그 사람은 성격이 좀 엉뚱하다면서요?
　　　　　　　　　その人は性格が少し変わっているという話ですね。
듣자 하니 새로 이사한 집이 꽤 크다면서요? 정말이에요.
　　　　　　　聞くところによると新しく引っ越したお家がとても大きいそうですね。

4. 用言＋「-ㄹ 만하다」

이런 결과라면 누구라도 만족할 만해요.
　　　　　　　　　　　こんな結果なら誰でも満足するに値します。
실력으로 보면 장학생으로 뽑힐 만해요.
　　　　　　　　　　　　実力から見れば奨学生になるに値します。
직장일도 할 만하고 그럭저럭 지낼 만해요.
　　　　　　　　職場のお仕事もやれそうでなんだかんだ楽しくやっております。

* 用言＋「-을 만하다」

그 사람이 있을 만한 곳은 다 찾아봤어요.
　　　　　　　　　　この人がいられそうなところはすべて探してみました。
잠도 안 자고 준비했으니 상을 받을 만하죠.
　　　　　　　　　　夜も寝なくて準備したから賞をもらうに値します。
구내 서점은 읽을 만한 책이 많아서 자주 이용해요.
　　　　　　　　構内の書店は読むに値する本が多くてしばしば利用します。

5. 用言＋「-지 않을래요?」

새로 밴드를 결성해 보지 않을래요?　　　新しくバンドを結成してみませんか。
우리 같이 아프리카 난민을 돕지 않을래요?
　　　　　　　　　私たち一緒にアフリカの難民を支援してみませんか。
이번에는 새로운 프로젝트를 맡아 보지 않을래요?
　　　　　　　　　今回は新しいプロジェクトを担当してみませんか。

【練習 1】

1. 실은 _____인 셈이지요.

    보기 : 저희는 형제간
    → 실은 저희는 형제간인 셈이지요.

    1) 전쟁의 희생양   2) 우리의 소원은 통일
    3) 제가 우리집 막내   4) 우리 회사의 비밀정보
    5) 여기가 제2의 고향   6) 그 팀은 팀워크가 최고
    7) 소테스트가 평소 점수   8) 그 문서가 최후의 통첩
    9) 이것이 전부 노력의 결실 10) 두 사람이 인생의 동반자

2. _____는 동안 _____았어요/었어요/였어요.

    보기 : 한국에 있다/어학당을 다니다
    → 한국에 있는 동안 어학당을 다녔어요.

    1) 머리를 자르다/잠이 들   2) 도망을 다니다/거지가 되다
    3) 기다리다/서류를 훑어보다   4) 아이가 자다/집안일을 하다
    5) 꾀를 부리다/기회를 놓치다   6) 청소를 하다/밖에 나가 있다
    7) 시골에 살다/야채를 재배하다   8) 일본에 있다/다도를 배우다
    9) 서로 떨어져 있다/많이 생각하다
    10) 여행을 하다/게스트하우스에 묵다

3. _____는다면서요/ㄴ다면서요/다면서요.

    보기 : 계단에서 넘어졌다
    → 계단에서 넘어졌다면서요.

    1) 한국은 입학식을 3월에 하다
    2) 한글은 세종대왕께서 만드셨다
    3) 한국 팥빙수에는 떡이 들어가다
    4) 일본에서는 한국 드라마가 인기가 있다
    5) 한국에서는 태어나면 바로 한 살이 되디
    6) 한국 남자들은 의무로 군대에 가야 하다
    7) 한국에서는 자동차의 핸들이 왼쪽에 있다
    8) 한국에서는 어른 앞에서 담배를 안 피우다
    9) 한국에서는 카레라이스를 전부 비벼서 먹다
    10) 한국에서는 설날과 추석을 음력으로 지내다

4. 가 : _____은/는 어때요? _____지요?
   나 : 아니오, _____(으)ㄹ 만해요.

   보기 : 한국어/어렵다/배우다
      → 가 : 한국어는 어때요? 어렵지요?
         나 : 아니오, 배울 만해요.

   1) 상처/아프다/참다   2) 음식 맛/형편없다/먹다
   3) 물리 강의/어렵다/듣다   4) 스웨터/낡았다/아직 입다
   5) 기숙사/불편하다/지내다   6) 새 이웃들/낯설다/사귀다
   7) 시부모님/까다롭다/견디다   8) 금강산/별로이다/한번 가 보다
   9) 바느질 솜씨/엉망이다/봐 주다   10) 가스렌지/오래되었다/아직 쓰다

5. 가 : _____지 않을래요?
   나 : 글쎄요, 좀 생각 해 볼게요.

   보기 : 새 것으로 교환하다
      → 가 : 새것으로 교환하지 않을래요?
         나 : 글쎄요, 좀 생각 해 볼게요.

   1) 새마을호를 타다   2) 화초를 키워 보다
   3) 사전 좀 빌려 주다   4) 담임을 맡아 보다
   5) 유적지를 둘러보다   6) 꽃꽂이를 배워 보다
   7) 연락처를 좀 알려 주다   8) 우리 한번 사귀어 보다
   9) 소개팅을 해서 만나 보다   10) 좋은 사람 좀 소개해 주다

꼬마신랑 장가 가요.

6. 본문을 읽고 배운 문형을 이용하여 대답하세요.

   1) 두 사람은 오늘 왜 만났습니까?
   2) 「난타」 공연은 몇 시부터인가요?
   3) 공연을 기다리는 동안 무엇을 하기로 했어요?
   4) 덕수궁에는 어떤 사람들이 많아요?
   5) 한국에서는 야외촬영이 옛날부터 있었습니까?
   6) 일본과 한국의 결혼 피로연에 대해서 이야기 해봅시다.

신랑 신부 절 받으세요.

【新出単語】

실은 : 実は　　　전쟁 : 戦争　　　희생양 : 生け贄　　　통일 : 統一　　　정보 : 情報
팀워크 : チームワーク　　　소테스트 : 小テスト　　　점수 : 点数　　　문서 : 文書
최후 : 最後　　　통첩 : 通牒、知らせ　　　결실 : 結実、実り　　　동반자 : 同伴者
어학당 : 語学堂　　　도망 : 逃亡　　　도망을 다니다 : 逃げる　　　거지 : 乞食
훑어보다 : 目を通す　　　재배하다 : 栽培する　　　다도 : 茶道
게스트하우스 : ゲストハウス　　　넘어지다 : 倒れる　　　입학식 : 入学式
세종대왕 : 世宗大王　　　살 : 一歳　　　의무 : 義務　　　핸들 : ハンドル
카레라이스 : カレーライス　　　음력 : 陰暦　　　형편없다 : 思わしくない、良くない
물리 : 物理　　　강의 : 講義　　　스웨터 : セーター　　　시부모님 : 夫の両親
까다롭다 : 複雑だ、ややこしい　　　금강산 : 金剛山　　　바느질 : 針仕事、裁縫
가스렌지 : ガスレンジ　　　교환하다 : 交換する　　　새마을호 : セマウル号
화초 : 草花　　　유적지 : 遺跡地　　　꽃꽂이 : 生け花　　　연락처 : 連絡先
소개팅 : 合コン

제 17 과 감사하기 그지없습니다.

스즈키 : 오늘 이렇게 불러 주셔서 감사하기 그지없습니다.

아버지 : 아니에요. 내 집이라고 생각하고 편하게 지내요.

어머니 : 외국 생활 힘들죠?

스즈키 : 아뇨, 힘들 때도 있지만 지내면 지낼수록 재미있어요.

어머니 : 우리 미영이 말로는 과에서 인기가 많다고 하지요. 스즈키씨는 사람이 정말 좋은가 봐요.

스즈키 : 아니에요, 미영씨가 괜히 그러는 거예요.

아버지 : 배고플 텐데 우리 저녁 먹으면서 이야기할까?

어머니 : 그러지요. 한국 음식 중에서 못 먹는 것 있나요?

스즈키 : 저는 인삼 빼고는 다 잘 먹습니다.

어머니 : 다행이네요. 오늘 인삼이 들어간 것은 없어요.

이미영 : 엄마 뭐 맛있는 것 했어요?

어머니 : 맛있는 것은 무슨! 한국 사람은 기본이 밥하고 김치만 있으면 되지. 아무튼 입맛에 맞을지 모르겠네요.

スズキ：今日、このように呼んでくださって真にありがとうございます。
アボジ：いいえ、我が家だと思ってゆっくりしてください。
オモニ：外国生活、大変でしょう。
スズキ：いいえ、大変なときもありますが過ごせば過ごすほど面白いです。
オモニ：うちの美英の話ではクラスで人気者だそうですね。鈴木さんは本当に人柄がいいようですね。
スズキ：いいえ、美英さんがただ言っているのみです。
アボジ：お腹が空いただろうからご飯を食べながらお話しようか。
オモニ：そうしまよう。韓国の食べ物の中で食べられないものはありますか。
スズキ：私は高麗人参以外は何でもよく食べます。
オモニ：よかった。今日は高麗人参が入ったものはありません。
イ・ミヨン：ママ、何か美味しいもの作りましたか。
オモニ：おいしいものって何。韓国人は基本がご飯とキムチでしょう。なにしろお口に合えばいいですが。

【新出単語】

부르다 : 招く、招待する　　　-기 그지없다 : －限りない、－言い尽くせない
말로는 : 話では、言葉では　　　-는/ㄴ/은가 보다 : －ようだ、－みたいだ
괜히 : 無性に、やたらに　　　-나요? : －ですか、－ますか　　　인삼 : (高麗)人参
기본 : 基本　　　입맛 : 口当たり、食欲

말씀으로는 : お話では　　　번지점프 : バンジジャンプ　　　스릴 : スリル
이야기로는 : 話では　　　개울 : 小川　　　주의하다 : 注意する　　　혈색 : 血色
병세 : 病勢、病状　　　현장 : 現場　　　심성 : 心性　　　온실 : 温室
마라톤 : マラソン　　　무성하다 : 生い茂る　　　뿌리 : 根、根もと　　　굵다 : 太い
뜻밖에 : 意外に、不意、思いがけなく　　　용기 : 勇気　　　어려움 : 難しさ、困難
대견스럽다 : 満足だ　　　-기 짝이 없다 : 極まる、この上ない　　　임무 : 任務
감당하다 : 成し遂げる、耐える　　　의심스럽다 : 疑わしい　　　방향 : 方向
흘러가다 : 流れていく　　　규칙 : 規則　　　여유 : 余裕　　　임하다 : 臨む
살구 : 杏　　　재물 : 財物、財産　　　-는/ㄴ/은 법이다 : －ものだ
틀림없다 : 間違いない　　　수강생 : 受講生　　　늘다 : 増える

1　体言＋「말로는/말씀으로는」

내 친구 말로는 번지점프가 굉장히 스릴이 넘친다고 해요.
　　　友達の言葉によるとバンジジャンプはとてもスリルがあると言います。
스즈키씨 이야기로는 한국 사회가 정이 깊다고 해요.
　　　　　　鈴木さんの話では韓国社会は情に厚いと言います。
할머니 말씀으로는 예전에 마을 앞에 개울이 있었다고 해요.
　　　　おばあさんのお話では昔村の前に小川があったと言います。

2　1. 用言＋「-기 그지없다」

이렇게 뜻밖에 만나서 반갑기 그지없어요.
　　　　　　このようにひょいっと会えて本当に嬉しいです。
내 아들이 그런 용기를 가지고 있다고 하니 자랑스럽기 그지없어요.
　　　私の息子がそのような勇気を持っているということが真に誇らしいです。
큰 어려움 속에서도 꿋꿋하게 살아 주니 대견스럽기 그지없어요.
　　　　大困難の最中でもめげずに生活していることがまことにけなげに思えます。

2. 用言＋「-기 짝이 없다」

그 임무를 잘 감당해 낼 수 있을지 두렵기 짝이 없어요.
　　　　そんな任務をちゃんと成し遂げられるか本当に恐いです。
정말 그가 직접 만든 것인지 의심스럽기 짝이 없어요.
　　　　　本当に彼が自分で作ったか疑わしいに堪えません。
회의가 어떤 방향으로 흘러갈지 궁금하기 짝이 없어요.
　　　　　会議がどんな方向に流れるか知りたいに堪えません。

3 1. 用言＋「-는가 보다」

몇번이고 말했는데 주의해서 듣지 않는가 봐요.
何回も言ったのに注意して聞いていないようです。
혈색을 보니 병세가 점점 좋아지는가 봐요.
血色を見たら病はよくなっているようです。
현장 조사에는 꽤 시간이 걸리는가 봐요.
現場を調査するのにかなりの時間がかかるようです。

2. 用言＋「-ㄴ가 보다」

얼굴을 찡그리는 걸 보니 주사가 많이 아픈가 봐요.
顔をしかめることからして注射が結構痛いようです。
마음 씀씀이를 보니 심성이 아주 착한가 봐요.
行動からして性格がとても温和なようです。
장가들고 살이 찌는 걸 보니 마음이 많이 편한가 봐요.
結婚して太ることからして幸せのようです。

＊ 用言＋「-은가 보다」

온실이 있다는 걸 보니 상당히 넓은가 봐요.
温室があると言うことからして相当広いようです。
마라톤에 참가하는 걸 보니 아직 젊은가 봐요.
マラソンに参加していることからしてまだ青春のようです。
잎이 무성한 걸 보니 뿌리가 아주 굵은가 봐요.
葉が茂っていることからして根がとても太いようです。

4 用言＋「-면」 用言＋「-ㄹ수록」

잠은 자면 잘수록 더 잠이 와요.　　　眠れば眠るほど眠たくなります。
규칙은 어기면 어길수록 어기기가 쉬워요.
規則は守らなければ守らないほど守れなくなります。
생활이 바쁘면 바쁠수록 여유를 가지고 임해야 해요.
生活が忙しければ忙しいほど余裕を持って臨まなければなりません。

＊ 用言＋「-으면」 用言＋「-을수록」

살구는 익으면 익을수록 색깔이 노래져요.
杏子は熟すれば熟するほど色が黄色くなります。
재물은 쌓으면 쌓을수록 더 쌓고 싶은 법이에요.
財産は積めば積むほど積みたくなるものです。
돈이 많으면 많을수록 어떻게 쓸 것인지 생각할 필요가 있어요.
お金があればあるほどどう使うべきか工夫する必要があります。

5　用言＋「-나요?」

그 날 세시에 약속한 것이 틀림없나요?
　　　　　　　　　　　その日三時の約束に間違いはないですか。
맡고 계신 강의의 수강생은 좀 늘었나요?
　　　　　　　　　　　ご担当の講義の受講生は少し増えましたか。
액정 텔레비전을 사고 싶은데 이 돈으로 충분하나요?
　　　　　　　　　　　液晶テレビが買いたいがこのお金で足りますか。

오늘 반찬은 김치, 김, 생선구이예요.
여러분은 무슨 반찬이에요?

【練習 1】

1. _____ 말로는/말씀으로는 _____는다고/ㄴ다고/다고 해요.

   보기 : 할머니/손자가 착하다
   → 할머니 말씀으로는 손자가 착하다고 해요.

   1) 동생/여자 친구가 귀엽다
   2) 본인/내년에 군대에 가다
   3) 엄마/형이 애인과 헤어졌다
   4) 사모님/선생님은 못 오시다
   5) 직원/회사의 경기가 안 좋다
   6) 미용사/내 피부가 많이 거칠다
   7) 부인/남편이 요즘 바람을 피우다
   8) 아버지/할아버지가 서울에 가시다
   9) 친구/부모님이 내일 일본에 오시다
   10) 담당자/수속 기간이 일주일은 걸리다

2. _____이/가 _____기 그지없어요.

   보기 : 시험 결과/궁금하다
   → 시험 결과가 궁금하기 그지없어요.

   1) 동생 얼굴/귀엽다
   2) 얼굴색/창백하다
   3) 날품팔이/고되다
   4) 전자수첩/편리하다
   5) 단어 외우기/귀찮다
   6) 뱀을 먹는다는 것/징그럽다
   7) 어린애가 전통차만 마신다는 것/놀랍다
   8) 맑은 날이니까 우산을 쓴다는 말/우습다
   9) 외국인이 우리 민요를 좋아한다는 것/기쁘다
   10) 얼굴이 잘생겨서 부자가 되었다는 말/이상하다

3. 가 : _____이/가 _____는가/ㄴ가/은가 봐요?
   나 : _____(으)면 _____(으)ㄹ수록 _____아요/어요/여요.

   보기 : 기숙사 방/넓다/생활하기 편하다
   → 가 : 기숙사 방이 넓나요?
      나 : 넓으면 넓을수록 생활하기 편해요.

   1) 성적/나쁘다/더욱 노력해야 하다
   2) 대접/융숭하다/답례에 신경이 쓰이다
   3) 추위/심하다/옷을 갖추어 입어야 하다
   4) 기분/안 좋다/좋은 생각을 가져야 하다
   5) 위장/쓰리다/식사를 제때에 먹어야 하다
   6) 다이어트/힘들다/평소의 관리가 중요하다
   7) 도로/막히다/마음을 느긋하게 가져야 하다
   8) 식사/형편없다/간식의 질을 생각해야 하다
   9) 거리/깨끗하다/청결 유지에 힘쓸 필요가 있다

10) 중국어 발음/어렵다/공부해 보고 싶은 생각이 들다

4. 가 : _____나요?
    나 : 아니오, _____은/는 _____지 않아요.

   보기 : 개를 기르다
      → 가 : 개를 기르나요?
         나 : 아니오, 개는 기르지 않아요.

   1) 사람들이 많이 오다   2) 재료가 모자라다
   3) 집값이 많이 오르다   4) 외우기가 어렵다
   5) 스커트가 너무 짧다   6) 시계가 빨리 가다
   7) 하는 짓이 밉게 놀다   8) 복권이 잘 당첨되다
   9) 아침마다 신문이 오다   10) 공무원 시험이 어렵다

5. 본문을 읽고 배운 문형을 이용하여 대답하세요.
   1) 오늘 스즈키씨는 어디에 와 있습니까?
   2) 미영씨의 부모님은 스즈키씨를 만난 적이 있어요?
   3) 미영씨의 어머니는 스즈키씨에 대해서 어떻게 알고 있어요?
   4) 스즈키씨는 한국 음식을 잘 먹어요?
   5) 미영씨의 어머니는 한국 음식의 기본이 무엇이라고 생각합니까?
   6) 여러분은 일본 음식의 기본이 무엇이라고 생각합니까?

A:뭐 맛있는 것 했어요.
    B:맛있는 것은 무슨! 밥하고 김치가 있으면 되지.

A:여행이나 가지 않을래요?
    B:여행은 무슨 여행! 돈도 없는데요.
A:친구에게 연락이 자주 와요?
    B:연락은 무슨 연락! 전화도 없어요.
A:공부 열심히 하고 있어요?
    B:공부는 무슨 공부요! 놀고만 있어요.
A:감기약은 먹었어요?
    B:약은 무슨 약이요! 푹 쉬면 되지요.

구수한 누룽지가 생각나네요.

【新出単語】

애인:恋人　　바람:不倫　　바람을 피우다:不倫をする　　수속:手続き
창백하다:蒼白だ、青白い　　날품팔이:日雇い　　고되다:きつい、耐え難い
전자수첩:電子手帳　　뱀:蛇　　징그럽다:気味が悪い、いやらしい
전통차:伝統茶　　우산을 쓰다:傘をさす　　우습다:おかしい、こっけいだ
민요:民謡　　잘생기다:美人だ、ハンサムだ　　노력하다:努力する
대접:もてなし　　융숭하다:丁重だ　　답례:答礼、返礼、お返し
신경이 쓰이다:気になる　　갖추다:整える、備える　　위장:胃腸
속(위장)이 쓰리다:胸やけがする　　제때:予定のとき、定刻、ころあいに
느긋하다:のんきだ、ゆったりとする　　청결:清潔　　유지:維持
힘쓰다:努力する、頑張る　　집값:家の価格　　스커트:スカート
짓:事、行動、しぐさ　　복권:宝くじ　　당첨되다:当たる　　공무원:公務員

제 18 과 얼마나 찾았다고요.

이수정 : 스즈키씨 어디 갔다 오나 봐요? 기숙사로 강의실로 얼마나 찾았다고요.

스즈키 : 세탁소에 빨래 좀 맡기고 오는 길이에요. 저한테 무슨 일 있어요?

이수정 : 갑자기 미안한데 이것 번역하는 것 좀 도와줘요. 내일이 발표인데 전혀 모르겠어요.

스즈키 : 그러면 그렇지. 수정씨가 나를 그냥 찾을 리가 없지요. 수정씨가 할 번역을 제가 왜 합니까?

이수정 : 어머, 우리 사이에 정말 이러기에요? 그러지 말고 이번 한번만 좀 도와줘요.

스즈키 : 좋아요. 발표 끝나고 나서 수정씨가 한턱 내는 거예요.

이수정 : 그럴게요. 스즈키씨가 원하는 것은 뭐든지 해 줄게요.

스즈키 : 뭐든지라고 그랬어요.

이수정 : 鈴木さん、どこかお出かけだったのですね。寮や講義室へとどれほど探したか分かりません。
スズキ : クリーニング屋に洗濯物を預けに行って帰ってくるところです。私に、何かご用ですか。
이수정 : 急に申し訳ありませんが、この翻訳をちょっと手伝ってください。明日が発表なのに全然分かりません。
スズキ : それはそうでしょう。수정さんがわたしをただで探したりするはずがないでしょう。수정さんのすべき翻訳をなぜ私がしなければいけないのですか。
이수정 : あら、私たちの間柄で本当にそれでいいですか。そう言わないで今回一度だけ助けてくださいよ。
スズキ : いいですよ。発表が終わった後、수정さんがどっさりご馳走してくれますよね。
이수정 : そうします。鈴木さんが好きなことは何でもやってあげます。
スズキ : 何でもと言いましたね。

【新出単語】
-나 보다：-ようだ、-みたいだ　　-는다고요/ㄴ다고요/다고요：-のです
세탁소：クリーニング屋　　　-는 길이다：-するところだ　　한테：-に
-(으)ㄹ 리가 없다：-するはずがない　　번역：翻訳
-기에요?：-ですか、-ますか　　-고 나서：-てから

애쓰다：努力する、務める　　이제와서：今になって　　여기저기：あっちこっち
배웅하다：見送りする　　자원봉사：ボランティア　　논의하다：論議する
-는 길에：-する途中で、-するついでに　　퇴근하다：退勤する
-(으)ㄹ 리가 있다：-するはずがある　　통나무：丸太、丸木
망가지다：壊れる、駄目になる　　남남：他人、他人同士　　닮다：似る
찧다：(お餅を)搗く　　목욕하다：お風呂に入る　　미팅：ミーティング、会議
손님을 치르다：お客をもてなす、宴会を執り行う　　배를 곯다：お腹をすかす
폭신하다：ふわふわしる　　일을 내다：(事を)起こす　　수박：スイカ　　소매：袖

1 用言＋「-기에요?」

그렇게 부탁했는데 못 들은 척 하기에요?
　　　　　　　　そんなに頼んだのに聞かなかったふりでいいですか。
여기까지 애써서 했는데 이제와서 포기하기에요?
　　　　　　　　ここまで頑張ってやったのに今になってあきらめていいですか。
비밀이라고 말했는데 여기저기 알리기에요?
　　　　　　　　秘密だと言ったのにあっちこっちばらしていいですか。

2 用言＋「-는 길이다」

손님을 배웅하고 오는 길이에요.　　　　お客様を見送ってくるところです。
자원봉사 활동을 마치고 오는 길이에요.
　　　　　　　　志願奉仕活動を終えてくるところです。
내일 일정에 대해서 논의하고 오는 길이에요.
　　　　　　　　明日の日程について相談して戻るところです。

＊　用言＋「-는 길에」
시내 나가는 길에 테이프 하나 사 와요.
　　　　　　　　町に出る道すがらテープを一つ買ってきます。
퇴근하는 길에 포장마차에서 한잔 했어요.
　　　　　　　　退勤の道すがら、屋台で一杯飲みました。
회사 가는 길에 아이를 유치원에 맡겨요.
　　　　　　　　会社に行く途中子供を幼稚園に連れて行きます。

3 用言＋「-ㄹ 리가 있다/없다」

선생님이 그런 거짓말을 할 리가 있어요?
　　　　　　　　　　　　　先生がそんな嘘をつくはずがないでしょう。
통나무로 만든 의자가 벌써 망가질 리가 없지요.
　　　　　　　　　　　　　丸太で作った椅子がもう壊れるはずがないでしょう。
일이 그렇게 잘 풀릴 리가 있겠어요?
　　　　　　　　　　　　　事がそんなにうまく運ばれるはずがないでしょう。

＊　用言＋「-을 리가 있다/없다」

내가 그 사람 이름을 잊을 리가 있어요?
　　　　　　　　　　　　　私がその人の名前を忘れるはずがないでしょう。
전혀 남남인 두 사람이 닮을 리가 없지요.
　　　　　　　　　　　　　赤の他人である二人が似ているはずがないでしょう。
아침에 찧은 떡이 벌써 굳을 리가 있겠어요?
　　　　　　　　　　　　　朝ついた餅がもう固いはずがないでしょう。

4 用言＋「-고 나서」

맥주는 목욕하고 나서 마시는 게 최고예요.
　　　　　　　　　　　　　ビールはお風呂の後に飲むのが一番です。
그는 결혼하고 나서 성격이 많이 변했어요.
　　　　　　　　　　　　　主人は結婚してから性格が変わりました。
먼저 미팅을 끝내고 나서 현장 작업에 들어갑시다.
　　　　　　　　　　　　　先にミーティングを終えてから現場作業に入りましょう。

5 1. 얼마나 用言＋「-는다고요」

손님을 치른 다음에는 음식이 얼마나 남는다고요.
　　　　　　　　　　　　　お客さんを招待した後は食べ物が一杯残ります。
운동을 하고 나서는 밥을 얼마나 먹는다고요.
　　　　　　　　　　　　　運動をした後はご飯を一杯食べます。
니가 있는 동안에는 배를 얼마나 곯는다고요.
　　　　　　　　　　　　　家出している間どんなにお腹を空かせていたのかわかりません。

＊　얼마나 用言＋「-ㄴ다고요」

아무런 연락도 없으면 얼마나 걱정한다고요.
　　　　　　　　　　　　　何の連絡もなければ本当に心配します。
침대가 폭신하여 얼마나 잘 잔다고요.
　　　　　　　　　　　　　ベッドが寝心地よくて本当によく眠ります。
큰 일을 낸다고 해서 얼마나 말린다고요.
　　　　　　　　　　　　　大事を起こすといってどんなに止めるか分かりません。

2. 얼마나 用言 + 「-다고요」

수박이 잘 익어서 얼마나 맛있다고요.
　　　　　　　　　　　　スイカがよく熟れて本当に美味しいです。
아이들이 어려서 가르치기가 얼마나 어렵다고요.
　　　　　　　　　　　子供たちが幼くて教えるのが本当に大変です。
몇년 동안 같은 옷을 입어 소매가 얼마나 낡았다고요.
　　　　　　　　　　何年も同じ服を着ていて本当に袖が古びています。

스트레스 해소에 빨래는 어때요?

【練習 1】

1. _____는데/ㄴ데/은데 _____기에요?

    보기 : 내가 만들었다/하나도 안 먹다
       → 내가 만들었는데 하나도 안 먹기에요?

    1) 아이들이 싸우다/안 말리다   2) 정신없이 바쁘다/안 도와주다
    3) 이렇게 춥다/난방을 꺼 버리다   4) 할 일이 쌓여 있다/방해만 하다
    5) 일이 거의 다 되었다/망쳐 놓다   6) 너무 창피하다/자꾸 흉내를 내다
    7) 나는 너무 괴롭다/혼자 기뻐하다
    8) 이제까지 참았다/여기서 그만두다
    9) 그래도 열심히 했다/결과를 비웃다
    10) 사람이 아프다/멀리서 보고만 있다

2. 가 : 어디 갔었어요?
    나 : _____에/에서 _____고 오는 길이에요.

    보기 : 공항/친구를 배웅하다
       → 가 : 어디 갔었어요?
          나 : 공항에 친구를 배웅하고 오는 길이에요.

    1) 화초/물을 뿌리다   2) 가게/문단속을 하다
    3) 우체국/편지를 부치다   4) 학원/장구를 연습하다
    5) 옆 집/물건을 전해 주다   6) 체육관/농구 연습을 하다
    7) 음악 감상실/음악을 듣다   8) 잔칫집/잔치 구경을 하다
    9) 상담소/의뢰인을 상담하다   10) 터미널/선생님 마중을 하다

3. _____기 때문에 _____(으)ㄹ 리가 없어요.

    보기 → 약속을 했다/안 오다
          약속을 했기 때문에 안 올 리가 없어요.

    1) 사랑하다/쉽게 떠나다   2) 솜씨가 좋다/맛이 없다
    3) 꿈이 크다/공부를 그만두다   4) 자세히 설명했다/이해 못하다
    5) 오늘 아침에 만들었다/상하다 6) 어제 장을 봤다/먹을 것이 없다
    7) 한국 사람이다/매운 것을 못 먹다
    8) 동창생 대표이다/동창회에 빠지다
    9) 사건의 장본인이다/내용을 모르다
    10) 성격이 낙천적이다/우울증에 걸리다

4. 먼저 _____고 나서 _____아요/어요/여요.

   보기 : 비자를 받다/출발하다
   → 먼저 비자를 받고 나서 출발해요.

   1) 땅을 파다/씨를 뿌리다　　　　　2) 샤워를 하다/옷을 갈아입다
   3) 문제를 풀다/정답을 맞추다　　　4) 기술을 익히다/직장을 찾다
   5) 파인 곳을 메우다/도배를 하다　 6) 저녁을 먹다/디저트를 먹다
   7) 마당을 쓸다/나무에 물을 주다　 8) 불꽃놀이를 보다/수박을 먹다
   9) 마음을 굳히다/상사에게 보고하다
   10) 어른들께 여쭙다/행동으로 옮기다

5. 얼마나 _____는다고요/ㄴ다고요/다고요.

   보기 → 가 : 졸업생이 그 모임에 가도 돼요? (많이 오다)
   　　　　　나 : 당연하지요, 졸업생이 얼마나 많이 온다고요.

   1) 가 : 그 사과가 맛있어요? (새콤하고 맛있다)
   　 나 : 그럼요, 그 사과가 _____.
   2) 가 : 이사갈 짐정리는 언제 할 거예요? (쉽게 빨리 끝냈다)
   　 나 : 걱정하지 말아요, 짐정리는 _____.
   3) 가 : 저도 할 수 있을까요? (간단하다)
   　 나 : 할 수 있고 말고요, _____.
   4) 가 : 아이들 가르치는 것 힘들지요? (다들 귀엽다)
   　 나 : 그래도 아이들이 _____.
   5) 가 : 그 지방의 인심은 어때요? (후하다)
   　 나 : 두말하면 잔소리죠. 그 지방의 인심이 _____.
   6) 가 : 디즈니랜드는 아이들이 많이 가죠? (많이 가다)
   　 나 : 아니에요, 아이어른 할 것 없이 _____.
   7) 가 : 어제 본 드라마가 많이 슬펐어요? (눈물을 흘렸다)
   　 나 : 말도 마세요. 혼자 보면서 _____.
   8) 가 : 그런 결혼 생활이 행복하세요? (묘하다)
   　 나 : 상상도 못 할 거예요. 결혼 생활이라는 게 _____.

6. 본문을 읽고 배운 문형을 이용하여 대답하세요.

   1) 스즈키씨는 어디에 갔다 오는 길이에요?
   2) 수정씨는 왜 스즈키씨를 찾아왔습니까?
   3) 수정씨의 발표는 언제예요?
   4) 두 사람은 잘 알고 지내는 사이같아요?
   5) 두 사람은 발표 끝나고 어떻게 하기로 했어요?

따스한 햇살 아래에서 기분 좋지요!!

【新出単語】

정신없이 : 無我夢中で、我を忘れて　　쌓이다 : 積もる、たまる　　방해 : 妨害、邪魔
망치다 : 台無しにする、駄目にする　　흉내 : 真似　　흉내를 내다 : 真似をする
멀리 : 遠く　　장구 : チャング　　감상실 : 鑑賞室　　잔칫집 : 宴会の家
잔치 : 宴会、祝宴　　상담소 : 相談所　　의뢰인 : 依頼人　　터미널 : ターミナル
마중 : 出迎え、迎え　　이해하다 : 理解する　　장 · 市場
장을 보다 : 買い物をする　　동창생 : 同級生　　동창회 : 同窓会
장본인 : 張本人　　낙천적 : 楽天的　　파다 : 彫る、掘る　　맞추다 : 当てる
파이다 : くぼむ　　메우다 : 埋める　　도배 : 壁に壁紙を張ること
굳히다 : 固める　　상사 : 上司　　보고하다 : 報告する　　여쭙다 : うかがう
졸업생 : 卒業生　　새콤하다 : やや酸っぱい　　정리 : 整理、まとめ
짐정리 : 荷造り、荷物整理　　후하다 : 深い、厚い　　두말하면 : 他のことをいうと
잔소리 : 小言　　디즈니랜드 : ディズニーランド　　상상 : 想像

제 19 과 마음먹은 대로 잘 안돼요.

김영호 : 다들 시험 잘 봤어요?

이미영 : 나는 시험 문제를 보자마자 큰일났구나 싶었어요. 언제나 마음먹은 대로 잘 안돼요.

배철수 : 나도 이번에는 B는커녕 C도 안 나오겠어요.

김영호 : 어차피 시험은 끝났으니까 뒷풀이나 합시다.

스즈키 : 시험도 엉망인데 뒷풀이는 무슨 뒷풀이요.

김영호 : 그래도 시험이 끝났으면 한잔 해야 되지 않겠어요? 시험 준비로 인해 다들 고생했을 텐데.

이미영 : 오늘은 신촌 쪽이 어때요? 좀 멀기는 하지만…….

배철수 : 그냥 오늘은 학교 근처에서 마십시다.

이미영 : 제 친구들이 시험 끝나면 같이 마시자고 했어요.

배철수 : 아, 그렇다면 멀어도 꼭 가야죠. 미영씨는 그런 일이 있으면 빨리빨리 말해야죠.

스즈키 : 철수씨 너무 속 보입니다.

김영호 : みな試験どうでしたか。
이미영 : わたしは問題を見るや否やこれは大変だと思いました。いつも思いのままにはなりません。
배철수 : わたしも今回はBどころかCももらえないでしょう。
김영호 : なにしろ試験は終わりましたから打ち上げパーティーでもしましょう。
스즈키 : 試験があんなもんで打ち上げパーティーは何の打ち上げパーティーですか。
김영호 : それでも試験が終わったら一杯飲まなければ。試験準備でみな苦労したでしょう。
이미영 : 今日は新村の方でどうですか。ちょっと遠くはありますが。
배철수 : いや、今日は大学の近くで飲みましょう。
이미영 : 私の友達が試験が終わったら一緒に飲もうと言っていました。
배철수 : あ、だったら遠くても行かなければなりませんね。미영さんはそんなことは早く言わなければならないでしょう。
스즈키 : 배철수さん、見え見えですよ。

【新出単語】
-자마자 : -や否や　　　큰일나다 : 大変だ、大変なことになる
-는구나/구나 싶다 : -と思う、-という気がする　　마음먹다 : 決心する
-는/ㄴ/은 대로 : -たとおりに、-のまま　　-는커녕/은커녕 : -(する)どころか
어차피 : どうせ、いずれにしても　　뒷풀이 : 打ち上げ
엉망이다 : めちゃくちゃだ　　으로/로 인해 : -のために、-によって
그렇다면 : それなら、それでは

신세 : 身の上、運命　　풀칠하다 : 糊をつける、糊口を凌ぐ　　개미 : 蟻
새끼 : 子、子供　　한점 : (雲)一かけら　　단칸방 : たった一つの部屋　　지진 : 地震
동남아시아 : 東南アジア　　불신 : 不信　　화상 : 火傷、やけど　　수술 : 手術
한마디 : 一言　　오해를 사다 : 誤解を招く　　농작물 : 農作物
배기가스 : 排気ガス　　대기 오염 : 大気汚染　　발길 : 足、足先　　진행 : 進行
멋 : おしゃれ、粋　　비좁다 : 狭い　　한심하다 : 情けない、あきれる　　시련 : 試練
비참하다 : 悲惨だ、惨めだ　　나서다 : 発つ、出発する　　쏟아지다 : 降りしきる
연수원 : 研修員　　교육 : 教育　　시작종 : 始まりのベル　　울리다 : 鳴る

1　体言＋「은커녕」　体言＋「도」

밥은커녕 죽도 못 먹는 신세예요. ご飯どころかお粥も食べられない身の上です。
주식은커녕 입에 풀칠하기도 힘들어요.
　　　　　　　　　　　　　　株どころか糊口を凌ぐことさえ難しいです。
사람은커녕 개미새끼 한마리도 안 보이네요.　人間どころか何も見えません。

＊　体言＋「는커녕」　体言＋「도」

비는커녕 구름 한점도 없어요.　　　　　　雨どころか雲一かけらありません。
아파트는커녕 단칸방도 없어요.　　マンションどころかひと間もありません。
자동차는커녕 자전거도 없는 신세입니다.
　　　　　　　　　　　　　　　　　車どころか自転車もない身の上です。

2　体言＋「으로 인하여(서)」

이번 지진으로 인해서 동남아시아가 큰 피해를 입었어요.
　　　　　　　　　今度の地震のために東南アジアが大きな被害を受けました。
서로간의 불신으로 인해서 결국에는 두 사람이 헤어졌어요.
　　　　　　　　　　　　お互いの不信が原因であげくの二人は分かれました。
어렸을 때 입은 화상으로 인해서 수술을 몇번이나 했어요.
　　　　　　　　　　　幼い時に受けた火傷のために何回も手術をしました。

* 体言＋「로 인하여(서)」

쓸데없는 말 한마디로 인해서 엄청난 오해를 샀어요.
　　　　　　　　　　　　余分な一言のためにとんでもない誤解を招きました。
긴 장마로 인해 농작물의 피해가 커요.
　　　　　　　　　　　　　　長い梅雨のために農作物の被害が大きいです。
배기가스로 인해 대기 오염 문제가 심각해요.
　　　　　　　　　　　　　　排気ガスのために大気汚染の問題が深刻です。

3 1. 用言＋「-는 대로」

귀국하는 대로 연락을 드리도록 하겠어요.
　　　　　　　　　　　　　　　　　帰国するままにご連絡を差し上げます。
무엇이든 당신이 원하는 대로 다 들어줄게요.
　　　　　　　　　　　　　　　何でもあなたの願いのままに叶えてあげます。
이번 여행에서는 발길 닿는 대로 가 볼 생각이에요.
　　　　　　　　　　　今度の旅行では行き着くままに行ってみたいと思っています。

2. 用言＋「-ㄴ 대로」

바쁘면 바쁜대로 시간을 내야지요.
　　　　　　　　　　　忙しければ忙しいままで時間を作らなければなりません。
부족하면 부족한 대로 어떻게 되겠지요.
　　　　　　　　　　　　足りなければ足りないままで何とかなるでしょう。
생각한 대로 일이 진행이 안돼서 속상해요.
　　　　　　　　　　　　　　　　思いのままにことが進まなくてつらいです。

* 用言＋「-은 대로」

한복 색깔은 짙으면 짙은 대로 멋이 있어요.
　　　　　　　　　　　　　　　　韓服の色が濃いと濃いままで粋です。
좀 힘들겠지만 비좁은 대로 같이 타고 갑시다.
　　　　　　　　　　　　ちょっと不便だろうが狭いまま一緒に載っていきましょう。
산에 왔으니까 소리 지르고 싶은 대로 마음껏 질러 봅시다.
　　　　　　山に来たからには声を張り上げたいままに心行くまで張りあげて見ましょう。

4 1. 用言＋「-는구나 싶다」

자꾸 살만 찌는구나 싶어서 너무 한심해요.
　　　　　　　　　　　　　　太る一方だと思えてあまりにもがっかりです。
시간이 이렇게 흘러가는구나 싶네요.
　　　　　　　　　　　　　時間がこのように経っていくという感じです。
땀을 흘리는 것을 보고서 열심히 사는구나 싶었어요.
　　　　　　　　　汗を流しているのを見て一所懸命だというのが分かりました。

2. 用言＋「-구나 싶다」

너무 안됐구나 싶어서 조금이라도 힘이 되고 싶었어요.
　　　　　　あまりにもかわいそうと思われ少しでも力になりたかったです。
짧은 인생이지만 시련은 끝이 없구나 싶어요.
　　　　　　　　短い人生だが試練は限りがないと思われます。
그 당시에는 내 처지가 너무 비참하구나 싶었어요.
　　　　　　当時は私の境遇があまりにも惨めで痛ましいと思われました。

5 用言＋「-자마자」

길을 나서자마자 비가 쏟아지기 시작했어요.
　　　　　　　　出かけるや否や雨が降り出しました。
연수원에서는 짐을 풀자마자 교육이 시작됐어요.
　　　　　　　研修所では荷を下ろすや否や教育が始まりました。
시작종이 울리자마자 학생들이 교실로 뛰어들어 갔어요.
　　　　　　　始める鐘がなるや否や生徒たちは教室へ飛び込んでいきました。

생각이 날듯 말듯

공부 좀 열심히 할 걸

【練習 1】

1. _____은커녕/는커녕 _____도 _____아요/어요/여요.

   보기 : 커피/보리차/못 마시다
   → 커피는커녕 보리차도 못 마셔요.

   1) 메모/흔적/없다   2) 식사/화장실/안 가다
   3) 얼굴/목소리/못 듣다   4) 저축/생활비/모자라다
   5) 의사/간호사/안 보이다   6) 에어콘/선풍기/안 틀다
   7) 건더기/국물/못 얻어 먹다   8) 전공책/잡지 한 권/안 사다
   9) 신문/텔리비전 뉴스/안 보다   10) 진수성찬/음료수 한 잔/안 내놓다

2. _____(으)로 인하여(서) _____았어요/었어요/였어요.

   보기 : 화재/마을이 폐허가 되다
   → 화재로 인해서 마을이 폐허가 되었어요.

   1) 종업원/손님이 줄다   2) 지진/전철이 멈추다
   3) 해일/배가 뒤집어지다   4) 전쟁/석유값이 오르다
   5) 태풍/채소값이 폭등하다   6) 수질 오염/물고기가 죽다
   7) 서로의 불신/연락이 끊어지다   8) 가격 경쟁/소비자만 피해를 입다
   9) 무리한 다이어트/건강을 망치다
   10) 회사 파산/가족이 뿔뿔이 흩어지다

3. _____는/ㄴ/은 대로 _____(으)ㄹ게요.

   보기 → 가 : 연락은 언제 줄 거예요? (소식이 있다)
         나 : 소식이 있는 대로 줄게요.

   1) 가 : 언제 돈은 갚을 거예요? (월급을 타다)
      나 : _____.
   2) 가 : 출장은 몇 시에 떠날 거예요? (일이 마무리되다)
      나 : _____.
   3) 가 : 자료는 언제 읽을 거예요? (집에 돌아가다)
      나 : _____.
   4) 가 : 도대체 몇 시에 잘 거예요? (드라마가 끝나다)
      나 : _____.
   5) 가 : 결과는 언제 알려줄 거예요? (분석을 마치다)
      나 : _____.
   6) 가 : 허리가 큰데 그냥 입을 거예요? (이번에는 크다)
      나 : _____.

7) 가 : 말은 언제 할 거예요? (해결이 되다)
   나 : _____.
8) 가 : 음식이 짠데 그냥 먹어요? (그냥 짜다)
   나 : _____.

4. 가 : 왜 그렇게 힘이 없어요?
   나 : _____는구나/구나 싶어서요.

   보기 → 내 신세가 처량하다
   　　　　가 : 왜 그렇게 힘이 없어요?
   　　　　나 : 내 신세가 처량하구나 싶어서요.

   1) 결국 나를 버리다　　　　　　　2) 고생이 끝이 없다
   3) 해도 해도 안 되다　　　　　　 4) 인심이 너무 사납다
   5) 내가 너무 멍청하다　　　　　　6) 말렸는데도 떠나가다
   7) 인생이 이렇게 허무하다　　　　8) 내 모습이 우스꽝스럽다
   9) 노력해도 성적이 안 오르다　　10) 아무도 내 마음을 몰라주다

5. _____자마자 _____았어요/었어요/였어요.

   보기 : 귀국하다/통보를 받다
   　　　→ 귀국하자마자 통보를 받았어요.

   1) 버스에서 내리다/비가 오다　　　2) 음식을 드시다/전부 토하시다
   3) 백화점 세일을 하다/달려가다　　4) 숙소에 도착하다/회의가 있다
   5) 골인 지점에 도착하다/쓰러지다　6) 전화벨이 울리다/수화기를 들다
   7) 회사에 도착하다/연락을 취하다　8) 그 이야기를 시작하다/화를 내다
   9) 자리에 눕다/코를 골기 시작하다
   10) 수업이 끝나다/어디론가 사라지다

6. 본문을 읽고 배운 문형을 이용하여 대답하세요.

   1) 지금부터 무엇을 하자고 합니까?
   2) 배철수씨는 시험을 잘 봤다고 생각합니까?
   3) 미영씨는 시험이 어땠어요?
   4) 미영씨는 뒷풀이로 어디로 가자고 합니까?
   5) 왜 신촌까지 가려고 합니까?

A:뒷풀이나 합시다.   B:뒷풀이는 무슨 뒷풀요. 결과가 엉망인데.

A:밥이나 먹읍시다.   B:밥은 무슨 밥이요. 돈도 없는데.
A:파티나 합시다.   B:파티는 무슨 파티요. 살림이 이 어려운데.
A:차나 마십시다   B:차는 무슨 차요. 화만 나는데.
A:청소 좀 합시다.   B:청소는 무슨 청소요. 당장 나가야하는데.

시험은 잊어 버리고 건배.

【新出単語】

보리차 : 麦茶   흔적 : 痕跡、跡   생활비 : 生活費   건더기 : 具
전공책 : 専門書   진수성찬 : ごちそう   내놓다 : 出す、取り出す   화재 : 火災
폐허 : 廃墟   줄다 : 減る   해일 : 津波   뒤집다 : 裏返す、逆さにする
석유 : 石油、ガソリン   채소 : 野菜   폭등하다 : 暴騰する
수질 오염 : 水質汚染   끊어지다 : 切れる、途切れる   경쟁 : 競争
소비자 : 消費者   무리하다 : 無理する   파산 : 破産   뿔뿔이 : ばらばらに
흩어지다 : 散る、散らばる   마무리되다 : 仕上がる、片付けられる
도대체 : 一体、まったく   분석 : 分析   허리 : 腰   해결이 되다 : 解決される
처량하다 : わびしい、うら寂しい   사납다 : 荒々しい、険しい
멍청하다 : 間抜けだ、ばかだ   떠나가다 : 立ち去る、発つ   허무하다 : 虚しい
우스꽝스럽다 : とてもこっけいだ   몰라주다 : 分かってくれない
통보 : 通報、お知らせ   세일 : セール   달려가다 : 駆けつける
지점 : 地点、ところ   전화벨 : ベル   수화기 : 受話器   자리 : 布団、寝床
어디론가 : どこかへ   살림 : 暮らし、生活   당장 : 今のところ、即座

제 20 과 미술관을 돌아보자는 바람에요.

스즈키 : 미영씨는 미국 간다더니 언제 가요?

이미영 : 이번에 미국 가는 대신에 유럽에 가기로 했어요. 다음 주에 출발할 예정이에요.

스즈키 : 라스베가스에 가서 백만장자가 되어 돌아온다고 하더니, 왜 계획이 바뀌었어요?

이미영 : 그러려고 했는데, 같이 가는 친구가 유럽으로 가서 미술관을 돌아보자는 바람에요.

스즈키 : 미영씨도 그림을 볼 줄 알아요?

이미영 : 이렇다 할 만한 지식은 없어도 보는 것은 좋아해요. 특히 르네상스 시대의 작품들을 좋아해요.

스즈키 : 나는 19세기 인상파 작품이 더 좋던데요. 어쨌든 부럽습니다. 잘 다녀오세요.

이미영 : 제가 로마에 가서 멋진 그림엽서 보낼게요.

스즈키 : 미영さんはアメリカに行くと言っていましたがいつ行きますか。
이미영 : 今回はアメリカに行く代わりにヨーロッパーに行くことにしました。来週出発する予定です。
스즈키 : ラスベガスに行って億万長者になって帰ってくると言いませんでしたか。なぜ計画が変わりましたか。
이미영 : そうするつもりでしたが、一緒に行く友達がヨーロッパに行って美術館を回ってみようと言うからね。
스즈키 : 미영さんも絵を見る目がありますか。
이미영 : これといった知識はありませんが見るのは好きです。特に、ルネサンス時代の作品が好きです。
스즈키 : 私は１９世紀印象派作品がもっと好きです。いずれにしろうらやましいです。気をつけて行っていらっしゃい。
이미영 : 私がローマーに行ってきれいな絵葉書きを送ります。

【新出単語】
-는다더니/ㄴ다더니/다더니：-といったのに　　-는/ㄴ/은 대신에：-する代わりに
-(으)ㄹ 예정이다：-する予定だ　　라스베가스：ラスベガス　　백만장자：百万長者
계획：計画　　-는 바람에：-するので、-なので
-(으)ㄹ 줄 알다：-することができる　　지식：知識　　특히：特に
르네상스：ルネサンス　　세기：世紀　　인상파：印象派　　로마：ローマ

덜컥：ぎくりと、ぎくっと　　감기가 들다：風邪を引く　　급정거：急停車
이마：額　　-자는 바람에：-しようというから　　헐다：壊す
영리하다：利口だ、賢い　　박력：迫力　　성실함：まじめさ　　폭넓다：幅広い
반죽：生地、練り粉　　만지다：触る　　고민：苦悶、悩み　　오븐：オーブン
기념：記念　　사진관：写真館　　몰라보다：分からない、見忘れる、見違える
희귀하다：珍しい　　소문이 돌다：うわさがする　　개봉하다：封切りする
대화：対話、会話　　정부：政府　　올리다：上げる、挙げる　　학회：学会
뜰：庭、花壇　　민들레꽃：タンポポ　　신인：新人　　선발：選抜
대회장：会場　　적합하다：適する　　인재：人材　　워드：ワード
소프트：ソフト　　민감하다：敏感だ　　구별하다：区別する、分ける
장사：力士、力持ち　　맨손：素手、手ぶら　　글：文、文章

1 用言＋「-는 바람에」

공기를 쐬는 바람에 덜컥 감기가 들었어요.
　　　　　　　　冷たい風に当たったせいでどっと風邪を引いてしまいました。
버스가 급정거를 하는 바람에 이마를 다쳤어요.
　　　　　　　　バスが急停車をするせいで額に怪我をしました。
정전이 되는 바람에 오늘밤에는 촛불을 켜기로 했어요.
　　　　　　　　停電になったせいで今晩は蝋燭をつけることにしました。

* 用言＋「-자는 바람에」

외식을 하자는 바람에 돈을 다 써 버렸어요.
　　　　　　　　外食をしようというからお金を全部使ってしまいました。
깜짝 파티를 하자는 바람에 준비가 힘들었어요.
　　　　　　　　サプライジーングパーティーをしようというから準備が大変でした。
미술관을 돌아보자는 바람에 쇼핑할 시간이 없었어요.
　　　　　　　　美術館を見回ろうというから買い物の時間がありませんでした。

2 1. 用言＋「-는 대신에」

부모님을 안 모시는 대신에 용돈을 드려요.
　　　　　　　　両親と一緒に住まない代わりにお小遣いを差し上げています。
이번에 신세를 지는 대신에 나중에 꼭 갚겠어요.
　　　　　　　　今回お世話になる代わりに後で必ずお返しをいたします。
오래된 집이지만 허는 대신에 수리를 하기로 했어요.
　　　　　　　　古い家ではあるが壊す代わりに修理をすることにしました。

2． 用言＋「-ㄴ 대신에」

그 아이는 머리가 영리한 대신에 꾀를 많이 부려요.
　　　　　　　　　　あの子は頭がいい代わりに小ざかしい真似をします。
그는 박력이 있는 대신에 성실함이 좀 부족해요.
　　　　　　　　　　彼は迫力がある代わりに少々誠実さに欠けます。
이 상품은 값이 좀 비싼 대신에 오래 쓸 수가 있어요.
　　　　　　　　　　この商品は値段が少し高い代わりに長く使えます。

＊　用言＋「-은 대신에」

인간 관계가 폭넓은 대신에 깊지는 않아요.
　　　　　　　　　　人間関係が幅広い代わりに深くはありません。
반죽이 부드러운 대신에 만지기가 어려워요.
　　　　　　　　　　生地がやわらかい代わりに扱いにくいです。
젊은 날에는 꿈이 많은 대신에 고민도 많아요.
　　　　　　　　　　若い日は夢が多い代わりに悩みも多いです。

3 1． 用言＋「-는다더니 (=는다고 하더니)」

밥을 많이 먹는다더니 갑자기 살이 많이 쪘어요.
　　　　　　　　　　ご飯を食べすぎると聞いていたが急にうんと太りました。
빵을 굽는다더니 오븐만 못 쓰게 만들었어요.
　　　　　　　　　　パンを焼くと言っていたがオーブンだけ壊してしまいました。
결혼기념 사진을 찍는다더니 사진관에는 나타나지도 않았어요.
　　　　　　　　　　結婚記念写真を撮ると言っていたが写真館に現れもしませんでした。

＊　用言＋「-ㄴ다더니 (=ㄴ다고 하더니)」

남자 친구를 사귄다더니 다음달에 결혼한대요.
　　　　　　　　　　彼氏と付き合っていると聞いていたが来月結婚するそうです。
음식 조절을 한다더니 몰라보게 날씬해졌어요.
　　　　　　　　　　食べ物をコントロールしていると言っていたが見間違えるほど痩せました。
우리 사이에 희귀한 소문이 돈다더니 오늘은 내가 직접 들었어요.
　　　　　　　　　　私たちに対する妙な噂が立っていると言っていたが今日は私がじかに聞きました。

2． 用言＋「-다더니 (=다고 하더니)」

개봉한 영화가 재미있다더니 정말 그렇네요.
　　　　　　　　　　封切になった映画が面白いと聞いていたが本当にそうですね。
집이 넓다더니 방이 몇 개나 있는 거예요?
　　　　　　　　　　家が広いと言っていたが部屋がいくつあるのですか。
돈이 많다더니 정말 부자인가 봐요.
　　　　　　　　　　お金があると言っていたが本当にお金持ちのようです。

4　用言＋「-ㄹ 예정이다」

대화를 통해서 노사간의 문제를 풀 예정이에요.
　　　　　　　　　　　会話を通して労使間の問題を解いていく予定です。
이번 선거만 끝나면 정부는 세금을 좀 더 올릴 예정이에요.
　　　　　　　　　　今度の選挙さえ終われば政府は税金をもうちょっと上げる予定です。
이 연구 결과에 대해서는 다음 학회에서 발표할 예정이에요.
　　　　　　　　　　　　この研究結果については次の学会で発表する予定です。

＊　用言＋「-을 예정이다」

앞 뜰에는 민들레꽃을 심을 예정이에요.
　　　　　　　　　　　　　　　　　前庭にはタンポポを植える予定です。
미니스커트를 입기 위해서 오늘 두 끼는 굶을 예정이에요.
　　　　　　　　　　　ミニスカートを着るために今日は2食抜きにする予定です。
신인 선발 대회장에서 적합한 인재를 뽑을 예정이에요.
　　　　　　　　　　　　　　新人選抜大会で適切な人材を選り抜く予定です。

5　用言＋「-ㄹ 줄 알다/모르다」

워드의 한글 소프트정도는 쓸 줄 안다고 해요.
　　　　　　　　　　　　　ワードのハングルソフトくらいは使えるという話です。
그 사람은 코가 민감해서 어떤 냄새도 구별할 줄 알아요.
　　　　　　　　　　　　　あの人は鼻が敏感でどんな匂いも嗅ぎ分けます。
운전을 할 줄 모르니까 많이 불편해요.　運転ができないのでとても不便です。

＊　用言＋「-을 줄 알다/ 모르다」

힘이 장사라서 맨손으로 호랑이를 잡을 줄 안다고 해요.
　　　　　　　　　　　　　　大の力持ちで素手で虎が殺せるという話です。
하도 영리해서 가르쳐 주지 않은 글도 읽을 줄 알아요.
　　　　　　　　　　　　あんまりにも賢いので教えていない字も読めます。
기모노를 입을 줄 몰라서 언제나 엄마의 도움을 받아요.
　　　　　　　　　着物を着ることができないのでいつも母から手伝ってもらっています。

우리 함께 떠나요. 즐거운 마음으로

【練習 1】

1. _____는 바람에 _____았어요/었어요/였어요.

   보기 : 수업이 늦어지다/아르바이트에도 지각을 하다
   → 수업이 늦어지는 바람에 아르바이트에도 지각을 했어요.

   1) 길을 잘못 들다/한참을 헤매다
   2) 너무 화를 내다/아무런 말도 못하다
   3) 지갑을 도둑맞다/그 먼길을 걸어오다
   4) 바람이 몹시 불다/우산이 뒤집어지다
   5) 버스를 잘못 타다/약속 시간을 놓치다
   6) 채소값이 폭락하다/종자값도 못 건지다
   7) 비가 억수같이 쏟아지다/논둑이 무너지다
   8) 물을 너무 많이 마시다/몇번이고 화장실을 가다
   9) 일요일마다 골프를 치러 가다/집안이 엉망이 되다
   10) 옆 자리에 앉은 사람이 담배를 피우다/기침이 더 심해지다

2. _____는/ㄴ/은 대신에 _____아요/어요/여요.

   보기 : 밥을 먹다/국수를 먹다
   → 밥을 먹는 대신에 국수를 먹어요.

   1) 머리가 좋다/게으르다   2) 설탕을 넣다/꿀을 넣다
   3) 콩을 심다/옥수수를 심다   4) 취직을 하다/유학을 가다
   5) 배로 가다/호텔에서 묵다   6) 커피를 마시다/생강차를 마시다
   7) 물건이 값싸다/기능이 떨어지다   8) 자식이 많아서 좋다/걱정도 많다
   9) 주변이 삭막하다/집값이 저렴하다
   10) DVD 플레이어를 사다/컴퓨터를 사다

3. _____는다더니/ㄴ다더니/다더니 _____았어요/었어요/였어요.

   보기 : 밥을 사다/거짓말을 하다
   → 밥을 산다더니 거짓말을 했어요.

   1) 날씨가 풀리다/더 추워지다   2) 기능이 복잡하다/의외로 쉽다
   3) 장난이 지나치다/정말 짓궂다   4) 술을 안 마시다/어제도 마시다
   5) 장작을 주워 오다/빈손으로 오다   6) 약이 안 쓰다/웬걸요, 엄청 쓰다
   7) 성공은 불가능하다/불가능은 없다
   8) 마지막까지 남다/중간에 도망가다
   9) 월급이 적다/그야말로 쥐꼬리만하다
   10) 회사가 망했다/정말 빈털터리가 되다

4. 가 : _____에는 무엇을 할 생각이에요.
   나 : _____을/를 _____(으)ㄹ 예정이에요.

   보기 : 오후/음악/감상하다
   → 가 : 오후에는 무엇을 할 생각이에요?
      나 : 음악을 감상할 예정이에요.

   1) 점심 시간/차/닦다　　　　　　2) 연휴/아이들/챙기다
   3) 졸업 후/집안일/거들다　　　　4) 낮/파트타임/나가다
   5) 이번 추석/고향집/찾다　　　　6) 주말/밀린 숙제/끝내다
   7) 저녁/오페라/보러 가다　　　　8) 봄 방학/토플 강좌/듣다
   9) 휴가동안/남해안/한바퀴 돌다　10) 토요일/오랜만에 옛 친구/만나다

5. 가 : _____을/를 _____(으)ㄹ 줄 알아요?
   나 : 아니오, 거의 _____(으)ㄹ 줄 몰라요.

   보기 : 운전/하다
   → 가 : 운전을 할 줄 알아요?
      나 : 아니오, 거의 할 줄 몰라요.

   1) 악기/다루다　　　　　2) 타이프/치다
   3) 손금/보다　　　　　　4) 라면/끓이다
   5) 카드놀이/하다　　　　6) 종이학/접다
   7) 매운 음식/먹다　　　　8) 전통춤/추다
   9) 나물반찬/버무리다　　10) 기모노/입다

6. 본문을 읽고 배운 문형을 이용하여 대답하세요.

   1) 미영씨는 이번 여행을 어디로 정했습니까?
   2) 언제 출발할 예정입니까?
   3) 왜 계획이 유럽으로 바뀌었어요?
   4) 미영씨는 혼자 여행을 떠납니까?
   5) 스즈키씨는 어떤 작품들을 좋아합니까?
   6) 미영씨는 스즈키씨에게 무슨 약속을 했어요?

A: 라스베가스에 간다고 하더니 언제 가요?
B: 그러려고 했는데, 계획이 바뀌었어요.

A: 결혼한다고 하더니 언제 해요?
B: 그러려고 했는데, 계획이 바뀌었어요.
A: 유학간다고 하더니 언제 가요?
B: 그러려고 했는데, 계획이 바뀌었어요.
A: 취직한다고 하더니 언제 해요?
B: 그러려고 했는데, 계획이 바뀌었어요.
A: 영화 보러 간다고 하더니 언제 가요?
B: 그러려고 했는데, 계획이 바뀌었어요.

그림 볼 줄 알아요?

【新出単語】

지각 : 遅刻   길을 들다 : 道に入る   헤매다 : さまよう、迷う
도둑맞다 : 盗まれる   먼길 : 遠路、遠い道のり   걸어오다 : 歩いてくる
폭락하다 : 暴落する   종자 : 種子、たね   건지다 : 取り戻す
억수같이 : どしゃぶりで   논둑 : 畑の端   엉망 : めちゃくちゃ、めちゃめちゃ
국수 : クッス   꿀 : 蜂蜜   콩 : 豆   생강차 : 生姜茶   값싸다 : 安い
기능 : 機能   삭막하다 : 索漠とする   저렴하다 : 安い
DVD 플레이어 : DVD プレーヤー   성공 : 成功   불가능하다 : 不可能だ
불가능 : 不可能   그야말로 : まさに、本当に、実に   쥐꼬리 : ネズミのしっぽ
빈털터리 : 一文無し   감상하다 : 鑑賞する   점심 시간 : 昼休み   연휴 : 連休
챙기다 : 世話をする   거들다 : 手伝う、助ける   파트타임 : パートタイム
고향집 : 実家   오페라 : オペラ   토플 : TOEFL   강좌 : 講座   악기 : 楽器
타이프 : タイプ   손금 : 手筋、手相   카드놀이 : トランプ遊び
버무리다 : 和える、混ぜる

제 21 과   아무것도 모르고 봤어요.

스즈키 : 미영씨, 영화 서편제 봤어요?

이미영 : 제가 안 볼 리가 있어요? 스즈키씨 얼굴을 보니 아주 감동한 모양인데요.

스즈키 : 예술 혼이라는 게 뭔지 너무 가슴이 아팠어요.

이미영 : 판소리의 재미를 아세요?

스즈키 : 알기는커녕 아무 것도 모르고 봤어요.

이미영 : 혹시 운 것 아니에요?

스즈키 : 보면서 눈물이 나올 뻔해서 혼났어요. 하마터면 울고 말았을 거예요.

이미영 : 저는 그 영화를 보면 주인공이 불쌍해서 자꾸 눈물이 나요.

스즈키 : 보나 마나 미영씨는 많이 울었을 것 같아요.

이미영 : 그 영화에서 그려진 한이라고나 할까, 한국인의 정서를 이해하는 데는 꼭 한번 봐 둘 만한 영화인 것 같아요.

스즈키：미영さん、映画「서편제(西便制)」見ましたか。
이미영：私が見ないわけがないでしょう。鈴木さんの顔を見ればとても感動したようですね。
스즈키：芸術の魂というものがなんだか、あまりにも胸が痛々しかったです。
이미영：パンソリの楽しさが分かりますか。
스즈키：分かるどころか何も分からずに見ました。
이미영：もしかして泣いたのではありませんか。
스즈키：見ながら泣きはしませんでしたが泣けそうで大変でした。もう少しで泣いてしまうところでした。
이미영：私はその映画を見ると主人公がかわいそうで涙が止まりません。
스즈키：미영さんはきっと泣き崩したでしょう。
이미영：その映画で描かれた「한」とでも言いましょうか。韓国人の情緒を理解するには一度は見ておくに値する映画だと思いますね。

【新出単語】

서편제：西便制　　감동하다：感動する　　-는/ㄴ/은 모양이다：-らしい、-ようだ
예술：芸術　　혼：魂　　-(으)ㄹ 뻔하다：-するところだった
혼나다：ひどい目にあう、大変だ　　하마터면：もう少しで、危うく
-고 말다：-してしまう　　불쌍하다：かわいそうだ、哀れだ
-(으)나 마나：-しようがしまいが　　그려지다：描かれる　　한：恨
이라고나 할까：-というか　　정서：情緒　　-는/ㄴ/은 데에는：-するところに

환경：環境　　지구：地球　　온난화：温暖化　　현상：現象　　주의：注意
주의를 기울이다：注意を払う　　좀처럼：滅多に、なかなか
좁히다：狭くする、狭める　　유행어：流行言葉　　널리：広く　　퍼지다：広がる
소질：素質　　모종：苗、苗木
-게 마련이다：-するものだ、-するようになっている　　토끼：兎　　거북이：亀
당하다：匹敵する、勝る　　색다르다：変わる、風変わりだ　　재치：才覚、機転
점잖다：おとなしい　　그만하다：その程度だ　　붉다：赤い　　곤히：ぐっすり
내버려 두다：ほったらかす、放っておく　　틀림없이：間違いなく
민망하다：きまり悪い、心苦しい　　날이 밝다：夜が明ける
비가 새다：雨が漏れる　　지붕：屋根　　잔뜩：非常に、ひどく
만만찮다：手ごわい　　뒤섞이다：混ざる、入り乱れる　　한순간：一瞬
파도：波　　요트：ヨット　　썩다：腐る　　사탕：キャンデー、飴
녹다：溶ける　　엉겁결에：思わず、瞬間的に　　쏟다：こぼす　　한푼：一銭、一文
세다：数える　　끄떡：こっくり、びっくと　　마찬가지이다：同じだ

1　体言＋「이라고나 할까」

시대 탓이라고나 할까, 요즘 젊은이들은 이해 못 할 일이 너무 많아요.
　　時代のせいとでも言いましょうか。最近の若者は理解できないことが多すぎます。
성격 탓이라고나 할까, 나쁜 일은 그냥 못 지나치는 사람이에요.
　　性格のせいとでも言いましょうか。悪事をただでは済ませない人です。
부모님의 뜻이라고나 할까, 저는 학교 선생님이 되기로 했어요.
　　両親の意向とでも言いましょうか。私は学校の先生になることにしました。

＊　体言＋「라고나 할까」

환경 문제라고나 할까, 지구 온난화 현상에는 주의를 기울여야 해요.
　　　　　　　　　　　　　　　　環境問題とでも言いましょうか。
　　　　　　　　　　地球の温暖化現象には注意を払わなければなりません。
입장 차이라고나 할까, 의견이 좀처럼 좁혀지지 않아요.
　　　　　立場の違いとでも言いましょうか。意見がなかなか纏まりません。
유행어라고나 할까, 이런 말이 학생들 사이에서 널리 퍼져 있어요.
　　流行り語でもいいましょうか。こんな言葉が生徒たちの中で広く行き渡っています。

② 1. 用言＋「-는 데에(는)/것에(는)」

기계를 다루는 데에 소질이 있어요.　　　　　機械を扱うことに長けています。
모종을 심는 데에는 물이 필요해요.　　　　　苗を植えるには水が必要です。
사람이 사는 데에는 먼지가 있게 마련이에요.
　　　　　　　　　　　　　　　　人が生活するところに埃は立つものです。

2. 用言＋「-ㄴ 데에(는)/것에(는)」

일이 고된 데에는 휴식이 있어야 해요.　　ハードな仕事には休憩が必要です。
토끼가 빠른 데에는 거북이가 당할 수 없어요.
　　　　　　　　　　　　　　　　　　兎の早さには亀は勝てません。
그 소설이 색다른 데에는 작가의 재치가 넘치기 때문이에요.
　　　　　　　　　　　　　その小説が一味違うには作家の才知のためです。

＊ 用言＋「-은 데에(는)/것에(는)」

그 아이가 짓궂은 데에는 장사도 못 당해요.
　　　　　　　　　　　　その子の腕白さには大の大人だって勝てません。
집사람이 점잖은 데에는 그만한 이유가 있어요.
　　　　　　　　　　　家内がおっとりしているにはそれなりのわけがあります。
색깔이 너무 붉은 데에는 하얀 색을 좀 더 섞어요.
　　　　　　　　　　　　色が赤すぎるところには白をもうちょっと足してください。

③ 1. 用言＋「-는 모양이다」

곤히 자는 모양이니 푹 자게 내버려 둡시다.
　　　　　　　よく寝ている様子だからぐっすり寝るようにそっとしておきましょう。
가족들을 다 데리고 이민을 가는 모양이에요.
　　　　　　　　　　　　　　　　　家族をみな連れて移民に行く様子です。
시킨 일을 틀림없이 하는 것을 보니 말귀를 잘 알아듣는 모양이에요.
　　　　言付けたことをきちんとやるのを見ると言うことがちゃんと聞ける様子です。

2. 用言＋「-ㄴ 모양이다」

아이들이 지루한 모양이니 밖으로 나갑시다.
　　　　　　　　　　　　　　子供たちが退屈な様子だから外に出ましょう。
어제 마신 술 때문에 머리가 아픈 모양이에요.
　　　　　　　　　　　　　　　　昨日飲んだ酒のせいで頭が痛いようです。
이야기를 다 듣더니 너무 민망한 모양이에요.
　　　　　　　　　　　　　話しを最後まで聞いては決まりが悪い様子です。

＊　用言＋「-은 모양이다」

날이 밝은 모양이니 또 밭에 나가 봅시다.
　　　　　　　　　　　外が明るくなったようだからまた畑に行って見ましょう。
비가 새는 걸 보니 지붕이 낡은 모양이에요.
　　　　　　　　　　　　　雨が漏れるのを見たら屋根が古びたようです。
잔뜩 긴장하는 것을 보니 상대가 만만찮은 모양이에요.
　　　　　　　　　　　あんなに緊張するのを見たら相手が手ごわいようです。

4 用言＋「-ㄹ 뻔하다」

조금만 늦었으면 기차를 놓칠 뻔 했어요.
　　　　　　　　　　　　　もうちょっとで電車に間に合わないところでした。
표시를 안 해 두었으면 전부 뒤섞일 뻔 했어요.
　　　　　　　　　　　　印をつけていなかったら全部混ざるところでした。
한순간의 실수로 하마터면 이제까지의 관계를 망칠 뻔 했어요.
　　　　　　　　　一瞬の手違いでこれまでの関係を徒労にするところでした。

＊　用言＋「-을 뻔하다」

파도가 거칠어서 요트가 가라앉을 뻔 했어요.
　　　　　　　　　　　　　　　　　波が荒くてヨットが沈むところでした。
냉장고에 넣지 않아서 음식이 다 썩을 뻔 했어요.
　　　　　　　　　　　冷蔵庫に入れていなくて食べ物が全部だめになるところでした。
날이 더워서 하마터면 사탕이 다 녹을 뻔 했어요.
　　　　　　　　　　　　　　　天気が暑くて飴が全部溶けるところでした。

5 用言＋「-고 말다」

엉겁결에 옷에 커피를 쏟고 말았어요.
　　　　　　　　　　　　　思わず服にコーヒーをこぼしてしまいました。
골인 지점 바로 앞에서 넘어지고 말았어요.
　　　　　　　　　　　ゴールイン地点のすぐ手前で転んでしまいました。
무슨 일이 있어도 올해는 꼭 취직을 하고 말겠어요.
　　　　　　　　　　　どんなことがあっても今年は必ず就職をします。

6 用言＋「-나 마나」

결과는 보나 마나 합격이에요.　　　　　　　　結果は見なくても合格です。
돈은 한푼도 안 썼으니까 세어 보나 마나 맞을 거예요.
　　　　お金は一銭も手をつけていないから数えなくても合っているでしょう。
말을 해보나 마나 꾸떡도 하지 않을 거예요.
　　　　　　　　　　　　　声をかけてもびくっともしないでしょう。

＊ 用言＋「-으나 마나」

당신 이야기는 들으나 마나 내용이 뻔해요.
あなたの話は聞かなくても内容が分かります。

이불을 덮으나 마나 추운 것은 마찬가지예요.
布団を掛けても寒いのは一緒です。

담배를 저렇게 피우니 약은 먹으나 마나예요.
タバコをそんなに吸っているから薬は飲んでいないも同様です。

광한루에서 이도령이 춘향이를 기다리는데…….

【練習 1】

1. _____이라고나 할까/라고나 할까 _____아요/어요/여요.

    보기 : 과식 때문/속이 좋지 않다
    → 과식 때문이라고나 할까 속이 좋지 않아요.

    1) 날씨 탓/올해는 수확량이 영 탐탁지 않다
    2) 자존심/제 고집만 내세우고 협조는 잘 안하다
    3) 상속 문제/그 집안은 형제간이 사이가 안 좋다
    4) 과음 때문/간이 좋지 않아서 이제는 병원에 다니다
    5) 정서 불안/한밤중에 일어나서 혼자 중얼대기도 하다
    6) 묵은 원한/나라간의 교류는 없고 언제나 서로 헐뜯다
    7) 교통사고의 후유증/평소에도 오른쪽 팔다리가 불편하다
    8) 상사병/모든 일에 의욕이 없을 뿐만 아니라 넋을 놓고 있다
    9) 그 사람의 인생의 철학/도무지 그 고집을 꺾으려고 하지 않다
    10) 우정/제 일은 팽개치고도 그 친구 일이라면 마다하지 않고 뛰다

2. _____는/ㄴ/은 데에는 _____아요/어요/여요.

    보기 : 미국에 가다/여권과 비자, 그리고 비행기 티켓이 필요하다
    → 미국에 가는 데에는 여권과 비자, 그리고 비행기 티켓이 필요해요.

    1) 이 소포가 아프리카까지 가다/한달은 걸리다
    2) 손이 닿지 않는 등이 가렵다/효자손이 필요하다
    3) 집에서 이 옷을 빨다/드라이용 세제가 필요하다
    4) 상처에서 자꾸 피가 나다/어떻게 할 방법이 없다
    5) 예금통장을 만들다/도장하고 신분증이 있어야 하다
    6) 일요일에 등산을 가다/코펠하고 버너도 가지고 가다
    7) 삼계탕을 끓이다/닭하고 인삼, 그리고 찹쌀이 필요하다
    8) 한국에서 살다/벌써 익숙해져서 어디든지 혼자서 다니다
    9) 제주도에 가다/전체 비용은 보통 일인당 십만원정도 잡다
    10) 잡채를 만들다/쇠고기하고 당면, 그리고 여러가지 야채를 준비하다

3. _____는/ㄴ/은 것을 보니 _____는/ㄴ/은 모양이에요.

    보기 : 전화를 안 받다/집에 없다
    → 전화를 안 받는 것을 보니 집에 없는 모양이에요.

    1) 웃옷을 벗다/방이 덥다   2) 집을 부탁하다/피서를 가다
    3) 우산을 쓰다/밖에 비가 오다   4) 얼굴을 붉히다/많이 쑥스럽다
    5) 평소에 행동하다/마음이 곧다   6) 눈을 못 뜨다/전깃불이 부시다
    7) 밤을 새워 하다/상당히 급하다   8) 얼굴을 찡그리다/마음에 안 들다
    9) 아버지 구두를 닦다/부탁이 있다   10) 손님이 많다/점장이가 잘 맞추다

4. _____아서/어서/여서 _____(으)ㄹ 뻔했어요.

   보기 : 보고 싶다/죽다
      → 보고 싶어서 죽을 뻔했어요.

   1) 너무 놀라다/소리를 내어 울다
   2) 역에 늦게 도착하다/기차를 놓치다
   3) 약속 장소를 잘 못 알다/못 만나다
   4) 지하철에서 졸다/한 정거장 지나치다
   5) 아침에 못 일어나다/회사에 지각하다
   6) 배가 고프고 피곤하다/길에서 쓰러지다
   7) 악독한 사기꾼한테 걸리다/큰 손해를 보다
   8) 화분에 물을 주지 않다/예쁜 꽃이 다 시들다
   9) 빗길이 미끄럽다/조심하지 않았으면 사고가 나다
   10) 길이 낯설다/지도를 확인하지 않았으면 많이 헤매다

5. _____고 말았어요.
   _____고 말 뻔했어요.

   보기 : 물건이 비싸서 손도 못 내밀다
      → 물건이 비싸서 손도 못 내밀고 말았어요.
        물건이 비싸서 손도 못 내밀고 말 뻔했어요.

   1) 돈이 떨어져서 점심도 굶다
   2) 성능이 안 좋아서 반품을 시키다
   3) 찌개를 만든다고하더니 냄비만 태우다
   4) 단무지를 못 사서 소풍날에 김밥을 못 싸다
   5) 아버지께 용돈 이야기를 꺼내다가 혼만 나다
   6) 12시가 넘어서 들어오는 바람에 막차를 못 타다
   7) 그 여자에게 데이트를 신청하다가 망신만 당하다
   8) 눈만 뜨면 놀기만 하니까 이번에는 반에서 꼴찌를 하다
   9) 집에서 너무 가까워 늦장을 부리다가 오히려 지각을 하다
   10) 어려운 손님이 찾아와서 모처럼의 휴일이 오히려 더 바쁘다

6. _____(으)나 마나 _____(으)ㄹ 거예요.

   보기 : 전화하다/집에 없다
      → 전화하나 마나 집에 없을 거예요.

   1) 보다/야구장에 있다   2) 먹어 보다/맛이 없다
   3) 말하다/우리 말은 안 듣다   4) 물어보다/대답은 똑같다
   5) 가 보다/자리를 뜨고 없다   6) 청소하다/금방 어지럽히다
   7) 연락하다/제사에는 안 오다   8) 시험을 치다/성적은 나쁘다
   9) 부탁하다/보증은 거절당하다   10) 이야기를 듣다/내용은 뻔하다

7. 본문을 읽고 배운 문형을 이용하여 대답하세요.

   1) 서편제는 어떤 영화예요?
   2) 스즈키씨는 미영씨와 같이 영화를 봤어요?
   3) 스즈키씨는 판소리에 대한 지식이 많은가요?
   4) 이미영씨는 영화 서편제에 대해 어떻게 생각하고 있어요?
   5) 이미영씨는 그 영화를 보면서 울었어요?

A: 판소리의 재미를 아세요?   B: 알기는커녕 아무것도 몰라요.

A: 좀 겸손해졌어요?   B: 겸손해지기는커녕 콧대만 높아졌어요.
A: 같이 모여서 연습했어요?   B: 연습을 하기는커녕 잡담만 했어요.
A: 가게가 좀 바빠졌어요?   B: 바쁘기는커녕 파리만 날려요.
A: 서로 사이가 좋아요?   B: 사이가 좋기는커녕 만나기만 하면 싸워요.

【新出単語】

과식 : 食べ過ぎ　　속 : お腹　　수확량 : 収穫量　　영 : 全く、全然
탐탁하다 : 好ましい　　자존심 : 自尊心　　고집 : 固執、意地
내세우다 : 主張する、唱える　　협조 : 協調　　상속 : 相続　　간 : 肝
불안 : 不安　　한밤중 : 真夜中、深夜　　중얼대다 : つぶやく、独り言を言う
묵다 : 古い　　원한 : 恨み、怨恨　　교류 : 交流　　헐뜯다 : けなす、そしる
상사병 : 恋煩い　　넋 : 魂、気　　넋을 놓다 : 気を落とす　　철학 : 哲学
꺾다 : くじく　　우정 : 友情　　팽개치다 : 放り投げる
마다하다 : 嫌がる　　티켓 : チケット　　등 : 背中　　가렵다 : 痒い
효자손 : まごの手　　드라이 : ドライクリーニング　　세제 : 洗剤　　예금 : 預金
코펠 : 炊事セット　　버너 : バーナー　　닭 : 鶏　　찹쌀 : もち米
전체 : 全体　　비용 : 費用　　일인당 : 一人当たり
비용을 잡다 : 費用を見積もる　　당면 : 唐麺　　피서 : 避暑
붉히다 : 赤らめる、赤くする　　쑥스럽다 : 照れくさい、きまり悪い
행동하다 : 行動する　　곧다 : まっすぐだ、正直だ　　전깃불 : 電気の明かり
부시다 : まぶしい　　점장이 : 占い師　　악독하다 : 悪徳だ　　사기꾼 : 詐欺師
걸리다 : ひっかかる、陥る　　손해 : 損害　　손해를 보다 : 損害を受ける
빗길 : 雨の道　　미끄럽다 : 滑らかだ、つるつるする　　내밀다 : 差し出す、突き出す
반품 : 返品　　태우다 : 焦がす　　난부시 : ばくめん　　소풍일 : 遠足の日
께 : -に　　막차 : 終電、終発　　데이트 : デート　　망신 : 恥さらし、恥
망신을 당하다 : 恥をさらす　　꼴찌 : びり、最下位
늑장을 부리다 : のろのろする　　모처럼 : わざわざ、せっかく、久しぶり
자리를 뜨다 : 席を立つ　　시험을 치다 : 試験を受ける　　보증 : 保証
거절당하다 : 拒まれる、拒絶される　　겸손하다 : 謙遜だ　　콧대 : 鼻柱
잡담 : 雑談　　파리 : 蝿　　파리를 날리다 : お客がいない

제 22 과 어제 좀 무리를 했나 봐요.

이미영 : 스즈키씨, 이제 정신이 좀 들어요? 방금 깨우려던 참이었는데…….

스즈키 : 아! 잘 잤다. 어제 좀 무리를 했나 봐요.

이미영 : 밤에 잠 안 자고 뭘 했어요?

스즈키 : 레포트가 밀려서 늦게까지 자료 정리를 좀 했거든요.

이미영 : 정말 부지런하네요. 아무튼 지금부터는 여행을 즐기도록 합시다

스즈키 : 전에부터 불국사에 꼭 한번 와 봐야지 했는데 졸업 여행으로 정해져서 정말 잘됐어요.

이미영 : 경주는 불국사 이외에도 석굴암, 다보탑, 첨성대 등 수많은 역사적 유물이 있는 곳이죠.

스즈키 : 친구한테서 일본의 교토랑 비슷한 곳이라고 들었어요.

이미영 : 한국을 알려거든 꼭 경주에 와 보라고 권하고 싶어요.

스즈키 : 내년에 학회가 경주에서 있다고 하는데, 그때도 반드시 와야겠어요.

이미영 : 鈴木さん、少しは目が覚めましたか。丁度起こそうとしたところでしたが。
스즈키 : あ、よく寝た。昨日ちょっと無理をしたようです。
이미영 : 夜、寝ないで何をしていたのですか。
스즈키 : レポートが溜まって遅くまで資料の整理をしていました。
이미영 : 本当にまじめですね。いずれにしろ今からは旅行を楽しむことにしましょう。
스즈키 : 前から仏国寺に必ず来て見たいと思っていたところ、卒業旅行に決まって本当によかったです。
이미영 : 慶州は仏国寺以外にも石窟岩、多宝塔、瞻星台など、数多くの歴史的遺物があるところです。
스즈키 : 友達から日本の京都のようなところだと聞きました。
이미영 : 韓国のことが知りたいならぜひ一度慶州に来てみるように勧めたいです。
스즈키 : 来年学会が慶州であるそうですからその時もぜひ来るようにします。

【新出単語】

정신이 들다 : 目が覚める、気が戻る　　-(으)려던 참이다 : -しようとするところだ
무리 : 無理　　정리 : 整理、片付け、まとめ　　불국사 : 佛國寺
-아야지/어야지/여야지 하다 : -しようとする　　잘되다 : よくできる、うまくいく
경주 : 慶州　　이외에 : 以外に　　석굴암 : 石窟庵　　다보탑 : 多宝塔
첨성대 : 瞻星臺　　수많은 : 数多く　　역사적 : 歴史的　　유물 : 遺物
-(으)려거든 : -しようとするなら　　-(으)라고 권하다 : -と勧める

경제적 : 経済的　　면 : 面　　정신적 : 精神的　　지적받다 : 指摘される
담장 : 塀、垣　　손질하다 : 手入れをする　　컵라면 : コップラーメン
뜨겁다 : 熱い　　숨다 : 隠れる　　초인종 : 玄関のベール、呼び鈴　　콩나물 : モヤシ
다듬다 : 整える、手入れする　　뚫다 : 通す、開く　　꽃씨 : 花の種
될 수 있으면 : できれば　　얽매이다 : 縛り付ける、束縛される　　숨 : 息
숨을 쉬다 : 息をする、呼吸する　　상의하다 : 相談する　　곤경 : 苦境
처하다 : 処する、置かれる　　가다듬다 : (気を)取り戻す、油断しない
한발한발 : 一歩一歩　　내딛다 : 踏み出す　　깜빡 : うっかり　　보자기 : ふろしき
싸다 : 包む　　마음대로 : 気ままに、思うとおりに　　이불을 털다 : 布団をはたく
집중 : 集中　　정이 가다 : 好きになる　　마음같이 : 心のように
전기가 나가다 : 停電する

1　体言＋「이외에도」

외모 이외에도 성격이랑 행동 등에서 서로 닮은 점이 많아요.
　　　　　　　　　外貌の外にも性格や行動などお互い似ている点が多いです。
경제적인 면 이외에도 정신적으로도 많이 도와주세요.
　　　　　　　　　経済的な面以外にも精神的にもいつもサポートをしてください。
발표 중에 발음 이외에도 지적받은 곳이 많아요.
　　　　　　　　　　発表の中で発音以外にも指摘されたところが多いです。

2　用言＋「-려거든 (=려고 하거든)」

좋은 글을 쓰려거든 독서를 많이 해야 해요.
　　　　　　　　　　いい文章が書きたかったら読書が必要です。
담장을 손질하려거든 비 오는 날은 피하세요.
　　　　　　　　　塀をお手入れしようとしたら雨が降る日は避けてください。
야단치려거든 먼저 이유부터 말씀해 주세요.
　　　　　　　　　　叱るなら先に理由をおっしゃってください。

＊　用言＋「-으려거든 (=으려고 하거든)」

컵라면을 먹으려거든 먼저 뜨거운 물부터 끓이세요.
　　　　　　　　カップラーメンを食べるなら先に熱いお湯を用意してください。
상대방에게 지지 않으려거든 연습을 많이 하세요.
　　　　　　　　　　　相手に負けたくなかったらうんと練習をしなさい。
숨으려거든 머리카락이 보이지 않게 잘 숨으세요.
　　　　　　　　　　隠れるなら頭が見えないようにちゃんと隠れてください。

3　用言＋「-려던 참이다 (=려고 하던 참이다)」

막 연락하려던 참에 전화가 왔어요.
　　　　　　　　ちょうど連絡しようとしていたところに電話がかかってきました。
잠자리에 들려던 참에 초인종이 울렸어요.
　　　　　　　　　　ベッドに入ろうとしていたところベルが鳴りました。
병원에서 건강 진단을 받아 보려던 참이에요.
　　　　　　　　　　病院で総合検査を受けてみようとしたところです。

＊　用言＋「-으려던 참이다 (=으려고 하려던 참이다)」

콩나물을 다듬으려던 참에 손님이 왔어요.
　　　　　　　　もやしを洗おうとしていたところお客さんが来ました。
막힌 하수구를 뚫으려던 참에 물이 저절로 내려갔어요.
　　　　　　　詰まった下水溝を開けようとしていたところ水がすっと抜けました。
꽃씨를 뿌리기 전에 잡초부터 뽑으려던 참이에요.
　　　　　　　　　花の種を撒く前に雑草を取ろうとしていたところです。

4　用言＋「-라고 권하다」

될 수 있으면 과거에 얽매이지 말라고 권해요.
　　　　　　　　　　　　できる限り過去に拘らないように勧めます。
답답할 때는 숨을 크게 쉬어 보라고 권해요.
　　　　　　　　　気がふさぐ時は深呼吸をしてみるように勧めます。
힘든 일은 혼자 고민하지 말고 상의하라고 권해요.
　　　　　　　　　つらいことは一人で悩まず相談するように勧めます。

＊　用言＋「-으라고 권하다」

곤경에 처할수록 정신을 가다듬으라고 권해요.
　　　　　　　　　　　苦境に陥るほど油断しないように勧めます。
서울에 가면 시내에 묵으라고 권해요.
　　　　　　　　　　　ソウルに行くと市内に泊まるように勧めます。
달리기를 할 때는 한발한발 힘차게 내딛으라고 권해요.
　　　　　　　かけっこをする時は一歩一歩力強く進みでなさいと勧めます。

5 用言＋「-아야지 하다」

신문이라도 읽어야지 했는데 못하고 있어요.
　　　　　　　　　　　新聞でも読もうとしていたができずにいます。
구두를 닦아야지 했는데 깜빡 잊어 버렸어요.
　　　　　　　　　　　靴を磨こうとしていたがうっかり忘れました。
보자기에 싸야지 했는데 물건이 너무 컸어요.
　　　　　　　　　　　風呂敷に包もうとしていたがものが大きすぎだったです。

＊　用言＋「-어야지 하다」

잘 돌봐 줘야지 하는데 마음대로 안돼요.
　　　　　　　　　よく面倒を見てあげようとしているが思うままになりません。
이불을 털어야지 했는데 비가 오기 시작했어요.
　　　　　　　　　　　布団をはたこうとしていたが雨が降り始めました。
논문에 힘써야지 했는데도 집중이 잘 안됐어요.
　　　　　　　　　　　論文に力を入れようとしていたがうまく集中できません。

＊　用言＋「-여야지 하다」

좀 친해야지 하는데 좀처럼 정이 안 가요.
　　　　　　　　　仲良くなろうとしていたがなかなか好きになれません。
어려울 때 잘 버터내야지 했는데 마음같이 안 됐어요.
　　　　　困難の時をうまく持ちこたえようとしていたが思うままにはなりませんでした。
다림질을 해야지 했는데 전기가 나갔어요.
　　　　　　　　　　　アイロンをかけようとしていたがブレーカが跳びました。

너무 무리했나봐요. 졸려 죽겠어요.

【練習1】

1. _____에는/에서는 _____ 이외에도 _____아요/어요/여요.

　　보기 : 행사장/커피/여러가지 음료가 준비되어 있다
　　　→ 행사장에는 커피 이외에도 여러가지 음료가 준비되어 있어요.

　　1) 소풍 갈 때/도시락/준비물이 있다
　　2) 미국의 호텔/정해진 요금/팁을 지불하다
　　3) 입사 면접/출신 학교, 나이, 외모/창의력을 보다
　　4) 학교/부형회, 봄 가을 운동회/각종 행사가 넘쳐나다
　　5) 연구소/개인적인 연구/처리해야 할 업무가 너무 많다
　　6) 이번 화재/상당한 재산피해/화상을 입는 불행을 겪었다
　　7) 졸업식장/재학생 대표의 송사/졸업생 대표의 답사가 있다
　　8) 내가 드린 명함/연구실 전화번호/집 전화번호가 적혀 있다
　　9) 정부/한반도의 평화통일 문제/세계평화와 인류공영에 이바지하다
　　10) 노출이 심한 여름/얼굴의 주름/머리끝에서 발끝까지가 신경이 쓰이다

2. _____(으)려거든 _____(으)세요.

　　보기 : 잠을 자다/불을 끄다
　　　→ 잠을 자려거든 불을 끄세요.

　　1) 집을 비우다/개를 맡기다　　　　2) 여행을 떠나다/저축을 하다
　　3) 남편과 이혼하다/잘 생각하다　　4) 직업을 바꾸다/미리 알아보다
　　5) 마음놓고 쉬다/전화를 꺼 놓다　　6) 친구와 놀다/미리 숙제를 하다
　　7) 외국에 나가다/외국어를 배우다　8) 제주도에 가다/비행기를 예약하다
　　9) 신발을 사다/동대문시장에 가다
　　10) 부침개를 만들다/재료부터 준비하다

3. 지금 막 _____(으)려던 참이에요.

　　보기 : 외출하다
　　　→ 지금 막 외출하려던 참이에요.

　　1) 담장을 쌓다　　　　　　2) 잠자리에 들다
　　3) 수영장에 가다　　　　　4) 김치를 절이다
　　5) 서류를 보내다　　　　　6) 쓰레기를 줍다
　　7) 회사에 출근하다　　　　8) 개와 산보를 하다
　　9) 얼굴 마사지를 하다　　　10) 상처에 연고를 바르다

4. _____은/는 _____(으)라고 권해요.

   보기 : 우리 아빠/조금만 아파도 병원에 가다.
      → 우리 아빠는 조금만 아파도 병원에 가라고 권해요.

   1) 정신과 의사/며칠 더 병원에 입원하다
   2) 지도 교수님/얼굴만 대하면 대학원에 진학하다
   3) 내 친구/지나간 일이니까 그 일은 잊어 버리다
   4) 우리 엄마/아무리 바빠도 절대 밥을 굶지 말다
   5) 도서관장/될 수 있으면 책을 읽는 시간을 만들다
   6) 한국 친구/호텔에서 생활하기보다 홈스테이를 하다
   7) 담당 코치/우리에게 할 수 있다라는 자신감을 가지다
   8) 교통 관리국에서/특히 출퇴근은 대중 교통 수단을 이용하다
   9) 국가의 지도자/우리 국민 한사람 한사람이 근면하게 일하다
   10) 상담원/아무리 작은 일도 그냥 지나치지 말고 뭐든지 상담하러 오다

5. 가 : _____았어요/었어요/였어요?
   나 : _____아야지/어야지/여야지 하는데 아직 _____지 못했어요.

   보기 : 병원에는 가다
      → 가 : 병원에는 갔어요?
         나 : 가야지 하는데 아직 가지 못했어요.

   1) 개인전은 열다   2) 요가는 배우다
   3) 그 소설책은 읽다   4) 나무에 거름을 주다
   5) 걸레로 바닥을 닦다   6) 여자 친구와 화해하다
   7) 부동산에 집을 내놓다   8) 새 놀이동산에 가 보다
   9) 화단에 모종을 옮겨 심다   10) 피크닉 갈 샌드위치는 다 만들다

6. 본문을 읽고 배운 문형을 이용하여 대답하세요.
   1) 어디에서 이루어지는 대화입니까?
   2) 경주에는 왜 왔어요?
   3) 두 사람은 오는 길에 차 안에서 무엇을 했습니까?
   4) 스즈키씨는 어젯밤에 무엇을 했어요?
   5) 스즈키씨는 경주에 온 적이 있나요?
   6) 스즈키씨 친구는 경주에 대해서 뭐라고 했습니까?

다보탑이래요!!

【新出単語】

행사장 : 会場　　준비되다 : 準備できる　　준비물 : 準備物　　팁 : チップ
지불하다 : 支払う　　입사 : 入社　　출신 : 出身　　창의력 : 創意力
부형회 : PTA　　각종 : 各種　　넘쳐나다 : ありふれる　　개인적 : 個人的
업무 : 業務　　상당하다 : 相当する、相当だ　　화상을 입다 : 火傷を負う
겪다 : 経験する、味わう　　식장 : 式場　　재학생 : 在学生　　송사 : 送辞
답사 : 答辞　　명함 : 名刺　　연구실 : 研究室　　적히다 : 書かれる
한반도 : 朝鮮半島　　평화 : 平和　　세계 : 世界　　인류공영 : 人類共栄
이바지하다 : 寄与する、貢献する　　노출 : 露出　　주름 : シワ
머리끝 : 髪の毛の先端　　발끝 : 足先　　이혼하다 : 離婚する　　부침개 : チヂミ
김치를 절이다 : キムチを漬ける　　마사지 : マッサージ　　연고 : 軟膏
지도 : 指導　　지도 교수님 : 指導教官　　진학하다 : 進学する
도서관장 : 図書館長　　홈스테이 : ホームステイ　　담당 : 担当　　자신감 : 自信感
관리국 : 管理局　　지도자 : 指導者　　국민 : 国民　　근면하다 : 勤勉だ
상담원 : 相談員　　개인전 : 個展　　거름 : 肥料　　걸레 : 雑巾
화해하다 : 和解する、仲直りする　　부동산 : 不動産　　놀이동산 : 遊園地
화단 : 花壇　　피크닉 : ピクニック

제 23 과 모양은 다 똑같은가요?

스즈키 : 마을 입구에 서 있는 저게 뭐죠? 얼굴이 좀 으시시하게 생겼는데요.

이미영 : 저게 바로 장승이라고 하는 거예요. 전통 수호신으로 마을이나 사찰 입구에 세워요.

스즈키 : 그러니까 민간 신앙의 한 형태로군요! 모양은 다 똑같은가요?

이미영 : 지방에 따라서 조금씩 달라요. 나무나 돌에 얼굴 모양을 그리거나 조각해서 거기에 글씨를 새겨 만들어요.

스즈키 : 장승은 늘 저렇게 한 쌍으로 서 있나요?

이미영 : 하나만 세우는 경우도 없지는 않지만, 대부분 남녀 한 쌍으로 세우는 셈이죠.

스즈키 : 그럼, 어디에 서 있든지 외롭지는 않겠네요.

이미영 : 지금 그 말은 좀 뼈가 있는 듯이 들리는데요.

스즈키 : 村の入り口に立っているあれは何ですか。ちょっと怖い顔をしていますね。
이미영 : あれがその장승と呼ぶものです。伝統守護神で村やお寺の入り口に立てます。
스즈키 : だから民間信仰の一種ですね。形は全部一緒ですか。
이미영 : 地方によって少しずつ違います。木や石に人の顔を描いたり彫ったりしてそこに文字を彫って造ります。
스즈키 : 장승はいつもあのようにペアーで立っていますか。
이미영 : 一つだけで立てる場合もなくはないが、大体男女ペアーで立てます。
스즈키 : それなら、どこに立っていようとも寂しくはないでしょうね。
이미영 : 今のその言葉にはちょっとトゲがあるように聞こえますが。

【新出単語】

으시시하다：ぞっとする　　　장승：チャンスン　　　수호신：守り神、守護神
사찰：お寺　　민간：民間　　신앙：信仰　　형태：形態　　이로군요：ーですね
-는가요/ㄴ가요/은가요?：ーですか、ーますか　　-에 따라서：ーに従って
조금씩：少しずつ　　돌：石　　-거나：ーたり　　조각하다：彫刻する
새기다：彫る　　쌍：一組　　경우：場合　　대부분：大部分
-는/ㄴ/은 셈이다：ーするわけだ　　뼈：骨　　-는/ㄴ/은 듯이：ーのように

음식점：飲食店　　시간대：時間帯　　떡국：雑煮　　설마：まさか、よもや
동네：町、村　　생시：生時、生きている間　　이승：この世、現世
괴롭히다：苦しめる、いじめる　　반대：反対　　마치：まるで
현명하다：賢明だ、賢い　　감정：感情　　표정을 짓다：表情を作る
뿌리치다：振り切る　　낯：顔、顔つき　　낯이 익다：顔なじみだ
개구장이：わんぱく、いたずらの子　　간사：幹事　　떠맡다：引き受ける、引き取る
계급：階級　　고하：高下　　좌우하다：左右する　　단체：団体　　건설：建設
목표：目標　　활동하다：活動する　　호：号　　수령：樹齢　　간단히：簡単に
천재：天才　　방정맞다：そそっかしい　　둘째：二番目　　예정대로：予定通り
진행하다：進行する、進める　　프린트하다：プリントする　　청중：聴衆
수다：おしゃべり、無駄口　　수다를 떨다：おしゃべりをする
상관없다：関係がない　　꼭꼭：よく、しっかり

1　体言+「에 따라(서)」

각 나라에 따라서 문화와 습관이 달라요.
　　　　　　　　　　　　　各国によって文化と習慣が違います。
같은 음식이라도 음식점에 따라서 맛이 달라요.
　　　　　　　　　　　　　同じ食べ物でもレストランによって味が違います。
시내의 교통 상황은 시간대에 따라서 달라져요.
　　　　　　　　　　　　　市内の交通状況は時間帯によって違います。

2　体言+「이로군요」

이것이 말로만 듣던 떡국이로군요.　　これが言葉だけ聴いていた떡국ですね。
합격했다는 소식을 듣고도 설마했는데 그게 사실이로군요.
　　　　　合格したというお便りを聞いてまさかと思っていたがそれが事実でしたね。
어려울 때 서로 도울 친구가 있다는 것이 이렇게 좋은 것이로군요.
　　　　　困難なときに助け合える友がいるってこんなにすばらしいものですね。

＊ 体言＋「로군요」

공기도 좋고 물도 맑고 참 살기 좋은 동네로군요.
　　　　　　　　　空気がよくて水も綺麗で本当に住みやすい町ですね。
꿈인가 생시인가 했는데 꿈이 아니고 생시로군요.
　　　　　　　　　夢だか現実だかと思っていましたが夢ではなく現実ですね。
거지로 살아도 이승이 좋다고 하니 정말이지 죽기가 싫은 거로군요.
　　乞食生活をしていてもこの世がいいと言っているから本当に死にたくないのですね。

3 1. 用言＋「-는 듯이」

알면서도 모르는 듯이 가만히 앉아 있어요.
　　　　　　　　　知っていながら知らない様子でじっと座っています。
집을 모를 텐데 아는 듯이 앞장서서 가요.
　　　　　　　　　家が分からないはずだが知っているかのように先立っていきます。
내가 동생을 괴롭히는 듯이 보이겠지만 실은 그 반대예요.
　　　　　　　　　私が弟を苛めているように見えるだろうが実はその反対です。

　2. 用言＋「-ㄴ 듯이」

뭔가 급한 듯이 서둘러 나갔어요.　　何か慌てた様子で急いで出て行きました。
마치 자기만이 현명한 듯이 굴어요.
　　　　　　　　　あたかも自分だけが賢明かのように振舞います。
나에 대한 감정이 나쁜 듯이 아주 귀찮은 표정을 지었어요.
　　　　　　　　　私に対する感情が悪いかのようにとても厄介な表情をしました。

＊ 用言＋「-은 듯이」

좋으면서도 싫은 듯이 소매를 뿌리쳤어요.
　　　　　　　　　好きでありながら嫌いかのように断りました。
처음 만났는데 낯이 익은 듯이 행동을 해요.
　　　　　　　　　初めて会ったのに知り合いであるかのように行動しました。
실은 개구장이인데 점잖은 듯이 앉아 있어요.
　　　　　　　　　本当は腕白だがいい子のように座っています。

4 1. 用言＋「-는 셈이다」

그 일의 전 책임을 간사인 내가 떠맡는 셈이죠.
　　　　　　　　　ひれの全責任を幹事であるわたしが受けもったことになります。
그러니까 군대에서는 계급의 고하가 모든 것을 좌우하는 셈이죠.
　　　　　　　　　だから兵隊生活では階級の上下がすべてを左右することになります。
우리 자원봉사 단체는 아름다운 사회 건설을 목표로 활동하는 셈이죠.
　　　　私たちボランティア団体は美しい社会作りを目標に活動していることになります。

2. 用言＋「-ㄴ 셈이다」

이 스타일로서는 17호 사이즈가 제일 큰 셈이죠.
　　　　　　このタイプとしては17号サイズが一番大きいことになります。
그러니까 이 나무의 수령이 다른 나무들에 비하면 아직 어린 셈이죠.
　　　　　　だからこの木の樹齢が他の木に比べてまだ幼いことになります。
그런 문제를 간단히 푸는 것을 보면 머리가 천재에 가까운 셈이죠.
　　　　　　そんな問題を簡単に解くのをみれば頭が天才に近いです。

＊ 用言＋「-은 셈이다」

사람은 괜찮은데 입이 좀 방정맞은 셈이죠.
　　　　　　いい人ではありますがちょっと口が軽いほうです。
그러니까 우리 집에서는 둘째가 머리가 제일 좋은 셈이죠.
　　　　　　だからわが家では二番目が一番頭がいいことになります。
지붕 쪽으로 창을 내어 놓았기 때문에 집안이 많이 밝은 셈이죠.
　　　　　　屋根のほうに窓を作ってありますから家の中がとても明るいほうです。

5 1. 用言＋「-거나」

내일은 맑거나 흐리거나 시합을 예정대로 진행해요.
　　　　　　明日は晴れても曇っても試合を予定とおりに進めます。
크리스마스 카드는 직접 그리거나 프린트해서 만들어요.
　　　　　　クリスマスカードは自分で描くかプリントして作ります。
우리 집 생선요리는 굽거나 튀기는 것이 보통이에요.
　　　　　　我が家の魚料理は焼くか揚げるのが普通です。

＊ 用言＋「-거나 말거나」

청중이 듣거나 말거나 하고 싶은 말을 해요.
　　　　　　聴衆が聞いていようとも構わず言いたいことを言います。
사람이 기다리거나 말거나 수다만 떨고 있어요.
　　　　　　人が待とうとも構わず雑談にうつつを抜かします。
물가가 오르거나 말거나 나하고는 상관없어요.
　　　　　　物価が上がろうともわたしとは関係ありません。

2. 用言＋「-든지」

뭘 먹든지 꼭꼭 씹어서 천천히 드세요.
　　　　　　何を食べようともよく噛んでゆっくり召し上がってください。
어디를 가든지 꼭 건강에는 주의를 하세요.
　　　　　　どこへ行こうとも必ず健康には気をつけてください。
누가 듣던지 문제가 안되는 표현을 쓰세요.
　　　　　　誰が聞いても問題にならない表現をしてください。

* 用言+「-든지 말든지」

두 사람이 싸우든지 말든지 나는 모르는 일이에요.
　　　　　　　　　二人が喧嘩をしようともわたしは関係ありません。
매미 소리가 시끄럽든지 말든지 창문은 열어 놔요.
　　　　　　　　　　蝉がうるさくとも窓は開けておいてください。
따라오든지 말든지 마음대로 하세요.　　ついて来ようとも勝手にしてください。

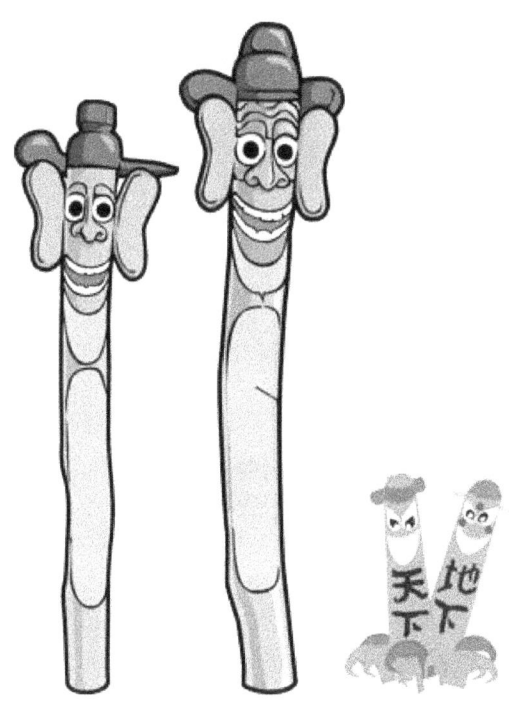

좀 으시시한데 재미있지요.

【練習1】

1. _____에 따라서 달라요.

    보기 → 가 : 불고기 맛은 다 똑같아요? (음식점)
              나 : 음식점에 따라서 달라요.

    1) 가 : 외국에 갈 때 꼭 비자가 필요합니까? (나라)
       나 : _____.
    2) 가 : 언제나 이 길은 이렇게 한산합니까? (시간대)
       나 : _____.
    3) 가 : 이 볼펜은 얼마나 사용할 수 있어요? (쓰기)
       나 : _____.
    4) 가 : 한국어는 쉽게 배울 수 있어요? (사람)
       나 : _____.
    5) 가 : 세일 기간은 슈퍼마다 다 같아요? (슈퍼)
       나 : _____.
    6) 가 : 커피에 설탕과 프림을 항상 넣어요? (기분)
       나 : _____.
    7) 가 : 언제나 빨래는 밖에 널어요? (날씨)
       나 : _____.
    8) 가 : 매일 넥타이를 매요? (때와 장소)
       나 : _____.

2. _____이로군요/로군요.

    보기 → 그야말로 사랑이 눈물의 씨앗
           그야말로 사랑이 눈물의 씨앗이로군요.

    1) 어머니가 앓아 누우신 것이 다 자식 걱정 탓
    2) 그렇게 꾸물대면 이제는 아무리 서둘러도 지각
    3) 쉼없이 주고도 또 주는 것이 부모의 자식 사랑
    4) 이렇게 울고만 있는 것이 내 사랑에 대한 보답
    5) 초인종을 눌러도 문도 안 열어 주고 잠이 무슨 원수
    6) 뭐니 뭐니 해도 역시 문제가 되는 것이 돈과 인간 관계
    7) 당신이 이렇게 행운을 빌어 주니 이번 시합은 해 보나 마나 우승
    8) 주위의 환경에 영향을 받지 않고는 살 수 없는 것이 인간의 숙명
    9) 하지 말자는 당신 말도 안 듣고 이번 사업의 실패는 전부 내 잘못
    10) 3년 안에 집을 살 수 있다고 큰소리는 쳐놓고 어쨌든 내 입이 화근

3. _____는/ㄴ/은 듯이 _____아요/어요/여요.

   보기 : 누구와도 친하다/웃고 반기다
      → 누구와도 친한 듯이 웃고 반겨요.

   1) 콧물이 나다/자꾸 코를 훌쩍거리다
   2) 아버지는 기분이 좋다/콧노래를 부르다
   3) 고양이가 배가 고프다/꼼짝도 하지 않다
   4) 언니는 안 자면서도 자다/가만히 누워 있다
   5) 동생이 그 거리를 잘 알다/앞장서서 걷다
   6) 그 깍쟁이가 알면서도 모르다/시치미를 떼다
   7) 오랜 여행을 떠나다/트렁크를 여러개 준비하다
   8) 환자가 열이 많다/냉각제를 이마에 붙이고 있다
   9) 밖에 있는 강아지가 엄청 춥다/몸을 덜덜 떨고 있다
   10) 몸이 아파도 아무렇지도 않다/편지에는 잘 지내고 있다고 쓰다

4. _____아서/어서/여서 _____는/ㄴ/은 셈이지요.

   보기 : 그 친구는 성격이 좋다/누구와도 친하다
      → 그 친구는 성격이 좋아서 누구와도 친한 셈이지요.

   1) 값이 너무 비싸다/안 팔리고 남아 있다
   2) 비가 오려고 구름이 끼다/하늘이 이렇게 검다
   3) 성질이 너무 괴팍하다/모두가 슬금슬금 피하다
   4) 세상이 하도 어수선하다/언제나 문을 닫고 살다
   5) 색깔이 짙고 바탕이 매끄럽다/때가 잘 타지 않다
   6) 그는 일하기가 싫다/회사에도 마지못해서 다니다
   7) 요즈음은 약이 좋다/어지간한 병은 다 고칠 수 있다
   8) 결국 그 공장이 안 들어서다/아직 물도 공기도 맑다
   9) 유행을 따른다고 바지를 자르다/결국은 턱없이 짧다
   10) 어릴 때 소아마비를 앓다/또래 아이들에 비해 발육이 늦다

5. _____거나 _____아요?/어요?/여요?
   _____든지 말든지 상관하지 않아요.

   보기 → 집 청소를 하다/빨래를 하다
      집 청소를 하거나 빨래를 해요.
      빨래를 하든지 말든지 상관하지 않아요.

   1) 도시락을 싸 가다/회사 근처 식당에서 먹다
   2) 집에서 음악을 듣다/영화관에 영화를 보러 가다
   3) 혼자서 신문이라도 읽다/아이들에게 책을 읽어 주다
   4) 일년생 화초를 가꾸어 보다/다년생 나무를 심어 보다
   5) 반소매의 두꺼운 옷을 사다/긴소매의 얇은 옷을 사다

6) 교외의 대형 쇼핑센타로 가다/시내의 백화점으로 가다
7) 병원에 가서 의사의 진단을 받다/약국에 가서 약을 짓다
8) 마당에 나가서 공놀이를 하다/공원에 가서 자전거를 타다
9) 식당에 가서 외식을 하다/친구들을 불러서 생일 파티를 하다
10) 떡집에 가서 떡을 만들어 오다/제과점에 가서 케이크를 사 오다

6. 본문을 읽고 배운 문형을 이용하여 대답하세요.
   1) 장승은 주로 어디에 세워요?
   2) 모양은 모두 똑같아요?
   3) 장승은 무엇으로 어떻게 만들어요?
   4) 장승은 보통 어떻게 세워요?
   5) 일본에도 장승같은 것이 있습니까?

A: 모양은 다 똑같아요?   B: 지방에 따라서 조금씩 달라요.

A: 색깔은 다 똑같아요?   B: 디자인에 따라서 조금씩 달라요.
A: 결과는 다 똑같아요?   B: 사람에 따라서 조금씩 달라요.
A: 내용은 다 똑같아요?   B: 작가에 따라서 조금씩 달라요.
A: 맛은 다 똑같아요?   B: 가게에 따라서 조금씩 달라요.

【新出単語】

한산하다：閑散としている、暇だ　　볼펜：ボールペン　　프림：クリーム
널다：干す、乾かす　　넥타이：ネクタイ　　사랑：愛、恋
쉼없이：絶え間なく、絶えず、ひっきりなしに　　보답：償い、恩返し、報い
누르다：押す　　원수：かたき、怨讐　　뭐니 뭐니 해도：なんだかんだいっても
행운：幸運　　영향：影響　　숙명：宿命　　실패：失敗
큰소리를 치다：言い張る　　화근：禍根、災いのもと
반기다：嬉しがる、喜ぶ、懐かしがる　　콧물：鼻水　　훌쩍거리다：すする
콧노래：鼻歌　　꼼짝도：じっと　　깍쟁이：ちゃかり屋　　시치미：しら
시치미를 떼다：しらを切る　　오랜：長い　　트렁크：トランク
여러개：いくつか　　냉각제：冷却剤　　붙이다：貼る、張る　　덜덜：ぶるぶる
검다：黒い　　슬금슬금：こそこそと、こっそり
어수선하다：散らかっている、騒がしい　　바탕：生地、もと
매끄럽다：滑らかだ、すべすべする　　때：垢　　때가 타다：垢がつく
마지못하다：やむを得ない　　요즈음：この頃、最近
어지간하다：まずまずだ、まあまあだ　　공장：工場　　턱없이：法外に
소아마비：小児麻痺　　또래：同年配　　발육：発育
상관하다：相関する、関係する　　일년생：一年生　　다년생：多年生
반소매：半袖　　긴소매：長袖　　교외：郊外　　대형：大型
쇼핑센터：ショッピングセンター　　약국：薬局、薬屋　　약을 짓다：薬を処方する
떡집：餅屋　　제과점：パン屋

제 24 과 걱정할 것 없어요.

이미영 : 스즈키씨, 설 연휴에는 뭐 할 거예요?

스즈키 : 알고 지내는 한국 아주머니가 집에 놀러 오랬어요.

이미영 : 잘 됐네요. 한국에서 설은 처음이에요?

스즈키 : 네, 절을 한다고 하는데 어떻게 해야 될지 모르겠어요.

이미영 : 걱정할 것 없어요. 다른 사람을 보고 따라 하면 돼요.

스즈키 : 가기 전에 연습을 한번 해 봐야겠어요.

이미영 : 세배를 하고 나면 세뱃돈을 주실지 몰라요.

스즈키 : 일본의 '오토시다마' 같은 것이구나! 그런데 설날에는 어떤 음식을 먹어요?

이미영 : 그믐에 여러가지 음식을 준비했다가 설날 아침에 차례를 지낸 후에 먹어요.

스즈키 : 일본의 '조니' 같은 것은 없어요?

이미영 : 떡국이 있는데 자기 나이만큼 먹어야 한다고 하지요.

스즈키 : 그렇다면 저는 몇 그릇을 먹어야 하는 거예요?

이미영 : 鈴木さん、元旦の連休には何をするつもりですか。
스즈키 : お知り合いの韓国人のおばさんが遊びに来るように言っていました。
이미영 : よかったですね。韓国でのお正月は初めてですか。
스즈키 : はい、新年のご挨拶をすると聞きましたがどうすればいいのかわかりません。
이미영 : 心配することないです。隣の人を真似てやればいいです。
스즈키 : 行く前に一度練習をしてみます。
이미영 : ご挨拶が終わった後はお年玉をくださるかもしれません。
스즈키 : 日本のお年玉みたいなものですね。ところで、설날にはどんな食べ物を食べますか。
이미영 : 大晦日にいろんな食べ物を用意してから、설날の朝祖先にお供えをした後食べます。
스즈키 : 日本の雑煮のようなものはありませんか。
이미영 : 떡국がありますが自分の年の数相応の量を食べなければならないと言っています。
스즈키 : それなら、私はどれくらい食べなければいけないということですか。

【新出単語】

설：お正月　　　-(으)랬어요：-といいました　　　-(으)ㄹ 것 없다：-する必要ない
세배：新年の挨拶　　　-고 나면：-した後　　　세뱃돈：お年玉
오토시다마：お年玉　　　이구나：-だね　　　그믐：大晦日
-다가：-してから　　　차례：祭祀　　　-(으)ㄴ 후에：-した後　　　조니：雑煮

년：あなたは　　　본고장：本場　　　북한：北朝鮮　　　함흥：咸興　　　평양：平壌
감비차：減肥茶　　　아무：何の　　　돼지：豚　　　진정하다：落ち着く、鎮静する
컴플렉스：コンプレックス　　　극복하다：克服する、乗り越える　　　낮추다：下げる
콘센트：コンセント　　　꽂다：差し込む　　　스위치：スイッチ　　　식다：冷める
내뱉다：吐き出す、言い捨てる　　　담다：入れる　　　부담하다：負担する
빼놓다：除く、省く　　　미장일：壁に塗ること　　　도배하다：壁に紙を貼る
허우적대다：へとへととする　　　한약：漢方薬　　　한숨：一休み　　　가뿐하다：軽い
고집을 부리다：意地をふるう　　　야단을 맞다：叱られる　　　접시：お皿
깨뜨리다：割る、砕く　　　검문：検問　　　눈치：感、直感
눈치를 보다：気を遣う、様子をうかがう　　　열대야：熱帯夜　　　밤새：夜中、一晩中
기름기：油気、脂身　　　-(으)래요：-といいます　　　위인전：伝記
주저하다：ためらう、躊躇する　　　밀어붙이다：追い込む、押し付ける

1　体言＋「이구나」

친구를 못 살게 구는 넌 정말 나쁜 학생이구나.
　　　　　　　　　　　　　　　　友達を苛めるあなたは本当にいけない子だね。
냉면의 본고장이 북한 땅, 함흥과 평양이구나.
　　　　　　　　　　　　　　　　冷麺の本場が北朝鮮の咸興と平壌だったのね。
그게 무슨 말인가 했더니 바로 그 말이구나.
　　　　　　　　　　　　　　　　何のことかと思ったらその話だったのね。

＊　体言＋「구나」

이게 바로 말로만 듣던 감비차구나.　これこそ噂になっていた減肥茶なのね。
먹는 것만 좋아하고 아무 생각이 없는 너는 돼지구나.
　　　　　　　　　　　　　　　　食べるだけ食べて何も考えていないあなたは豚だね。
그런 커다란 실수도 용서가 되는 너는 진정한 친구구나!
　　　　　　　　　　　　　　　　そんな大きな間違いも許せるあなたは本当にいい友達だね。

2　用言＋「-ㄴ 후에」

여권을 만든 후에 바로 비자 신청을 해요.
　　　　　　　　　　　　　　　　パスポートを作った後すぐビザを申請します。
컴플렉스를 극복한 후에는 성격이 밝아졌어요.
　　　　　　　　　　　　　　　　コンプレックスを克服した後は性格が明るくなりました。
가격을 낮춘 후에는 서비스가 나빠졌어요.
　　　　　　　　　　　　　　　　値段を下げた後はサービスが悪くなりました。

＊ 用言＋「-은 후에」

먼저 콘센트를 뽑은 후에 스위치를 누르세요.
　　　　　　　　　　先ずコンセントを抜いた後スイッチを入れてください。
튀긴 음식은 식은 후에는 별로 먹고 싶지가 않아요.
　　　　　　　　　　揚げ物は冷めてしまった後はあまり食べたくありません。
말은 한번 내뱉은 후에는 주워 담을 수가 없어요.
　　　　　　　　　　一度口にしてしまった言葉は戻すことができません。

3 用言＋「-ㄹ 것 없다」

연락이 없다고 해서 너무 답답해 할 것 없어요.
　　　　　　　　　　連絡がないと言ってそんなに焦る必要はありません。
혼자서 비용을 전부 부담할 것 없어요.
　　　　　　　　　　一人で費用を全部負担する必要はありません。
기다릴 것 없이 우리가 먼저 찾아갑시다.
　　　　　　　　　　待たずにわたしたちが先に訪ねていきましょう。

＊ 用言＋「-을 것 없다」

말하고 싶지 않은 비밀을 나에게 털어놓을 것 없어요.
　　　　　　　　　　言いたくない秘密をわたしにしゃべる必要はありません。
이번 기회에 하나도 빼놓을 것 없이 다 버립시다.
　　　　　　　　　　この機会に一つ残さず全部捨ててしまいましょう。
범인을 쫓을 것 없이 여기서 나타나길 기다립시다.
　　　　　　　　　　犯人を追うことなくここで現れることを待ちましょう。

4 用言＋「-고 나면」

미장일이 끝나고 나면 도배하는 일만 남아요.
　　　　　　　　　　壁を塗る仕事が終われば壁紙を張る仕事だけが残ります。
하루 일을 마치고 나면 온 몸에 힘이 다 빠져서 허우적대요.
　　　　　　　　　　一日の仕事を終えると全身力が抜けてへとへとです。
한약을 먹고 한숨 푹 자고 나면 몸이 가뿐해 질 거라고 했어요.
　　　　　　　　　　漢方薬を飲み一休みした後は体が軽くなると言っていました。

5 用言＋「-다(가)」

고집을 부리다가 야단만 맞았어요.
　　　　　　　　　　言うことを聞かないで怒られるだけ怒られました。
설겆이를 하다가 접시를 깨뜨렸어요.　　お椀を洗っていてお皿を壊しました。
범인이 도망가다가 검문에 붙잡혔어요.　　犯人が逃走中検問で捕まりました。

* 用言＋「-다(가) 말다」

손님이 와서 밥을 먹다가 말았어요.
　　　　　　　　　　　　　お客さんが来たので食事の途中で止めました。
눈치만 보면서 무슨 말인가 하려다가 마네요.
　　　　　　　　　　　気色をうかがうのみで何か言おうとしたところで止めました。
일기 예보와는 다르게 눈이 조금 내리다가 마는군요.
　　　　　　　　　　　　　天気予報とは違って雪が少し降っただけでやみました。

* 用言＋「-다(가)」　用言＋「-다(가) 하다」

영화를 보면서 울다가 웃다가 했어요.
　　　　　　　　　　　　　　　映画を見ながら泣いたり笑ったりしました。
어젯밤은 열대야로 자다가 깨다가 했어요.
　　　　　　　　　　　　　　　夕べは熱帯夜で寝たり覚めたりでした。
그 파티에서 밤새 먹다가 마시다가 했어요.
　　　　　　　　　　　　そのパーティで夜通し飲んだり食べたりしました。

6　用言＋「-래요 (=라고 해요)」

친구가 나보고 돈 좀 꿔 달래요.
　　　　　　　　　　　　友達がわたしにお金を貸してくれるように頼みました。
의사가 기름기가 많은 음식은 가능하면 피하래요.
　　　　　　　　　　医者さんが脂っこい食べ物はできるだけ控えるように言いました。
과장님이 각자의 아이디어를 내일까지 제출하래요.
　　　　　　　　　　　課長が各自のアイデアを明日まで提出するように言いました。

* 用言＋「-으래요 (=으라고 해요)」

남편은 나에게 힘들어도 조금만 참으래요.
　　　　　　　　夫がわたしにしんどいだろうがもうちょっと我慢するように言いました。
사람들은 어렸을 때 위인전을 많이 읽으래요.
　　　　　　　　　　　　　みなが子供に偉人伝をたくさん読みなさいと言います。
시부모님이 결혼식에는 꼭 전통 한복을 입으래요.
　　　　　　　　　　舅姑が結婚式には必ず伝統衣装を着るようにと言っていました。

* 用言＋「-(으)랬어요 [=(으)라고 했어요]」

나갈 때는 문단속을 잊지 말랬어요.
　　　　　　　　　　　　出かける時は戸締りを忘れないようにと言っていました。
한번 정했으면 주저하지 말고 밀어붙이랬어요.
　　　　　　　　　　　一度決めたら迷わずやりのけるようにと言っていました。
오늘 저녁은 늦는다고 먼저 먹으랬어요.
　　　　　　　　　　　　今晩は遅くなるので先に食べなさいと言っていました。

【練習 1】

1. _____이/가 바로 _____이구나/구나.

   보기 : 너/이 학급의 반장
      → 네가 바로 이 학급의 반장이구나.

   1) 저 분/스즈키씨   2) 이 악기/가야금
   3) 이 책/그 상 받은 책   4) 저 높은 건물/남산타워
   5) 국제 면허증/네가 원하는 것   6) 이것/한국의 유과라는 과자
   7) 꽹과리/농악을 리더하는 악기
   8) 이것/편리하다는 양면 테이프
   9) 네 동생/전교에서 일등하는 그 아이
   10) 저 사람/네가 말한 그 멋쟁이 아저씨

2. _____(으)ㄴ 후에 _____아요/어요/여요.

   보기 : 연수를 받다/현장에 투입되다
      → 연수를 받은 후에 현장에 투입돼요.

   1) 쌀을 불리다/죽을 쑤다   2) 빚을 갚다/적금을 들다
   3) 농사를 짓다/시장에 팔다   4) 물을 더 붓다/다시 끓이다
   5) 빨래를 짜다/햇볕에 말리다   6) 운전면허를 따다/차를 사다
   7) 전기를 꽂다/스위치를 넣다
   8) 월급을 타다/세탁기를 바꾸다
   9) 깜박이를 켜다/차선 변경을 하다
   10) 살림을 장만하다/결혼식을 올리다

3. _____는다고/ㄴ다고/다고 해서 _____(으)ㄹ 것은 없어요.

   보기 : 야단을 맞다/기가 죽다
      → 야단 맞는다고 해서 기가 죽을 것은 없어요.

   1) 나이가 어리다/동정하다   2) 전화를 하다/다 만나 보다
   3) 재산을 안 남기다/욕하나   4) 큰 소리를 치다/겁을 내다
   5) 잘못을 빌다/다 받아 주다   6) 돈이 많다/대우가 다르다
   7) 이야기를 들어 보다/나쁘다
   8) 다 쓰다/한꺼번에 너무 많이 사다
   9) 다 저문하다/다른 사람에게 넘기나
   10) 이제 포기하다/남들에게 폐를 끼치다

4. _____고 나면 _____아요/어요/여요.

   보기 : 화면을 계속 보다/ 눈이 침침해지다
      → 화면을 계속 보고 나면 눈이 침침해져요.

   1) 암벽등반을 하다/다리에 힘이 없다
   2) 찬물을 마시다/반드시 배앓이를 하다
   3) 외박만 하다/아빠에게 들켜서 혼이 나다
   4) 그 사람을 만나다/새로운 아이디어가 떠오르다
   5) 피아노를 계속 치다/어깨가 결리는 느낌이 들다
   6) 우리 집 김치를 먹다/너무 매워서 눈물이 다 나다
   7) 배탈을 앓다/며칠을 굶은 듯한 공복감이 찾아오다
   8) 그 나라의 언어를 배우다/그 나라 사람을 이해하기가 쉬워지다
   9) 노동일을 계속 다니다/팔다리 어깨 할 것 없이 온 몸이 뻐근하다
   10) 그 영화를 끝까지 보다/마음이 황홀해져 구름 위에 떠 있는 것 같다

5. _____다(가) _____았어요/었어요/였어요.

   보기 : 식사를 하다/연락을 받고 나가다
      → 식사를 하다가 연락을 받고 나갔어요.

   1) 산에 오르다/미끄러지다   2) 길을 가다/우연히 만나다
   3) 목욕을 하다/생각이 나다   4) 물건을 운반하다/깨트리다
   5) 추위에 떨다/방에 들어오다   6) 싸움을 말리다/머리를 맞다
   7) 딴 생각을 하다/사고를 내다   8) 청소를 하다/메모를 발견하다
   9) 용돈을 달라고 하다/야단만 맞다 10) 야구장에서 나오다/밀려 넘어지다

6. _____이/가 _____(으)래요.

   보기 : 부장님/먼저 점심을 먹다
      → 부장님이 먼저 점심을 먹으래요.

   1) 엄마/일찍 들어오다   2) 담당 직원/5시까지 오다
   3) 할아버지/기다리지 말다   4) 의사/피부를 만지지 말다
   5) 반장/재활용품을 수거하다   6) 판매원/빨리 표를 구입하다
   7) 주방장/고기를 양념에 재우다   8) 약사/아침에 물을 많이 마시다
   9) 집주인/이달 말까지 집을 비우다
   10) 코치/시합 중에는 정신을 집중하다

7. 본문을 읽고 배운 문형을 이용하여 대답하세요.

   1) 스즈키씨의 설 연휴 계획은 무엇입니까?
   2) 스즈키씨는 전에도 한국에서 설을 지낸적이 있어요?
   3) 스즈키씨는 무엇에 대해서 걱정을 하고 있습니까?
   4) 세뱃돈이라는 것은 무엇입니까?
   5) 일본의 조니같은 음식을 뭐라고 합니까?
   6) 한국과 일본에서는 설날을 어떻게 보냅니까?

A: 절은 해 본적이 없어요.
　　　　B: 걱정할 것 없어요, 따라 하면 돼요.

A: 한국 노래는 불러 본 적이 없어요.
　　　　B: 걱정할 것 없어요, 따라 하면 돼요.
A: 김치는 만들어 본 적이 없어요.
　　　　B: 걱정할 것 없어요, 따라 하면 돼요.
A: 태권도는 연습해 본 적이 없어요.
　　　　B 걱정할 것 없어요, 따라 하면 돼요.
A: 한국의 전통춤을 추어 본 적이 없어요.
　　　　B 걱정할 것 없어요, 따라 하면 돼요.

【新出単語】

학급 : 学級　　　반장 : 班長　　　가야금 : 伽耶琴　　　유과 : 油菓
꽹과리 : ケンガリ　　농악 : 農楽　　리더하다 : リードする　　양면 : 両面
전교 : 全校　　불리다 : ふやかす　　죽을 쑤다 : お粥を炊く　　빚 : 借金、負債
적금 : 月掛け貯金　　적금을 들다 : 月掛け貯金をする　　농사 : 農業
농사를 짓다 : 農作業をする　　짜다 : 絞る　　면허 : 免許　　운전면허 : 運転免許
깜박이 : (自動車の)点滅灯　　차선 : 車線　　변경 : 変更
장만하다 : 準備する、用意する　　기가 죽다 : 気がめいる、気が沈む
동정하다 : 同情する　　겁 : 恐ろしさ、恐さ　　겁을 내다 : 恐がる、恐れる
빌다 : 謝る　　처분하다 : 処分する　　폐를 끼치다 : 迷惑をかける
침침하다 : 薄くらい、霞む　　암벽 : 岩壁　　외박 : 外泊
들키다 : ばれる、見つかる　　혼 : 叱り、ひどい目
혼이 나다 : 怒られる、ひどい目にあう　　결리다 : 凝る　　배탈 : 腹痛、食あたり
공복감 : 空腹感　　언어 : 言語　　뻐근하다 : だるい、重苦しい
황홀하다 : うっとりする　　뜨다 : 浮く　　밀리다 : 押される　　미끄러지다 : 滑る
우연히 : 偶然に、たまたま　　운반하다 : 運搬する、運ぶ　　깨트리다 : 割る、砕く
딴 : 別の、他の　　발견하다 : 発見する　　달라다 : くれと言う、請う、要求する
부장님 : 部長　　재활용품 : リサイクル用品　　수거하다 : 集める
판매원 : 販売員　　주방장 : コック、板前　　양념 : ヤンニョム、合わせ調味料
재우다 : 漬ける　　약사 : 薬師　　집주인 : 大家さん　　집중하다 : 集中する

単 語 索 引

- ㄱ -

가 : ―が 9
가게 : 店 11
가격 : 価格 12
가깝다 : 近い 20
가꾸다 : 栽培する、育てる 52
가난 : 貧乏 99
가난하다 : 貧しい、貧乏だ 24
가늘다 : 細い 69
가능하다 : 可能だ 60
가다 : 行く 11
가다듬다 : (気を)取り戻す、油断しない… 154
가라앉다 : 和らぐ、沈む 108
가라테 : 空手 104
가렵다 : 痒い 149
가르치다 : 教える 126
가만히 : じっと、ひそかに 161
가뭄 : 日照り 72
가방 : カバン 26
가볍다 : 軽い 19
가뿐하다 : 軽い 169
가스 : ガス 132
가스렌지 : ガスレンジ 114
가슴 : 胸 76
가슴이 터지다 : 胸が裂ける 76
가시다 : いらっしゃる 84
가야금 : 伽耶琴 171
가엾다 : かわいそうだ 73
가을 : 秋 29
가장 : 一番、最も 69
가정 : 家庭 13
가져가다 : 持っていく 27
가져오다 : 持ってくる 24
가족 : 家族 34
가지다 : 持つ、持参する 11
가하다 : 加える 86
각 : 各 57
각자 : 各自 60
각종 : 各種 156
간 : 間 35
간 : 肝 149
간단하다 : 簡単だ 21
간단히 : 簡単に 162
간담회 : 懇談会 19
간밤 : 昨夜、昨晩 85
간사 : 幹事 161
간식 : おやつ、間食 120
간호사 : 看護士、看護婦 134
갈림길 : 分かれ道、岐路 81
갈아입다 : 着替える 128
갈아타다 : 乗り換える 82
갈증 : 渇き 80
감 : 柿 55
감기 : 風邪 33
감기가 들다 : 風邪を引く 138
감기약 : 風邪薬 122
감기에 걸리다 : 風邪をひく 35
감당하다 : 成し遂げる、耐える 117
감독 : 監督 101
감동하다 : 感動する 144
감비차 : 減肥茶 168
감사하다 : 感謝する 116
감상실 : 鑑賞室 127
감상하다 : 鑑賞す 142
감성 : 感性 37
감점 : 減点 85
감정 : 感情 161
갑자기 : 急に、突然に 54
값 : 値段 14
값싸다 : 安い 141
강남 : 江南 69
강물 : 川の水 86
강아지 : 子犬 59
강연 : 講演 60
강연하다 : 講演する 58
강의 : 講義 114
강의실 : 講義室 83
강조하다 : 強調する 100
강좌 : 講座 142
강하다 : 強い 26
강화도 : 江華島 90
갖은 : いろいろな、さまざまな 60
갖추다 : 整える、備える 120
같다 : 同じだ 44
같이 : 一緒に、ともに 9
같이 : ―ように 78
갚다 : 返す、返済する、報いる 55
개 : 犬 49
개 : ―個 9
개구장이 : わんぱく、いたずらの子 161
개나리 : ケナリ(レンギョウ) 37
개미 : 蟻 131
개발 : 開発 79
개발되다 : 開発される 81
개발하다 : 開発する 13
개봉하다 : 封切り 139
개울 : 小川 117
개월 : ―ヶ月 108
개인석 : 個人的 156
개인전 : 個展 157
거기 : そこ 49
거기서 : そこで 51
―거나 : ―たり 159
―거든요 : ―するのです―なのです 51
거들다 : 手伝う、助ける 142
거들떠보다 : 目を向ける 72
거론하다 : 論ずる、言及する 58
거름 : 肥料 157
거리 : 街、町、通り 23
거북이 : 亀 146
거의 : ほとんど 29
거절당하다 : 拒まれる、拒絶される ... 150
거절하다 : 拒絶する、拒む 99

거지 : 乞食	113
거짓 : 嘘、偽り	87
거짓말 : 嘘	80
거칠다 : 粗い、荒い	73
걱정 : 心配	29
걱정거리 : 心配事	68
걱정하다 : 心配する	32
건강 진단 : 健康診断	154
건강 : 健康	18
건강하다 : 健康だ	108
건더기 : 具	134
건물 : 建物	32
건설 : 建設	161
건지다 : 取り戻す	141
걷기 : 歩き	82
걷다 : 歩く	14
걸레 : 雑巾	157
걸리다 : かかる	42
걸리다 : ひっかかる、陥る	150
걸어오다 : 歩いてくる	141
걸음 : 歩み、歩行	90
검다 : 黒い	165
검문 : 検問	169
검사 : 検査	41
검정색 : 黒色、黒	69
검진 : 検診	54
검토하다 : 検討する	58
겁 : 恐ろしさ、恐さ	171
겁을 내다 : 恐がる、恐れる	171
것 : こと、もの、の	16
-게 되다 : ーすることになる、ーするようになる	104
-게 마련이다 : ーするものだ、ーするようになっている	146
-게 만들다 : ーにする、ーくする	57
-게 하다 : ーくする、ーにする	59
-게 : ーく、ーに、ーするように	12
게다가 : それに、そのうえ、さらに	37
게스트하우스 : ゲストハウス	113
게으르다 : 怠ける	35
게임 : ゲーム	66
-겠- : 推測・意思・可能・謙譲を表す	10
겨우 : やっと、ようやく	69
겨울 : 冬	29
겪다 : 経験する、味合う	156
견디다 : 耐える、堪える	31
견해 : 見解	60
결과 : 結果	15
결국 : 結局	45
결리다 : 凝る	172
결성하다 : 結成する	112
결실 : 結実、実り	113
결정 : 決定	26
결정하다 : 決定する	19
결혼 신고 : 入籍	54
결혼 : 結婚	54
결혼식 : 結婚式	94
결혼하다 : 結婚する	12
겸손하다 : 謙遜だ	151
경 : ごろ	37
경기 : 競技、試合	78
경기 : 景気	81

경우 : 場合	159
경위 : 経緯	58
경쟁 : 競争	134
경제 : 経済	58
경제적 : 経済的	153
경주 : 慶州	152
경찰 : 警察	87
경찰서 : 警察署	35
경험 : 経験	30
계급 : 階級	161
계단 : 階段	113
계속 : 継続、続き	69
계시다 : いらっしゃる	49
계획 : 計画	137
-고 나면 : ーした後	167
-고 나서 : ーてから	123
-고 말고요 : ーですとも、ーするとも	71
-고 말다 : ーしてしまう	144
-고 싶다 : ーたい	16
-고 있다 : ーている	12
-고 : ーて	9
고교 : 高校	19
고기 : 肉	19
고되다 : きつい、耐え難い	120
고등학교 : 高等学校、高校	19
고르다 : 整える	80
고맙다 : ありがたい	39
고모 : おば	68
고물 : (餅にまぶす)粉	85
고민 : 苦悶、悩み	139
고민하다 : 悩む	9
고백 : 告白	11
고비 : やま、クライマックス、峠	60
고생 : 苦労	9
고생하다 : 苦労する	12
고소 : 告訴	86
고속도로 : 高速道路	64
고양이 : 猫	165
고자질하다 : 告げ口をする	26
고장 : 故障	24
고장나다 : 故障する	88
고장이 나다 : 故障する	24
고집 : 固執、意地	149
고집스럽다 : 意地っ張りだ、頑固だ	12
고집을 부리다 : 意地をふるう	169
고치다 : 直す、治す	84
고통스럽다 : 苦しい、苦痛だ、つらい	74
고하 : 高下	161
고함 : 叫び、わめき声	26
고함을 지르다 : 叫ぶ	26
고향 : 故郷	27
고향의 봄 : 故郷の春	97
고향집 : 実家	142
곡 : 一曲	85
곤경 : 苦境	154
곤란하다 : 困る	21
곤충 : 昆虫	60
곤히 : ぐっすり	146
곧 : すぐ、ただちに	92
곧다 : まっすぐだ、正直だ	149
곧장 : まっすぐ、直接に	68
골인 : ゴールイン	99

골프：ゴルフ	98
골프를 치다：ゴルフをする	141
골프에 미치다：ゴルフにはまる	98
곰탕：コムタン	96
곱다：美しい、きれいだ	37
곳：所	39
공：ボール	166
공간：空間	52
공격：攻撃	78
공공장소：公の場	42
공기：空気	54
공기를 쐬다：空気を吸う	54
공동：共同	60
공무원：公務員	121
공복감：空腹感	172
공부：勉強	11
공부하다：勉強する	18
공사：工事	48
공수도：空手道	104
공연：共演	42
공원：公園	166
공장：工場	165
공항：空港	61
과：科	29
과：－と	15
과거：過去	92
과대표：ゼミの代表	29
과목：科目	9
과식：食べ過ぎ	149
과연：さすが、果たして	110
과음：飲み過ぎ	82
과일：果物	75
과자：お菓子	171
과장님：課長	170
관계：関係	58
관계자：関係者	61
관광：観光	87
관내：館内	42
관람：観覧	51
관리：管理	19
관리국：管理局	157
관리하다：管理する	53
관심：関心	104
광고：広告	14
광고판：広告看板	111
괜찮다：大丈夫だ、結構だ	16
괜히：無性に、やたらに	116
괴롭다：苦しい、つらい	9
괴롭히다：苦しめる、いじめる	161
괴팍하다：気難しい	20
굉장히：ものすごく	17
교류：交流	149
교무과：教務課	01
교무실：教務室	49
교사：教師	13
교수：教授	57
교실：教室	27
교양：教養	9
교외：郊外	166
교육：教育	133
교장：校長	35
교토：京都	152

교통：交通	12
교환하다：交換する	114
교회：教会	54
구경：見物	127
구기：球技	79
구내：構内	112
구두：靴	26
구두쇠：けち、けちん坊、しみったれ	107
구름：雲	85
구별：区別	84
구별이 가다：区別がつく	84
구별하다：区別する、分ける	140
구분：区分	87
구상하다：構想する	13
구성원：構成員	75
구입하다：購入する	47
구조：構造	20
구청：区役所	49
구하다：求める、乞う	54
국가：国家	81
국립：国立	51
국립중앙박물관：国立中央博物館	51
국물：お汁	80
국민：国民	157
국밥：クッパ	19
국수：クッス	141
국어：国語	81
국제：国際	87
국제화：国際化	60
군고구마：焼き芋	41
군대：軍隊	72
군침：よだれ、生つば	44
굳다：かたい	46
굳히다：固める	128
굴다：ふるまう	86
굵기：太さ	69
굵다：太い	118
굶다：飢える、腹をすかせる	14
굽다：焼く	45
굽히다：曲げる	86
궁금하다：気がかりだ、気遣わしい	110
권：一冊	134
권리：権利	23
귀：耳	102
귀가 뚫리다：耳が聞こえる	102
귀가하다：帰宅する	85
귀국하다：帰国する	35
귀여워하다：かわいがる	42
귀엽다：かわいい	68
귀찮다：面倒だ、やっかいだ	86
규격품：規格品	73
규모：規模	67
규율：規律	76
규칙：規則	118
그：彼	33
그：その	11
그건：それは	37
그것：それ	37
그게：それが	44
그곳：そこ	32
그냥：ただ、そのまま	18
그녀：彼女	30

그대로 : そのまま	57
그동안 : その間、しばらく	83
그래도 : それでも	69
그래서 : それで	9
그래야 : それでこそ	53
그러고 : そうして	57
그러니까 : だから、ですから	63
그러면 : そうすれば、すると	63
그럭저럭 : どうにか、どうやら	88
그런 : そのような、そんな	57
그런데 : ところが、ところで	37
그럼 : それでは	16
그렇게 : そのように、そんなに	12
그렇다 : そうだ	21
그렇다면 : それなら、それでは	130
그려지다 : 描かれる	144
그릇 : 器、容器	66
그리 : それほど、そんなに	19
그리고 : そして	63
그리다 : 描く	54
그림 : 絵	11
그림엽서 : 絵葉書き	137
그림자 : 影、陰	76
그만 : もう、つい	69
그만두다 : やめる、中止する	12
그만하다 : その程度だ	146
그믐 : 大晦日	167
그야말로 : まさに、本当に、実に	141
그저 : ただ、そのまま	75
그저그만이다 : この上もない	78
극복하다 : 克服する、乗り越える	168
근면하다 : 勤勉だ	157
근무 : 勤務	61
근무하다 : 勤務する、勤める	59
근처 : 近所、付近	130
글 : 文、文章	140
글쎄요 : そうですね	13
글씨 : 字	24
글자 : 字、文字	20
금강산 : 金剛山	114
금방 : 今すぐ、今	150
금세 : たちまち、すぐに、直ちに	23
금요일 : 金曜日	9
급정거 : 急停車	138
급하다 : 短気だ、急ぐ	55
-기 그지없다 : -限りない、-言い尽くせない	116
-기 때문에 : -するため、-するせいで	37
-기 때문이다 : -するためだ、-するからだ	57
-기 불편하다 : -しにくい	18
-기 쉽다 : -しやすい	18
-기 어렵다 : -しがたい	18
-기 위하여(서) : -のために	90
-기 전에 : -する前に	59
-기 짝이 없다 : 極まる、この上ない	117
-기 힘들다 : -しがたい	16
기 : 気	44
-기 : -であること、-すること	16
기가 막히다 : 最高だ、あきれる	44
기가 죽다 : 気がめいる、気が沈む	171
기간 : 期間	91

기계 : 機械	24
기념 : 記念	139
기념품 : 記念品	54
-기는 하다 : -することはする	78
-기는요 : -だなんですって	51
기능 : 機能	141
기다리다 : 待つ	21
-기도 하다 : -したりもする	37
-기로 하다 : -することにする	51
기르다 : 育てる	121
기름기 : 油気、脂身	170
기모노 : 着物	110
기미 : しみ	81
기본 : 基本	116
기분 : 気分	23
기분이 상하다 : 気分を悪くする	88
기뻐하다 : 喜ぶ	81
기사 : 運転手さん	69
기사 : 記事	102
기숙사 : 寮、寄宿舎	83
기술 : 技術	79
기시멘 : きしめん	41
기억 : 記憶	105
기억력 : 記憶力	26
기억하다 : 記憶する、覚える	76
기업 : 企業	81
-기에요? : -ですか、-ますか	123
기온 : 気温	66
기차 : 汽車	68
기침 : 咳	26
기타 : ギター	94
기회 : 機会	26
기획 : 企画	59
긴소매 : 長袖	165
긴장감 : 緊張感	49
긴장하다 : 緊張する	147
길 : 道	26
길다 : 長い	132
길어지다 : 長くなる	59
길을 내다 : 道を作る	32
길을 들다 : 道に入る	141
길이 : 長さ	18
김 : 湯気	66
김밥 : キンパップ	48
김밥을 싸다 : 海苔巻きを作る	48
김이 나다 : 湯気が立つ、出る	66
김치 : キムチ	23
김치를 절이다 : キムチを漬ける	156
깊다 : 深い	19
까다롭다 : 複雑だ、ややこしい	114
까딱 : こっくりと	107
까맣다 : 真っ黒い	102
까지 : -まで	9
깍두기 : カクテギ	87
깍쟁이 : ちゃかり屋	165
깔다 : 敷く	53
깜박이 : (自動車の)点滅灯	171
깜빡 : うっかり	155
깜짝 : ぎょっと、びっくり	107
깨끗하다 : きれいだ、清らかだ、清潔だ	49
깨다 : 覚める	17
깨다 : 割る	75

韓国語	日本語	ページ
깨닫다	悟る、気づく	53
깨뜨리다	割る、砕く	169
깨우다	覚ます、起こす	152
깨트리다	割る、砕く	172
껶다	くじく	149
껍질	皮、殻	47
껍질을 깎다	皮をむく	47
께	ーに	150
께는	ーには	83
꼬박	まる	59
꼭	必ず、きっと	11
꼭꼭	よく、しっかり	162
꼭대기	頂上、てっぺん	90
꼭두새벽	明け方、早朝	54
꼴찌	びり、最下位	150
꼼짝도	じっと	165
꽂다	差し込む	169
꽃	花	30
꽃꽂이	生け花	114
꽃다발	花束	54
꽃씨	花の種	154
꽃잎	花びら	37
꽤	かなり、なかなか	31
꽹과리	ケンガリ	171
꾀	知恵、計略	85
꾸다	借りる	39
꾸리다	営む、やりくりする	88
꾸물대다	のろのろする	39
꾸미다	整える、飾る	52
꿀	蜂蜜	141
꿀물	蜂蜜を溶かした水	82
꿈	夢	17
꿈을 꾸다	夢を見る	25
꿋꿋하다	(意志が)強い	86
끄다	消す	35
끄떡	こっくり、びっくと	147
끊다	やめる、切る、断つ	26
끊어지다	切れる、途切れる	134
끓이다	沸かす、作る	13
끝	終わり、端	60
끝나다	終わる	16
끝내다	終える、すませる	28
끝마치다	終える、すませる	61
끝을 내다	終わらせる、すませる	85
끼	ー食	81

- ㄴ -

韓国語	日本語	ページ
-나 보다	ーようだ、ーみたいだ	123
나	私	27
나가다	出かける	10
나고야	名古屋	41
나누다	分ける	100
나다	出る	14
나라	国	48
나머지	残り	94
나무	木	49
나물	ナムル	49
나빠지다	悪くなる	100
나쁘다	悪い	35
나서다	発つ、出発する	133
나아가다	進む	65

韓国語	日本語	ページ
나오다	出る	11
-나요?	ーですか、ーますか	116
나이	お年	19
나이가 들다	お年をとる	26
나중에	後で	66
나타나다	現れる、出る	48
낙천적	楽天的	127
낚시	釣	14
난민	難民	112
난방	暖房	27
난타	乱打(NANTA)	110
날	日、太陽	26
날다	飛ぶ	85
날씨	天気	11
날씬하다	スマートだ、痩せる	139
날아가다	飛び立つ	69
날이 밝다	夜が明ける	147
날이 새다	夜が明ける	26
날짜	日にち	20
날품팔이	日雇い	120
낡다	古い	26
남	他人	32
남과여	男と女	41
남기다	残す	52
남남	他人、他人同士	125
남녀	男女	159
남다	残る	11
남북	南北	35
남산타워	南山タワー	171
남자	男の人	12
남쪽	南側、南	69
남편	夫	14
남학생	男子学生	101
남해안	南海岸	68
낫다	(病気が)治る	59
낫다	優れている、勝っている	18
낭비	浪費、無駄遣い	99
낭비하다	浪費する、無駄遣いする	23
낮	昼	87
낮다	低い	107
낮잠	昼寝	94
낮추다	下げる	168
낯	顔、顔つき	161
낯설다	見慣れない	32
낯이 익다	顔なじみだ	161
내	私、私の	18
내년	来年	13
내놓다	出す、取り出す	134
내놓다	投げ出す	67
내다	支払う	21
내다	出す、提出する	14
내딛다	踏み出す	154
내려가다	行く、下りていく	54
내리다	降りる	82
내리다	降る	19
내밀다	差し出す、突き出す	150
내뱉다	吐き出す、言い捨てる	169
내버려 두다	ほったらかす、放っておく	146
내세우다	主張する、唱える	149
내용	内容	41
내용물	内容物、中身	63
내일	明日	9

냄비 : 鍋	53	농작물 : 農作物	132
냄새 : 臭い、匂い	26	농촌 : 農村	30
냄새제거 : 消臭	82	높다 : 高い	42
냉각제 : 冷却剤	165	높이다 : 高める	27
냉면 : 冷麺	19	놓다 : 置く	11
냉수 : 冷水、お水	82	놓치다 : 失う、逃す	26
냉장고 : 冷蔵庫	14	놓치다 : 乗り遅れる	35
너 : あなた、お前、君	39	누가 : 誰が	20
너무 : あまり、あまりに	11	누구 : 誰	19
넉넉히 : 十分に	11	누르다 : 押す	164
넋 : 魂、気	149	눈 : 目	23
넋을 놓다 : 気を落とす	149	눈 : 雪	19
넌 : あなたは	168	눈물 : 涙	24
널다 : 干す、乾かす	164	눈빛 : 目つき	46
널리 : 広く	145	눈사람 : 雪だるま	41
넓다 : 広い	31	눈썹 : 眉、眉毛	34
넓히다 : 広くする、広げる	54	눈을 감다 : 目を閉じる	23
넘기다 : 越す、過ごす	76	눈을 뜨다 : 目を覚める、開く	26
넘기다 : 渡す、譲る、譲り渡す	95	눈치 : 感、直感	170
넘다 : 過ぎる	105	눈치를 보다 : 気を遣う、様子をうかがう	170
넘어지다 : 倒れる	113	눕다 : 横になる、寝る	75
넘쳐나다 : ありふれる	156	뉴스 : ニュース	29
넘치다 : あふれる	27	뉴욕 : ニューヨーク	64
넣다 : 入れる	27	느긋하다 : のんきだ、ゆったりとする	120
네(넷) : 四つ	14	느낌 : 感じ、感想	57
네 : はい	28	느닷없이 : いきなり、突然	12
네덜란드 : オランダ	38	-느라고 : -するため、-ので	64
-네요 : -ですね、-ますね	12	-는 길에 : -する途中で、-するついでに	124
넥타이 : ネクタイ	164	-는 길이다 : -するところだ	123
넥타이를 매다 : ネクタイをする、結ぶ	164	-는 김에 : -するついでに、-する機会に	83
년 : 年	59	-는 동안 : -する間	110
년대 : 年代	75	-는 바람에 : -するので、-なので	137
노동 : 労働	75	-는 중이다/-중이다 : -するところだ	9
노랗다 : 黄色い	69	-ㄴ/(으)ㄴ 김에 : -したついでに、-した機会に	83
노래 : 歌	27	-는/ㄴ/은 것 같다 : -ようだ、-みたいだ	44
노래를 부르다 : 歌を歌う	27	-는/ㄴ/은 것으로 하다 : -することにする	16
노래방 : カラオケ	26	-는/ㄴ/은 경우가 많다 : -する場合が多い	71
노력 : 努力	18	-는/ㄴ/은 대로 : -たとおりに、-のまま	130
노력하다 : 努力する	120	-는/ㄴ/은 대신에 : -する代わりに	137
노벨상 : ノーベル賞	81	-는/ㄴ/은 데에는 : -するところに	144
노사 : 労使	49	-는/ㄴ/은 듯이 : -のように	159
노심초사하다 : 気をもむ	35	-는/ㄴ/은 법이다 : -ものだ	118
노인 : 老人	34	-는/ㄴ/은 셈이다 : -するわけだ	159
노출 : 露出	156	-는/ㄴ/은 줄 모르다 : -と分からない	99
노트북 : ノート型パソコン	17	-는/ㄴ/은 줄 알다 : -と分かる	97
녹다 : 溶ける	147	-는/ㄴ/은 쪽이 좋다 : -するほうがいい	63
녹음하다 : 録音する	10	-는/ㄴ/은 통에 : -ために、-せいで	21
논 : たんぼ、田	108	-는/ㄴ/은 편이 좋다 : -するほうがいい	65
논둑 : 畑の端	141	-는/ㄴ/은 편이다 : -するほうだ	29
논문 : 論文	13	-는/ㄴ/은가 보다 : -ようだ、-みたいだ	116
논밭 : 田畑	108	-는/ㄴ/은가요? : -ですか、-ますか	59
논의하다 : 論議する	124	-는/ㄴ/은지 : -なのか、-だろうか	37
놀다 : 遊ぶ	9	-는/ㄴ/은 모양이다 : -らしい、-ようだ	144
놀라다 : 驚く	75	는 : -は	9
놀랍다 : 驚くべきだ、目覚しい	53	-는가요/ㄴ가요/은가요? : -ですか、-ますか	159
놀리다 : からかう	31	-는구나/구나 싶다 : -と思う、-という気がする	130
놀이기구 : 乗り物	68	-는다/ㄴ다/다 : -する、-ている	29
놀이동산 : 遊園地	157		
농구 : バスケットボール	127		
농사 : 農業	171		
농사를 짓다 : 農作業をする	171		
농악 : 農楽	171		

한국어	일본어	쪽
-는다고/ㄴ다고/다고 하다	－という、そうだ	29
-는다고요/ㄴ다고요/다고요	－のです	123
-는다는/ㄴ다는/다는 거군요	－ということですね	63
-는다는/ㄴ다는/다는 뜻이다	－という意味だ	44
-는다는/ㄴ다는/다는 말은 없다	－という話はない	44
-는다는/ㄴ다는/다는 말은 있다	－という話はある	29
-는다는/ㄴ다는/다는 말이 없다	－という話がない	32
-는다는/ㄴ다는/다는 말이 있다	－という話がある	32
-는다는/ㄴ다는/다는 말이다	－という意味だ	32
-는다더니/ㄴ다더니/다더니	－といったのに	137
-는다면서요/ㄴ다면서요/다면서요?	－そうですね	110
-는데/ㄴ데/은데요	－ですが、－ですけれども	71
-는데	－だが、－だから、－なんですけど	16
-는커녕/은커녕	－(する)どころか	130
늘	いつも、常に	159
늘다	増える	119
늘리다	増やす	67
능력	能力	19
늦게	遅く	26
늦다	遅い、遅れる	14
늦잠	朝寝坊	41
늦잠을 자다	朝寝坊をする	41
늑장을 부리다	のろのろする	150
님	彼氏、ボーイフレンド	72

- ㄷ -

한국어	일본어	쪽
-다(가) 보니	－ていると、－ものだから	97
다	全部、すべて	23
-다가	－してから	167
다가오다	近づく、近づいてくる	55
다녀오다	行ってくる、寄ってくる	27
다년생	多年生	165
다니다	通う	9
다도	茶道	113
다되다	完成される、尽きる、終わる	44
다듬다	整える、手入れする	154
다루다	扱う	75
다르다	違う、異なる	42
다른	他の、別の	23
다리	足	48
다림쇠	アイロン	49
다림질을 하다	アイロンをかける	49
다보탑	多宝塔	152
다섯	五つ	16
다시	もう一度、もう	10
다음	次、あと、のち	57
다음달	来月、翌月	35
다음주	来週、次の週	91
다이어트	ダイエット	82

한국어	일본어	쪽
다치다	怪我する	108
다카라즈카	宝塚	108
다투다	争う、けんかする	38
다행이다	幸いだ	29
닦다	磨く	67
단	一段	104
단무지	たくあん	150
단속	取り締まり	32
단순	単純	75
단어	単語	81
단지	単に、ただ	29
단체	団体	161
단칸방	たった一つの部屋	131
단풍	紅葉	38
닫다	閉める、塞ぐ	10
달	一か月	83
달	月	30
달다	甘い	48
달라다	くれと言う、請う、要求する	172
달라지다	変わる、変化する	97
달래다	慰める、なだめる	11
달려가다	駆けつける	135
달리기	走り	48
달리다	走る	35
달콤하다	甘い、甘ったるい	19
닭	鶏	149
닮다	似る	125
닳다	すれる、すり減る	26
담구다	(キムチを)漬ける、作る	49
담다	入れる	169
담당	担当	157
담당자	担当者	19
담배	タバコ	26
담배를 피우다	タバコを吸う	41
담임	担任	35
담장	塀、垣	153
-답다	－らしい	78
답답하다	重苦しい、うっとうしい	154
답례	答礼、返礼、お返し	120
답사	答辞	156
당	一当たり	66
당면	唐麺	149
당시	当時	58
당신	あなた	45
당연하다	当然だ、当たり前だ	69
당연히	当然	91
당장	今のところ、即座	136
당첨되다	当たる	121
당하다	匹敵する、勝る	146
당황하다	慌てる、戸惑う	32
닿다	つく、届く	11
대견스럽다	満足だ	117
대구	大邱	68
대기 오염	大気汚染	132
대기	待機	20
대기	大気	132
대기차량	待機車	20
대낮	真昼、まっ昼間	30
대다	触れる、つける	53
대단하다	大変だ、ものすごい	23
대답	答え、返事	26
대답하다	答える	15

대들다 : はむかう、挑む …………… 75	도착하다 : 到着する、着く …………… 63
대부분 : 大部分 …………… 159	독서 : 読書 …………… 80
대우 : 待遇 …………… 60	독일 : ドイツ …………… 54
대접 : もてなし …………… 120	독하다 : ひどい、きつい …………… 26
대접하다 : もてなしする …………… 107	돈 : お金 …………… 14
대조하다 : 対照する …………… 107	돈벌이 : 金儲け …………… 82
대중 : 大衆 …………… 12	돈을 찾다 : お金を下ろす …………… 85
대중교통 : 公共交通 …………… 12	돋보이다 : 目立つ …………… 37
대중매체 : マスメディア …………… 58	돌 : 石 …………… 159
대체로 : 大体、概して、おおよそ …………… 30	돌다 : 回る …………… 64
대출 : 貸し出し …………… 108	돌려주다 : 返す、返済する …………… 106
대통령 : 大統領 …………… 81	돌보다 : 世話する、面倒をみる …………… 17
대표 : 代表 …………… 29	돌아가다 : 帰る、亡くなる …………… 24
대표하다 : 代表する …………… 81	돌아다니다 : 歩き回る、巡る …………… 55
대하다 : (相手に)する、対面する …………… 20	돌아보다 : 見回る …………… 101
대학 : 大学 …………… 81	돌아오다 : 帰ってくる …………… 14
대학원 : 大学院 …………… 69	돕다 : 助ける、手伝う …………… 21
대형 : 大型 …………… 166	동경 : 東京 …………… 64
대화 : 対話、会話 …………… 140	동기회 : 同期会 …………… 76
대회 : 大会 …………… 108	동남아시아 : 東南アジア …………… 131
대회장 : 会場 …………… 140	동네 : 町、村 …………… 161
더 : もっと、さらに、もう …………… 9	동대문 시장 : 東大門市場 …………… 156
-더니 : -だったので、-だったが …………… 104	동료 : 同僚 …………… 14
더럽다 : 汚い …………… 86	동반자 : 同伴者 …………… 113
더욱 : もっと、さらに、一層 …………… 37	동생 : 弟、妹 …………… 14
더위 : 暑さ …………… 26	동아리 : 部活 …………… 19
더위를 타다 : 夏に負ける、夏バテだ …………… 26	동안 : 間 …………… 59
덕수궁 : 徳壽宮 …………… 110	동의하다 : 同意する …………… 55
-던데요 : -でしたよ、-ましたよ …………… 44	동정하다 : 同情する …………… 171
덜덜 : ぶるぶる …………… 165	동쪽 : 東、東側 …………… 85
덜컥 : ぎくりと、ぎくっと …………… 138	동창생 : 同級生 …………… 127
덤벙대다 : 落ち着きのない …………… 34	동창회 : 同窓会 …………… 127
덥다 : 暑い …………… 14	돼지 : 豚 …………… 168
덩실덩실 : ひょいひょいと …………… 66	되다 : 固い …………… 67
덮다 : 覆う …………… 33	되다 : なる …………… 23
데리다 : つれる …………… 90	된장 : 味噌 …………… 23
데이터 : データ …………… 100	될 수 있으면 : できれば …………… 154
데이트 : デート …………… 150	두(둘) : 二つ …………… 9
도 : -も …………… 14	두껍다 : 厚い …………… 107
도구 : 道具 …………… 27	두다 : 置く、わたる …………… 54
도대체 : 一体、まったく …………… 134	두렵다 : 恐い、恐ろしい …………… 69
도둑맞다 : 盗まれる …………… 141	두말하면 : 他のことをいうと …………… 128
도로 : 道路 …………… 35	두통 : 頭痛 …………… 88
-도록 : -ように …………… 57	둑 : 堰、堤、土手 …………… 11
도망 : 逃亡 …………… 113	둘 : 二つ …………… 18
도망가다 : 逃げる、逃亡する …………… 35	둘도 없다 : 二つとない、この上ない …………… 81
도망을 다니다 : 逃げる …………… 113	둘러보다 : 見回す、見渡す …………… 110
도무지 : まったく、全然 …………… 106	둘째 : 二番目 …………… 162
도배 : 壁に壁紙を張ること …………… 128	둥글다 : 丸い …………… 34
도배하다 : 壁に紙を貼る …………… 169	둥지 : 巣 …………… 85
도복 : 道服 …………… 104	뒤 : 後 …………… 24
도서관 : 図書館 …………… 9	뒤섞이다 : 混ざる、入り乱れる …………… 147
도서관장 : 図書館長 …………… 157	뒤집다 : 裏返す、逆さにする …………… 134
도시 : 都市 …………… 30	뒤집어쓰다 : 被る …………… 108
도시락 : お弁当 …………… 156	뒤집어지다 : 裏返される、逆さにされる … 134
도와주다 : 手伝う、助ける …………… 27	뒷풀이 : 打ち上げ …………… 130
도우미 : お手伝いさん …………… 25	드나들다 : 出入りする、通う …………… 76
도움 : 助け、援助 …………… 41	드라마 : ドラマ …………… 35
도입하다 : 導入する、受け入れる …………… 108	드라이 : ドライクリーニング …………… 149
도장 : ハンコ …………… 21	드레스 : ドレス …………… 110
도전하다 : 挑戦する、挑む …………… 25	드리다 : 差し上げる、申し上げる …………… 58
도중에 : 途中で …………… 29	드물다 : まれだ、めったにない …………… 46

韓国語	日本語	頁
드시다	召し上がる	34
-든지	-でも	159
듣다	聞く	9
들	たち、ら	14
들다	持つ	48
들들	くどくど、ぱちぱち	44
들르다	寄る	41
들리다	聞こえる	31
들어가다	帰る、入る	11
들어서다	できる	32
들어오다	帰ってくる	10
들어주다	聞いてやる、聞き入れる	132
들이다	入れる、雇う	25
들키다	ばれる、見つかる	172
들통이 나다	見つかる、ばれる	26
등	背中	149
등	など	44
등대지기	灯台守	97
등록증	登録証	54
등반	登山	80
등반하다	登攀する	108
등산	登山	149
등산하다	登山する	90
디자인	デザイン	18
디저트	デザート	19
디즈니랜드	ディズニーランド	128
따끈하다	温かい、ほかほかだ	19
따다	取る	94
따뜻하다	暖かい	30
따라오다	ついてくる	163
따로따로	別々に、離れて	100
따르다	従う、追う	75
딱	きぱりっと、ぴたりと	59
딱딱하다	固い	34
딱하다	気の毒だ、かわいそうだ	53
딴	別の、他の	172
딸	娘	101
땀	汗	26
땀을 흘리다	汗をかく	26
땅	土地、土	48
때	垢	165
때	時	14
때가 타다	垢がつく	165
때리다	打つ、殴る	12
때문에	-のため、-のせいで	105
떠나가다	立ち去る、発つ	135
떠나다	立つ、出発する	92
떠들다	騒ぐ	42
떠맡다	引き受ける、引き取る	161
떠오르다	思い浮かぶ	38
떠올리다	思い浮かべる	85
떡	お餅	34
떡국	雑煮	160
떡집	餅屋	166
떨어지다	下がる、落ちる	66
떨어지다	なくなる、離れる	42
또	また	97
또래	同年配	165
똑같다	同じだ	18
뚫다	通す、開く	154
뚱뚱하다	太る	34
뛰다	走る	28
뛰어나가다	走り出る、走り出す	72
뛰어나다	優れる、優秀だ	17
뛰어놀다	飛び回る、遊ぶ	24
뛰어들다	係わる、飛び込む	65
뜨겁다	熱い	154
뜨다	(日が)昇る	55
뜨다	浮く	172
뜰	庭、花壇	140
뜸하다	まばらだ	69
뜻	意味、意志	44
뜻밖에	意外に、不意、思いがけなく	117
띄다	目立つ	45

- ㄹ -

韓国語	日本語	頁
라디오	ラジオ	35
라면	ラーメン	108
라스베가스	ラスベガス	137
랑	-と	15
러시아어	ロシア語	102
런던	ロンドン	49
레스토랑	レストラン	19
레포트	レポート	13
로마	ローマ	137
로봇	ロボット	34
로션	ローション	80
르네상스	ルネサンス	137
를	-を	12
리더하다	リードする	171

- ㅁ -

韓国語	日本語	頁
마감	締め切り	9
마감하다	締め切る、終える	89
마구	やたらに、むやみに	24
마니산	摩尼山	90
마다	ごとに、たびに	44
마다하다	嫌がる	149
마당	庭	81
마라톤	マラソン	118
마련하다	用意する、準備する	69
마루	マル、板の間	87
마르다	渇く	24
마르다	痩せる	34
마리	-匹	131
마무리되다	仕上がる、片付けられる	134
마무리하다	仕上げる	102
마사지	マッサージ	156
마시다	飲む	20
마을	町、村	11
마을버스	地域巡回バス	11
마음	心	23
마음같이	心のように	155
마음껏	思う存分	133
마음놓다	安心する	95
마음대로	気ままに、思うとおりに	155
마음먹다	決心する	130
마음씨	気立て、心根、心がけ	18
마음에 들다	気に入る	46
마주치다	合う、出くわす	151
마중	出迎え、迎え	127
마중나가다	出迎える	61
마지막	終わり	54

마지못하다 : やむを得ない	165
마찬가지이다 : 同じだ	148
마치 : まるで	161
마치다 : 終える、すます	24
마침 : 折りよく、ちょうど	75
마포 : 麻浦	64
막 : たった今、ちょうど	55
막내 : 末っ子	113
막다 : 塞ぐ	11
막차 : 終電、終発	150
막히다 : (道が)込む、渋滞する、	26
막히다 : 詰まる	73
만 : —だけ、—ばかり	9
만나다 : 会う	13
만남 : マンナム	97
만능 : 万能	74
만들다 : 作る	20
만리장성 : 万里の長城	41
만만찮다 : 手ごわい	147
만만하다 : くみしやすい、見くびる	76
만족하다 : 満足する	71
만지다 : 触る	139
만큼 : —ほど、—くらい	39
-만하다 : —のほどだ	75
만화책 : 漫画	13
많다 : 多い	9
많이 : たくさん、多く	14
말 : 話、言葉	14
말 : 末	19
-말고 : —でなくて	97
말귀 : のみ込み	66
말다 : 中断する、中止する	17
말로는 : 話では、言葉では	116
말리다 : 止める	12
말리다 : 干す	10
말씀으로는 : お話では	117
말씀하다 : おっしゃる	153
말없이 : 無言で、黙って	30
말을 걸다 : 声をかける	95
말투 : 口ぶり、口調	19
말하다 : 話す	22
맑다 : 清い、澄んでいる	46
맛 : 味	19
맛을 보다 : 味見をする	44
맛있다 : 美味しい	13
망가지다 : 壊れる、駄目になる	125
망설이다 : ためらう、躊躇する	26
망신 : 恥さらし、恥	150
망신을 당하다 : 恥をさらす	150
망치다 : 台無しにする、駄目にする	127
망하다 : 滅びる、つぶれる	141
맞다 : 合う、正しい	24
맞다 : 打たれる	19
맞서다 : 対決する、立ち向かう	24
맞선 : お見合い	99
맞은편 : 向かい側、反対側	101
맞추다 : (スーツを)注文する、あつらえる	69
맞추다 : 当てる	128
맡기다 : 任せる、預ける	61
맡다 : 引き受ける、担当する	35
매끄럽다 : 滑らかだ、すべすべする	165

매미 : セミ	55
매우 : 大変、とても、非常に	18
매일 : 毎日	14
매출액 : 売上額	76
맥 : 脈	69
맥을 짚다 : 脈をとる	80
맥주 : ビール	96
맨발 : 素足、裸足	72
맨손 : 素手、手ぶら	140
맵다 : 辛い	34
맺다 : 結ぶ	35
머리 : 頭	18
머리 : 髪の毛	10
머리끝 : 髪の毛の先端	156
머리를 감다 : 髪の毛を洗う	10
머리카락 : 髪の毛	48
먹다 : 食べる	13
먹이다 : 食べさせる	59
먼길 : 遠路、遠い道のり	141
먼저 : 先に	11
먼지 : 埃	146
멀다 : 遠い	32
멀리 : 遠く	127
멀미 : (乗り物)酔い	99
멈추다 : 止まる	24
멋 : おしゃれ、粋	132
멋있다 : すばらしい、素敵だ	101
멋쟁이 : おしゃれな人	171
멋적다 : ぎこちない	73
멋지다 : 格好いい、すばらしい	19
멍청하다 : 間抜けだ、ばかだ	135
메모 : メモ	102
메밀국수 : そば	76
메우다 : 埋める	128
멕시코 : メキシコ	76
며칠 : 何日	112
면 : 面	153
면접 : 面接	156
면허 : 免許	171
면허증 : 免許証	94
멸치 : カタクチイワシ	100
명 : —名、—人	20
명동 : 明洞	68
명절 : 名節	41
명함 : 名刺	156
몇 : 何	13
모델 : モデル	35
모두 : 皆	23
모든 : みんな、全て	79
모르다 : 分からない、知らない	10
모범 : 模範	94
모습 : 様子、姿	81
모시다 : 仕える	35
모양 : 形、格好、様子	18
모으다 : 集める、蓄える	41
모이다 : 集まる	13
모임 : 集まり、集い	19
모자 : 帽子	48
모자라다 : 足りない、欠ける	9
모자를 쓰다 : 帽子を被る	48
모조리 : 全部、すっかり	66
모종 : 苗、苗木	146

| 모처럼：わざわざ、せっかく、久しぶり … 150
| 목：喉 …………………………………… 24
| 목석：木石 ………………………………… 30
| 목소리：声 ………………………………… 134
| 목숨：命、生命 …………………………… 67
| 목욕：入浴、お風呂 ……………………… 172
| 목욕하다：お風呂に入る ………………… 125
| 목표：目標 ………………………………… 161
| 몫：分、分け前 …………………………… 100
| 몰다：運転する …………………………… 81
| 몰다：追う、集める ……………………… 86
| 몰두하다：没頭する、専念する ………… 98
| 몰라보다：分からない、見忘れる、見違える
| ……………………………………………… 139
| 몰라주다：分かってくれない …………… 135
| 몰래：こっそり、ひそかに ……………… 14
| 몰래카메라：隠しカメラ ………………… 14
| 몰리다：押し寄せる ……………………… 23
| 몸：体 ……………………………………… 27
| 몹시：とても、大変、ひどく …………… 112
| 못：できない ……………………………… 14
| 못지않다：劣らない、遜色がない ……… 97
| 못하다：できない ………………………… 23
| 묘비：墓碑、墓石 ………………………… 14
| 묘하다：妙だ、変だ ……………………… 85
| 무겁다：重い ……………………………… 60
| 무게：重さ ………………………………… 63
| 무너지다：倒れる、崩れる ……………… 100
| 무대：舞台 ………………………………… 75
| 무덥다：蒸し暑い ………………………… 80
| 무뚝뚝하다：無愛想だ …………………… 68
| 무료하다：退屈だ ………………………… 69
| 무리：無理 ………………………………… 152
| 무리하다：無理する ……………………… 134
| 무사하다：無事だ ………………………… 92
| 무섭다：恐い、恐ろしい ………………… 34
| 무성하다：生い茂る ……………………… 118
| 무슨：何の ………………………………… 9
| 무시하다：無視する ……………………… 86
| 무엇：何 …………………………………… 11
| 무정하다：無情だ、つれない …………… 72
| 무지하다：ものすごい …………………… 96
| 무책임하다：無責任だ …………………… 66
| 무척：大変、非常に、とても …………… 32
| 무형문화재：無形文化財 ………………… 19
| 묵다：泊まる ……………………………… 113
| 묵다：古い ………………………………… 149
| 문：門、ドア ……………………………… 1
| 문단속：戸締り …………………………… 127
| 문서：文書 ………………………………… 113
| 문장：文章 ………………………………… 11
| 문제：問題 ………………………………… 23
| 문형：文型 ………………………………… 15
| 문화：文化 ………………………………… 57
| 묻다：聞く、尋ねる ……………………… 9
| 묻다：つく、くっつく …………………… 85
| 물：水 ……………………………………… 24
| 물가：物価 ………………………………… 20
| 물개：オットセイ ………………………… 34
| 물건：品物、物 …………………………… 20
| 물고기：魚 ………………………………… 92
| 물러나다：退く …………………………… 35

| 물론이다：勿論だ、当然だ ……………… 21
| 물리：物理 ………………………………… 114
| 물색하다：物色する、探す ……………… 35
| 물어보다：聞いてみる …………………… 10
| 물집：水腫れ、水泡 ……………………… 102
| 물품：物品、品物、品 …………………… 47
| 뭐：何 ……………………………………… 17
| 뭐니 뭐니 해도：なんだかんだいっても … 164
| 뭘：何を …………………………………… 9
| 미국：アメリカ …………………………… 82
| 미끄러지다：滑る ………………………… 172
| 미끄럽다：滑らかだ、つるつるする …… 150
| 미니스커트：ミニスカート ……………… 140
| 미리：前もって、あらかじめ …………… 35
| 미소：微笑 ………………………………… 85
| 미소를 짓다：微笑む ……………………… 85
| 미술：美術 ………………………………… 19
| 미술관：美術館 …………………………… 136
| 미안하다：すまない ……………………… 39
| 미용사：美容師 …………………………… 71
| 미용실：美容室、美容院 ………………… 76
| 미장일：壁に塗ること …………………… 169
| 미치다：狂う ……………………………… 46
| 미터：メートル …………………………… 48
| 미팅：ミーティング、会議 ……………… 125
| 민간：民間 ………………………………… 159
| 민감성：敏感性 …………………………… 80
| 민감하다：敏感だ ………………………… 140
| 민들레꽃：タンポポ ……………………… 140
| 민망하다：きまり悪い、心苦しい ……… 146
| 민속：民俗 ………………………………… 51
| 민속박물관：民俗博物館 ………………… 51
| 민심：民心 ………………………………… 75
| 민요：民謡 ………………………………… 120
| 믿다：信じる ……………………………… 66
| 밀리다：押される ………………………… 172
| 밀리다：たまる …………………………… 54
| 밀어붙이다：追い込む、押し付ける …… 170
| 밉다：憎い、憎らしい …………………… 48
| 밑반찬：常備総菜 ………………………… 100

- ㅂ -

| -ㅂ니까?/습니까?：-ですか、-ますか … 15
| -ㅂ니다/습니다：-です、ます …………… 9
| 바겐세일：バーゲンセール ……………… 60
| 바꾸다：変える、変更する ……………… 27
| 바뀌다：変わる、切り替わる …………… 105
| 바느질：針仕事、裁縫 …………………… 114
| 바다：海 …………………………………… 19
| 바닥：底、床 ……………………………… 23
| 바닥이 나다：底が突く、尽きる ………… 23
| 바람：風 …………………………………… 23
| 바람：不倫 ………………………………… 20
| 바람을 쐬다：風に当たる ………………… 95
| 바람을 피우다：不倫をする ……………… 120
| 바로：すぐ、直ちに ……………………… 12
| 바로：ほかならない、まさに …………… 111
| 바르다：張る、塗る ……………………… 80
| 바쁘다：忙しい …………………………… 21
| 바지：ズボン ……………………………… 102
| 바캉스：バカンス ………………………… 13

185

바퀴벌레 : ゴキブリ	12	방향제 : 消臭剤	82
바탕 : 生地、もと	165	밭 : 畑	08
바티칸 : バチカン	87	배 : お腹	48
박 : パク(朴)	61	배 : 梨	88
박력 : 迫力	139	배 : 船	63
박물관 : 博物館	51	배가 고프다 : お腹がすく	48
박수 : 拍手	75	배급 : 配給	49
박수를 치다 : 拍手をする	75	배기 : 排気	132
밖 : 外	14	배기가스 : 排気ガス	132
반 : クラス、学級	79	배를 곯다 : お腹をすかす	125
반 : 半、半分	90	배앓이 : 腹痛	26
반갑다 : 懐かしい、嬉しい、喜ばしい	72	배우 : 俳優	19
반기다 : 嬉しがる、喜ぶ、懐かしがる	165	배우다 : 学ぶ、習う	15
반년 : 半年	108	배웅하다 : 見送りする	124
반달 : 半月、弦月	34	배철수 : ベチョルス	29
반대 : 反対	161	배추 : 白菜	87
반대하다 : 反対する	24	배탈 : 腹痛、食あたり	172
반도체 : 半導体	108	백만장자 : 百万長者	137
반드시 : 必ず、きっと	27	백화점 : デパート、百貨店	49
반성 : 反省	53	밴드 : バンド	112
반소매 : 半袖	165	뱀 : 蛇	120
반신욕 : 半身浴	82	뱃속 : 腹の中、心の中	48
반영되다 : 反映される	53	버겁다 : 手に余る、手ごわい	27
반장 : 班長	171	버너 : バーナー	149
반죽 : 生地、練り粉	139	버리다 : 捨てる	26
반지 : 指輪	54	버무리다 : 和える、混ぜる	142
반찬 : おかず	23	버스 : バス	11
반팔 : 半袖	68	버티다 : 耐える、辛抱する	65
반품 : 返品	150	번 : 一回、一度	16
받다 : 受ける、もらう、受け取る	15	번 : 一番	78
받아들이다 : 受け入れる	75	번개 : 稲妻、稲光	75
받아쓰기 : 書き取り	41	번역 : 翻訳	123
발 : 足	31	번역하다 : 翻訳する	123
발견하다 : 発見する	172	번지점프 : バンジジャンプ	117
발길 : 足先	132	번호 : 番号	76
발끝 : 足先	156	벌 : 罰	46
발매일 : 発売日	87	벌금 : 罰金	75
발생하다 : 発生する、生じる	24	벌금을 물다 : 罰金を払う	75
발육 : 発育	165	벌다 : 稼ぐ、儲ける	52
발음 : 発音	60	벌레 : 虫	26
발표 : 発表	79	벌리다 : 開ける、広げる	26
발표하다 : 発表する	35	벌써 : もう、すでに、とっくに	19
발휘 : 発揮	46	범인 : 犯人	35
밝다 : 明るい、詳しい	30	벗겨지다 : 剥げる、むける	75
밝혀내다 : 明かす	80	벗다 : 脱ぐ	24
밝히다 : 明かす、はっきりさせる	40	벙어리 : 口のきけない人	84
밟다 : 踏む	80	벚꽃 : 桜	37
밤 : 夜	26	베다 : 切る、刈る	49
밤길 : 夜道	60	벨 : ベル	135
밤새 : 夜中、一晩中	170	벽 : 壁	48
밤을 새우다 : 夜を明かす、徹夜する	59	벽지 : 壁紙	80
밥 : ご飯	14	변경 : 変更	171
밥을 짓다 : ご飯を炊く	31	변명 : 言い訳、弁明	46
방 : 部屋	20	변비 : 便秘	80
방값 : 家賃	27	변하다 : 変わる	24
방금 : 今、たった今	152	변호사 : 弁護士	86
방법 : 方法、仕方	81	별로 : 別に、さほど	19
방정맞다 : そそっかしい	162	병 : 病気、病	13
방침 : 方針	47	병세 : 病勢、病状	118
방학 : (学校の)長期休み	13	병원 : 病院	14
방해 : 妨害、邪魔	127	병이 나다 : 病気になる	76
방향 : 方向	117	병이 들다 : 病気にかかる	59

韓国語	日本語	ページ
보고하다	報告する	128
보내다	(時間を)過ごす	52
보내다	行かせる	19
보내다	送る、出す	41
보다	見る	12
보다	ーより	9
보답	償い、恩返し、報い	164
보름달	満月	34
보리차	麦茶	134
보살피다	面倒をみる、世話をする	91
보육원	保育園	101
보이다	見せる、見える	51
보자기	ふろしき	155
보증	保証	150
보통	普通	34
보호자	保護者	35
복권	宝くじ	121
복도	廊下	42
복사하다	コピーする	47
복습	復習	87
복용하다	服用する	108
복잡하다	複雑だ	20
볶다	炒める	44
본고장	本場	168
본문	本文	15
본인	本人	32
볼	頬、ほっぺた	34
볼펜	ボールペン	164
봄	春	29
봄맞이	迎春	37
봉사	奉仕、ボランティア	86
부담스럽다	負担だ	94
부담하다	負担する	169
부동산	不動産	157
부드럽다	柔らかい	139
부럽다	羨ましい	47
부르다	招く、招待する	116
부르다	呼ぶ	76
부리다	ふるまう	85
부모	親	39
부모님	両親、ご両親	13
부부	夫婦	95
부산	釜山	68
부시다	まぶしい	149
부엌	台所、キッチン	84
부유하다	豊かだ、富裕だ	69
부인	奥さん	45
부자	お金持ち	92
부장님	部長	72
부족	不足	104
부족하다	不足する、足りない	14
부주의하다	不注意する	76
부시런하다	勤勉だ、まめまめしい	152
부치다	送る、出す	63
부침개	チヂミ	156
부탁	頼み、お願い	149
부탁하다	頼む、お願いする	19
부터	-から、-より	16
부하	部下	35
부형회	PTA	156
북경	北京	108
북부	北部	48
북적거리다	込み合う	68
북한	北朝鮮	168
분	方	71
분	分	14
분석	分析	134
분실물센터	忘れ物センター	35
분실하다	紛失する、なくす	88
분위기	雰囲気	49
분홍색	桃色、ピンク	37
불	火、電気	44
불가능	不可能	141
불가능하다	不可能だ	141
불고기	プルゴギ	41
불국사	佛國寺	152
불꽃놀이	花火	41
불다	吹く	29
불란서	フランス	41
불량품	不良品	73
불량하다	不良だ	59
불리다	ふやかす	171
불면증	不眠症	94
불법 주차	駐車違反	75
불법	不法	75
불신	不信	131
불쌍하다	かわいそうだ、哀れだ	144
불안	不安	149
불안하다	不安だ	32
불우이웃	恵まれない人	47
불타다	燃える	37
불티나다	火花が散る	35
불편하다	不便だ	18
불평	不平、不満、愚痴	60
불행	不幸	86
붉다	赤い	146
붉은악마	ブルグンアンマ	78
붉히다	赤らめる、赤くする	149
붓다	注ぐ	66
붓다	腫れる	48
붙다	つく、張る	13
붙이다	貼る、張る	165
붙잡히다	捕まる、捕まえる	35
브라질	ブラジル	41
비	雨	23
비가 새다	雨が漏れる	147
비가 오다	雨が降る	29
비구름	雨と雲	85
비닐	ビニール	66
비다	空く	102
비뚤어지다	曲がる、歪む	24
비료	肥料	59
비를 맞다	雨に降られる	75
비밀	秘密	23
비바람	雨と風、風雨	23
비비다	混ぜる	82
비빔밥	ビビンバ	69
비슷하다	似ている	17
비싸다	高い	12
비용	費用	149
비용을 잡다	費用を見積もる	149
비우다	空ける、留守にする	41
비웃다	あざ笑う、ばかにする	48
비자	ビザ	82

비좁다 : 狭い	132
비참하다 : 悲惨だ、惨めだ	133
비타민 : ビタミン	81
비하다 : 比べる	29
비행기 : 飛行機	63
빅스타 : ビックスター	19
빈손 : 素手、手ぶら	100
빈털터리 : 一文無し	141
빈틈없이 : すき間なく、抜け目なく	61
빌다 : 謝る	171
빌다 : 祈る	59
빌딩 : ビル	108
빌딩숲 : たくさんのビル	108
빌리다 : 借りる	13
빗길 : 雨の道	150
빚 : 借金、負債	171
빚다 : 作る、醸造する	37
빛 : 光	48
빠르다 : 速い、早い	18
빠지다 : 落ちる、抜ける	13
빨간색 : 赤色	59
빨갛다 : 赤い	34
빨다 : 洗う、洗濯する	102
빨래 : 洗濯、洗い物	10
빨리 : 早く、急いで	14
빵 : パン	139
-빼고 : -ではなく、-除外して	98
빼놓다 : 除く、省く	169
빼다 : 抜く、取り除く	94
뺨 : 頬	12
뻐근하다 : だるい、重苦しい	172
뻔하다 : 明らかだ、分かりきっている	46
뻗다 : 伸びる、伸ばす	86
뼈 : 骨	159
뽑다 : 取る、抜く	47
뽑히다 : 選ばれる、選抜される、抜かれる	112
뿌리 : 根、根もと	118
뿌리다 : まく	12
뿌리치다 : 振り切る	161
뿐 : -だけ、-のみ、-ばかり	91
-뿐만 아니라 : -だけでなく、-のみならず	78
뿔뿔이 : ばらばらに	134

- ㅅ -

사감 : 舎監	83
사건 : 事件	24
사고 : 事故	23
사고가 나다 : 事故が起こる	150
사과 : りんご	34
사귀다 : 付き合う	69
사기꾼 : 詐欺師	50
사납다 : 荒々しい、険しい	135
사다 : 買う	14
사라지다 : 消える、なくなる	88
사람 : 人	11
사랑 : 愛、恋	164
사랑하다 : 愛する	32
사모님 : 奥様、奥さん	120
사무실 : 事務室	68
사법고시 : 司法試験	66

사소하다 : 些少だ、わずかだ、つまらない	59
사실 : 事実	58
사실대로 : ありのままに	39
사업 : 事業	88
사용하다 : 使用する、使う	105
사원 : 社員	75
사이 : 間、仲	92
사이즈 : サイズ	162
사이트 : サイト	81
사인 : サイン	107
사장님 : 社長	14
사적 : 遺跡、史跡	90
사전 : 辞典、辞書	114
사정 : 事情、都合	14
사진 : 写真	54
사진관 : 写真館	139
사진첩 : アルバム	76
사찰 : お寺	159
사촌 : いとこ	32
사탕 : キャンデー、飴	147
사회 : 社会	30
사회복지학 : 社会福祉学	69
사흘 : 三日	60
삭막하다 : 索漠とする	141
산 : 山	37
산낙지 : まだこ	13
산란하다 : 散り乱れる	23
산보 : 散歩	13
산소 : 墓	52
산짐승 : 山に住む獣	48
살 : 一歳	113
살 : 肉	94
살구 : 杏	118
살다 : 住む、暮らす、生きる	20
살리다 : 生かす	52
살림 : 暮らし、生活	136
살을 빼다 : ダイエットする	94
살충제 : 殺虫剤	73
삶다 : ゆでる	44
삼 : 三、三つ	19
삼가다 : 慎む、遠慮する	11
삼계탕 : 参鶏湯	82
삼바춤 : サンバ(sammba)	41
삼사일 : 三四日	63
삼일 : 三日	63
삼진날 : 陰暦の3月3日	37
삼촌 : おじ	68
상 : 賞	111
상관없다 : 関係がない	162
상관하다 : 相関する、関係する	165
상냥하다 : 優しい、にこやかだ	69
상담 : 相談	73
상담소 : 相談所	127
상담원 : 相談員	157
상담하다 : 相談する	127
상당하다 : 相当する、相当だ	156
상당히 : 相当	32
상대 : 相手	20
상대방 : 相手側、相手方	55
상사 : 上司	128
상사병 : 恋煩い	149
상상 : 想像	128

| 상속：相続 …… 149
| 상식：常識 …… 102
| 상의하다：相談する …… 154
| 상자：箱 …… 102
| 상처：傷 …… 108
| 상처가 아물다：傷がいえる …… 108
| 상태：状態 …… 73
| 상품：商品 …… 48
| 상하다：腐る、傷む …… 35
| 상황：状況 …… 18
| 새：新、新しい …… 14
| 새：鳥 …… 45
| 새기다：彫る …… 159
| 새까맣다：真っ黒だ …… 60
| 새끼：子、子供 …… 131
| 새로：新しく …… 12
| 새롭다：新しい、初めてだ …… 32
| 새마을호：セマウル号 …… 114
| 새벽：夜明け、明け方 …… 41
| 새콤하다：やや酸っぱい …… 128
| 새파랗다：真っ青だ …… 95
| 색：色 …… 37
| 색깔：色、色彩 …… 18
| 색다르다：変わる、風変わりだ …… 146
| 샌드위치：サンドイッチ …… 157
| 샐러리맨：サラリーマン …… 105
| 생각：考え、思い …… 12
| 생각나다：思いつく、思い出す …… 41
| 생각보다：思ったより …… 12
| 생각이 나다：思い浮かぶ、思い出す …… 87
| 생각이 들다：思いがする …… 38
| 생각하다：考える、思う …… 10
| 생강차：生姜茶 …… 141
| 생기다：生じる、起きる、発生する、できる …… 21
| 생맥주：生ビール …… 68
| 생맥주집：ビール屋、居酒屋 …… 68
| 생명：生命 …… 53
| 생산：生産 …… 79
| 생선：魚、生鮮 …… 45
| 생수：ミネラルウォーター …… 108
| 생시：生時、生きている間 …… 161
| 생일：誕生日 …… 14
| 생태계：生態系 …… 60
| 생활：生活 …… 24
| 생활비：生活費 …… 134
| 생활하다：生活する …… 39
| 샤워：シャワー …… 82
| 샴푸：シャンプー …… 71
| 서다：立つ …… 14
| 서두르다：急ぐ、あせる …… 28
| 서랍：引き出し …… 100
| 서로：互いに …… 24
| 서류：書類 …… 47
| 서비스：サービス …… 32
| 서운하다：寂しい、残念だ …… 83
| 서울：ソウル …… 41
| 서울의 찬가：ソウルの賛歌 …… 97
| 서점：書店、本屋 …… 112
| 서투르다：下手だ、未熟だ …… 66
| 서편제：西便制 …… 142
| 석굴암：石窟庵 …… 152

| 석유：石油、ガソリン …… 134
| 섞다：混ぜる …… 59
| 선거：選挙 …… 69
| 선뜻：気軽に、快く …… 72
| 선물：プレゼント、お土産 …… 27
| 선박편：船便 …… 63
| 선반：棚 …… 11
| 선발：選抜 …… 140
| 선배：先輩 …… 111
| 선생님：先生 …… 14
| 선수：選手 …… 48
| 선전：宣伝 …… 73
| 선진：先進 …… 79
| 선택하다：選択する、選ぶ …… 13
| 선풍기：扇風機 …… 134
| 설：お正月 …… 167
| 설거지：（食後の）後片付け、皿洗い …… 75
| 설날：お正月 …… 113
| 설득하다：説得する …… 95
| 설마：まさか、よもや …… 160
| 설명：説明 …… 58
| 설명하다：説明する …… 18
| 설악산：雪嶽山 …… 38
| 설치하다：設置する、設ける …… 14
| 설탕：砂糖 …… 81
| 성격：性格 …… 20
| 성공：成功 …… 141
| 성공하다：成功する …… 41
| 성과：成果 …… 75
| 성과를 거두다：成果をあげる …… 75
| 성능：性能 …… 17
| 성대하다：盛大だ …… 110
| 성묘：墓参り …… 54
| 성실함：まじめさ …… 139
| 성적：成績 …… 53
| 성질：性質 …… 55
| 세(셋)：三つ …… 16
| 세계：世界 …… 156
| 세금：税金 …… 21
| 세기：世紀 …… 137
| 세다：数える …… 147
| 세다：強い …… 34
| 세배：新年の挨拶 …… 167
| 세뱃돈：お年玉 …… 167
| 세상：世の中、世間 …… 39
| 세안：洗顔 …… 27
| -세요?：おーですか、ー(ら)れますか …… 21
| 세우다：立てる …… 14
| 세일：セール …… 35
| 세제：洗剤 …… 149
| 세종대왕：世宗大王 …… 113
| 세탁기：洗濯機 …… 171
| 세탁소：クリーニング屋 …… 123
| 소개：紹介 …… 71
| 소개팅：合コン …… 114
| 소개하다：紹介する …… 51
| 소금：塩 …… 81
| 소나기：夕立、にわか雨 …… 88
| 소독약：消毒薬 …… 108
| 소리：音、声 …… 14
| 소리가 나다：音がする …… 14
| 소매：袖 …… 126

| 소문 : うわさ … 31
| 소문이 돌다 : うわさがする … 139
| 소박하다 : 素朴だ … 57
| 소비자 : 消費者 … 134
| 소설 : 小説 … 146
| 소식 : 消息、便り、知らせ … 72
| 소아마비 : 小児麻痺 … 165
| 소원 : 願い、念願 … 59
| 소중하다 : 大事だ、大切だ … 18
| 소중히 : 大事に、大切に … 75
| 소질 : 素質 … 146
| 소테스트 : 小テスト … 113
| 소포 : 小包 … 63
| 소풍 : 遠足 … 41
| 소풍날 : 遠足の日 … 150
| 소프트 : ソフト … 140
| 소홀하다 : いい加減だ、おろそかだ … 19
| 소화하다 : 消化する … 20
| 속(위장)이 쓰리다 : 胸やけがする … 120
| 속 : お腹 … 149
| 속 : 心中、胸中 … 33
| 속 : 中 … 60
| 속마음 : 本心、内心 … 54
| 속상하다 : 気に障る、腹が立つ … 105
| 속을 태우다 : 気をもむ … 33
| 속이다 : だます、欺く … 60
| 손 : 手 … 53
| 손금 : 手筋、手相 … 142
| 손녀 : 孫娘 … 54
| 손님 : お客 … 21
| 손님을 맞다 : お客をもてなす … 32
| 손님을 치르다 : お客をもてなす、宴会を執り行う … 125
| 손맛 : 手の味 … 44
| 손위 : 目上 … 107
| 손자 : 男の孫 … 54
| 손질하다 : 手入れをする … 153
| 손해 : 損害 … 150
| 손해를 보다 : 損害を受ける … 150
| 솜씨 : 手際、腕前 … 103
| 송사 : 送辞 … 156
| 송이 : 一輪、一房 … 47
| 송편 : ソンピョン … 85
| 쇠고기 : 牛肉 … 88
| 쇼핑 : ショッピング、買い物 … 85
| 쇼핑센터 : ショッピングセンター … 166
| 수 : 数、人数 … 66
| 수강 : 受講 … 9
| 수강생 : 受講生 … 119
| 수거하다 : 集める … 172
| 수다 : おしゃべり、無駄口 … 162
| 수다를 떨다 : おしゃべりをする … 162
| 수단 : 手段 … 12
| 수령 : 樹齢 … 162
| 수료증 : 修了証 … 94
| 수리 : 修理 … 99
| 수리점 : 修理店、修理処 … 88
| 수리하다 : 修理する … 84
| 수많은 : 数多く … 152
| 수박 : スイカ … 126
| 수비 : 守備 … 78
| 수상자 : 受賞者 … 81

| 수석 : 首席 … 81
| 수선 : 修理、修繕 … 8
| 수속 : 手続き … 120
| 수수께끼 : なぞなぞ … 27
| 수술 : 手術 … 131
| 수업 : 授業 … 16
| 수없이 : 数限りなく、数え切れないほど … 11
| 수영 : 水泳 … 34
| 수영장 : プール … 156
| 수익 : 受益 … 68
| 수준 : レベル … 27
| 수줍어하다 : 内気だ、はにかみ屋だ … 68
| 수질 오염 : 水質汚染 … 134
| 수질 : 水質 … 134
| 수필 : 随筆 … 101
| 수학 : 数学 … 81
| 수호신 : 守り神、守護神 … 159
| 수화기 : 受話器 … 135
| 수확량 : 収穫量 … 149
| 숙명 : 宿命 … 164
| 숙소 : 宿所、宿 … 61
| 숙연하다 : 粛然とする、厳かだ … 75
| 숙제 : 宿題 … 55
| 순간 : 瞬間 … 18
| 순조롭다 : 順調だ … 38
| 순하다 : 穏やかだ、おとなしい … 48
| 순회하다 : 巡回する … 51
| 숟가락 : さじ、スプーン … 92
| 술 : お酒 … 14
| 술래놀이 : かくれんぼ … 39
| 술주정 : 酒癖、酒乱 … 101
| 술집 : 飲み屋、酒場 … 85
| 숨 : 息 … 154
| 숨다 : 隠れる … 154
| 숨을 쉬다 : 息をする、呼吸する … 154
| 숲 : 森 … 49
| 쉬다 : 休む … 27
| 쉬워지다 : やさしくなる … 172
| 쉼없이 : 絶え間なく、絶えず、ひっきりなしに … 164
| 쉽다 : 易しい、簡単だ … 27
| 슈퍼 : スーパー … 41
| 스릴 : スリル … 117
| 스모 : 相撲 … 41
| 스스로 : 自分で、自ら … 59
| 스승 : 恩師 … 73
| 스시 : 寿司 … 41
| 스웨터 : セーター … 114
| 스위치 : スイッチ … 169
| 스즈키 : 鈴木 … 9
| 스치다 : (影が)映る … 76
| 스커트 : スカート … 121
| 스타일 : スタイル … 77
| 스토리 : ストーリ … 35
| 스트레스 : ストレス … 78
| 스파게티 : スパゲッティ … 13
| 스포츠 : スポーツ … 78
| 슬금슬금 : こそこそと、こっそり … 165
| 슬슬 : そろそろ … 28
| 슬프다 : 悲しい … 31
| 습관 : 習慣 … 102
| 습기 : 湿気 … 29

한국어	일본어	페이지
승낙	承諾、許可	15
-시-	お―になる、―(ら)れる	25
시	時	13
시간	時間	14
시간대	時間帯	160
시간을 때우다	時間をつぶす	94
시간이 나다	時間ができる、時間がある	14
시계	時計	54
시골	田舎	94
시급하다	急だ、緊急だ	18
시끄럽다	うるさい、騒がしい	26
시내	市内	54
시다	酸っぱい	26
시대	時代	60
시들다	しぼむ、枯れる	35
시들하다	気乗り薄だ、気乗りがしない	108
시련	試練	133
시리다	(目が)まぶしい	48
시멘트	セメント	80
시부모님	夫の両親	114
시스템	システム	81
시원하다	涼しい、さわやかだ	19
시인	詩人	37
시작	はじめ、はじまり	133
시작되다	始まる	31
시작종	始まりのベル	133
시작하다	始める	52
시장	市場	87
시적	詩的	37
시청	市役所、市庁	78
시치미	しら	165
시치미를 떼다	しらを切る	165
시커멓다	真っ黒だ	48
시키다	させる	19
시합	試合	34
시험	試験	13
시험에 붙다	試験に受かる	13
시험을 보다	試験を受ける	95
시험을 치다	試験を受ける	150
식다	冷める	169
식당	食堂	101
식사	食事	19
식습관	食習慣	48
식장	式場	156
식탁	食卓、テーブル	100
식히다	冷やす	54
신경	神経	23
신경이 쓰이다	気になる	120
신고	申告、届け	69
신고하다	届ける、申告する	88
신곡	新曲	35
신나다	浮かれる、興がわく	68
신랑	新郎	110
신문	新聞	35
신빌	履き物	48
신부	新婦	110
신분증	身分証	21
신비	神秘	53
신사	紳士	81
신상품	新商品	13
신선하다	新鮮だ	49
신세	世話、面倒	83
신세	身の上、運命	131
신세를 지다	お世話になる	83
신앙	信仰	159
신인	新人	140
신입	新入	108
신제품	新製品	35
신청	申請、申し込み	9
신청하다	申請する、申し込む	9
신촌	新村	64
신칸센	新幹線	49
싣다	積む、載せる	40
실내	室内	42
실력	実力	31
실망하다	失望する、がっかりする	105
실무	実務	81
실수	失敗、間違い	48
실시하다	実施する	61
실은	実は	113
실제로	実際に	73
실컷	思う存分、飽きるほど	95
실태	実態	47
실패	失敗	164
실패하다	失敗する	41
싫다	嫌だ、嫌いだ	46
싫어하다	嫌がる、嫌う	48
싫증	飽き、嫌気	27
싫증이 나다	嫌気がさす、嫌になる	27
심각성	深刻性	60
심각하다	深刻だ	23
심다	植える	52
심성	心性	118
심하다	ひどい、甚だしい、厳しい	23
싱겁다	薄い、水っぽい	34
싸다	包む	155
싸다	安い	19
싸우다	戦う、けんかする	38
싸움	戦い、けんか	11
싹	すっかり、きれいに	59
쌀	お米	41
쌀쌀하다	肌寒い、ひんやりとする	68
쌍	一組	159
쌍둥이	双子	107
쌓다	積む、重ねる	52
쌓이다	積もる、たまる	127
썩다	腐る	147
썰다	切る	102
쏟다	(力を)注ぐ	46
쏟다	こぼす	147
쏟아지다	あふれる、こぼれる	76
쏟아지다	降りしきる	133
쏠리다	傾く	108
쑥	ヨモギ	47
쑥스럽다	照れくさい、きまり悪い	140
쓰다	書く	13
쓰다	使用する、使う	18
쓰다	苦い	20
쓰러지다	倒れる、滅びる	108
쓰레기	ゴミ	100
쓰레기통	ゴミ箱	26
쓸다	掃く	87
쓸데없다	無用だ、役に立たない	132
쓸모	使い道、効用	105

씀씀이：費用、入費、使い ……………… 76
씨：氏 ……………………………………… 9
씨：種 …………………………………… 107
씨앗：種 ………………………………… 80
씩：ずつ ………………………………… 14
씩씩하다：勇ましい、男らしい ……… 47
씹다：噛む ……………………………… 59
씻다：洗う ……………………………… 86

― ㅇ ―

-아 보다/어 보다：-てみる ………… 14
-아 있다/어 있다：-ている ………… 14
-아/어/여 가다：-ていく …………… 85
-아/어/여 두다：-ておく …………… 97
-아/어/여 드리다：-てさしあげる … 21
-아/어/여 버리다：-てしまう ……… 21
-아/어/여 오다：-てくる …………… 83
-아/어/여 주다：-てやる、-てあげる、-て くれる …………………………………… 21
-아/어/여 놓다：-ておく ………… 100
아：あ ………………………………… 16
아기：赤ちゃん、赤ん坊 ……………… 53
아까：さっき、ちょっと前 ………… 108
아깝다：もったいない、惜しい ……… 92
아뇨：いいえ …………………………… 71
아니：いや、えっ ……………………… 21
아니오：いいえ ………………………… 27
-아다(가)/어다(가)/여다(가) 주다：-てあ げる、-てくれる ……………………… 44
-아도/어도/여도 괜찮다：-てもいい … 24
-아도/어도/여도 되다：-てもいい … 21
-아도/어도/여도：-ても ……………… 12
아들：息子 ……………………………… 24
아르바이트：アルバイト …………… 16
아르바이트비：時給 …………………… 16
아르바이트생：アルバイトの人 …… 84
아름답다：美しい ……………………… 30
아무：何の …………………………… 168
아무것도：何も ………………………… 86
아무도：誰も …………………………… 22
아무래도：どうしても、どうでも、 … 80
아무런：どんな、いかなる …………… 84
아무리：どんなに、いくら …………… 24
아무튼：とにかく、いずれにせよ …… 9
아버님：お父様、父上 ………………… 85
아버지：お父さん ……………………… 14
아빠：パパ …………………………… 157
-아서/어서/여서：-て ………………… 11
아스피린：アスピリン ……………… 108
-아야/어야/여야 되다：-なければならない ……………………………………… 11
-아야/어야/여야 하다：-なければならない ……………………………………… 9
-아야겠다/어야겠다/여야겠다：-なければならない、-する ………………… 21
-아야지/어야지/여야지 하다：-しようとする ………………………………… 152
아예：絶対に、決して、最初から …… 23
-아요/어요/여요：-です、-ます ……… 9
-아요?/어요?/여요?：-ですか、-ますか 15
아이：子供、赤ちゃん ………………… 11

아이디어：アイデア …………………… 13
아저씨：おじさん ……………………… 69
아주：とても、非常に ………………… 19
아주머니：おばさん …………………… 47
아직：まだ、いまだに ………………… 9
아침：朝、朝ご飯 ……………………… 14
아침저녁：朝晩 ………………………… 94
아파트：アパート ……………………… 30
아프다：痛い …………………………… 27
아프리카：アフリカ ………………… 112
악기：楽器 …………………………… 142
악독하다：悪徳だ …………………… 150
안：-しない、-くない ………………… 14
안：中 …………………………………… 99
안개：霧 ………………………………… 49
안개가 끼다：霧がかかる ……………… 49
안되다：だめだ、いけない、ならない … 133
안마당：中庭、内庭 …………………… 53
안방：アンパン、主婦部屋 …………… 75
앉다：座る ……………………………… 11
알다：分かる、知る …………………… 16
알리다：知らせる ……………………… 60
알맞다：適当だ、相応しい、合う …… 18
알아내다：分かる、見つけ出す ……… 20
알아듣다：理解する、飲み込む ……… 41
알아보다：調べる、探る ……………… 10
앓다：病む、患う ……………………… 11
암：癌 …………………………………… 80
암벽：岩壁 …………………………… 172
압력：圧力 ……………………………… 86
-았/었/였-：-た ………………………… 9
-았었/었었/였었：-た ………………… 90
앙케이트：アンケート ………………… 61
앞：前、先 ……………………………… 32
앞서다：先立つ、先頭に立つ ………… 66
앞으로：これから ……………………… 12
앞장서다：先頭に立つ、先立つ ……… 53
애매하다：曖昧だ ……………………… 87
애쓰다：努力する、務める ………… 124
애인：恋人 …………………………… 120
애타다：いらいらする、気があせる … 76
액션：アクション ……………………… 19
액정：液晶 ……………………………… 19
야간：夜間 ……………………………… 61
야구：野球 ……………………………… 19
야구장：野球場 ………………………… 42
야단：叱り、大騒動 ………………… 169
야단을 맞다：叱られる ……………… 169
야단치다：叱る ………………………… 55
야영지：野営地 ………………………… 49
야외：野外 …………………………… 110
야유회：ピクニック …………………… 29
야채：野菜 ……………………………… 68
야하다：派手だ ………………………… 71
약：薬 …………………………………… 12
약간：若干、少し ……………………… 75
약국：薬局、薬屋 …………………… 166
약사：薬師 …………………………… 172
약속：約束 ……………………………… 14
약속하다：約束する ………………… 119
약을 짓다：薬を処方する …………… 166
약하다：弱い …………………………… 20

192

약혼：婚約	54
얇다：薄い	48
양：量	94
양념：ヤンニョム、合わせ調味料	172
양말：靴下	49
양면：両面	171
양보하다：譲る	48
양복：洋服、スーツ	69
양식：食糧、糧食	13
양식：様式	57
어기다：(約束を)破る	61
어깨：肩	172
어느：どの、何	15
어둡다：暗い	27
어디：さあ、よし	44
어디：どこ	11
어디론가：どこかへ	135
어딘가：どこか	57
어떤：ある	37
어떤：どんな	14
어떻게：どのように	15
어떻다：どうだ	13
어려움：難しさ、困難	117
어렵다：難しい、大変だ	16
어른：大人、目上の人	15
어른스럽다：大人っぽい	76
어리다：幼い	76
어린애：子供	91
어머：あら	97
어머니：お母さん	85
어버이날：母の日、父の日	91
어색하다：ぎこちない、不自然だ	99
어서：さあ、どうぞ	71
어설프다：不手際だ、がさつだ	66
어수선하다：散らかっている、騒がしい	65
어울리다：付き合う	31
어울리다：似合う	71
어제：昨日	66
어젯밤：昨夜	99
어지간하다：まずまずだ、まあまあだ	165
어지럽히다：散らかす、惑わす	105
어쨌든：とにかく、いずれにせよ	11
어쩌다：どうする	83
어쩐지：どういうわけか、どうやら	76
어쩔 수 없다：仕方ない、やむをえない	68
어쩔 수 없이：仕方なく、やむなく	75
어차피：どうせ、いずれにしても	130
어학：語学	11
어학당：語学堂	113
억수같이：どしゃぶりで	141
억울하다：無念だ、悔しい	24
언니：姉	165
언뜻：ちらっと、ちらりと	76
언성：話し声	81
언어：言語	172
언제：いつ	9
언제나：いつも、常に	130
언짢다：うっとうしい、すぐれない	23
얻다：得る、もらう	13
얼굴：顔	18
얼굴색：顔色	97
얼굴이 타다：日焼けをする	102

얼굴형：顔の形	71
얼룩：染み	13
얼룩이 빠지다：染みが落ちる、抜ける	13
얼른：早く、すぐ	35
얼마：いくら	39
얼마나：どんなに、いくら	37
얼음：氷	34
얽매이다：縛り付ける、束縛される	154
엄마：ママ、お母さん	14
엄청：非常に、途方もなく	101
엄청나다：途方もない、どえらい	76
엄하다：厳しい、きつい	35
업무：業務	156
없다：ない、いない	14
없애다：なくす、取り除く	67
없어지다：なくなる、消える	13
엉겁결에：思わず、瞬間的に	147
엉뚱하다：とんでもない、突飛だ	112
엉망：めちゃくちゃ、めちゃめちゃ	141
엉망으로：めちゃくちゃに	102
엉망이다：めちゃくちゃだ	130
-에 관하여(서)：ーに関して	57
-에 대하여(서)：ーに対して	57
-에 따라서：ーに従って	159
-에 비하여(서)：ーに比べて	29
에：ーに、ーへ	9
에게：ーに	32
에는：ーには	13
에도：ーにも	14
에베레스트：エベレスト	108
에서：ーから、ーで	18
에서는：ーでは	37
에어콘：クーラー	35
엑스레이：レントゲン	14
엔진：エンジン	79
여가：余暇、暇	82
여권：パスポート	149
여기：ここ	21
여기서：ここで	24
여기저기：あっちこっち	124
여러가지：いろいろ、さまざま	44
여러개：いくつか	165
여럿：多くの人、人々	23
여름：夏	29
여섯：六つ	18
여유：余裕	118
여인：女性	80
여자：女の人	15
여쭙다：うかがう	128
여학생：女学生	101
여행：旅行	14
역：駅	28
역사：歴史	51
역사적：歴史的	152
역시：やはり	90
연고：軟膏	156
연구：研究	60
연구소：研究所	156
연구실：研究室	156
연구하다：研究する	58
연락：連絡	11
연락처：連絡先	114

한국어 : 일본어	쪽	한국어 : 일본어	쪽
연락하다 : 連絡する	35	오페라 : オペラ	142
연말 : 年末	55	오해 : 誤解	55
연수 : 研修	14	오해를 사다 : 誤解を招く	132
연수원 : 研修員	133	오후 : 午後	13
연습 : 練習	41	오히려 : むしろ、かえって	39
연습량 : 練習量	34	옥수수 : トウモロコシ	141
연습하다 : 練習する	14	온 : みんな、全〜	45
연애 : 恋愛	18	온난화 : 温暖化	145
연체료 : 延滞料	21	온실 : 温室	118
연휴 : 連休	142	온종일 : 一日中	55
열 : 熱	14	온통 : 全部、すべて	105
열기 : 熱気	78	올라가다 : 上がる、のぼる	90
열다 : 開ける、開く	54	올리다 : 挙げる、あげる、載せる	54
열대야 : 熱帯夜	170	올림픽 : オリンピック	108
열리다 : 開かれる	108	올해 : 今年	12
열무 : 幼い大根	49	옮기다 : 移す、運ぶ	83
열쇠 : 鍵	14	옷 : 服	13
열심히 : 熱心に、一生懸命に	15	와 : ーと	33
열중하다 : 熱中する	19	완연하다 : はっきりとする	105
얇다 : 薄い	31	완전히 : 完全に	24
염려하다 : 心配する	94	완치되다 : 完治する	13
염색 : 染色、色染め	71	왜 : なぜ、どうして	9
엽서 : 葉書	41	외계인 : 宇宙人	17
영 : 全く、全然	149	외국 : 外国	108
영국 : イギリス	81	외국어 : 外国語	13
영리하다 : 利口だ、賢い	139	외국인 : 外国人	54
영어 : 英語	27	외롭다 : 寂しい、心細い	159
영향 : 影響	164	외모 : 外貌、外見	17
영화 : 映画	12	외박 : 外泊	172
영화관 : 映画館	165	외부 : 外部	75
옅다 : 薄い、浅い	65	외식 : 外食	34
옆 : 隣、そば、横	68	외우다 : 覚える	11
옆 집 : 隣の家、隣家	45	외출 : 外出	11
예감 : 予感	73	외출하다 : 外出する、出かける	14
예금 : 預金	149	왼쪽 : 左側	113
예물 : 礼物	54	-요 : ーです、ーます	9
예보 : 予報	29	요가 : ヨガ	60
예쁘다 : きれいだ	34	요금 : 料金	21
예술 : 芸術	144	요란하다 : 騒がしい、うるさ	73
예습 : 予習	87	요리 : 料理	17
예약하다 : 予約する	14	요리사 : コック、板前	103
예전 : 昔、ずっと前	34	요양 : 療養	95
예정대로 : 予定通り	162	요전에 : この前、先日	54
옛 : 昔の、ずっと前の	14	요즈음 : この頃、最近	165
옛날 : 昔	37	요즘 : この頃、最近	16
오늘 : 今日	11	요트 : ヨット	147
오늘밤 : 今晩	138	욕 : 悪口	26
오다 : 来る	14	욕을 하다 : 悪口を言う	26
오래 : 長く	139	용 : 用	80
오래되다 : 古くなる	105	용기 : 勇気	117
오래전에 : ずっと前に、	17	용돈 : 小遣い	88
오랜 : 長い	165	용서 : 容赦	54
오랜만에 : 久しぶりに	142	용서하다 : 許す	75
오르다 : 上がる、登る	13	우리 : 私たち、我々、うち	17
오른쪽 : 右、右側	149	우리들 : 私たち	34
오븐 : オーブン	139	우산 : 傘	26
오시다 : いらっしゃる	54	우산을 쓰다 : 傘をさす	120
오염 : 汚染	132	우상 : 偶像	81
오이로나오시 : お色直し	110	우선 : まず、とりあえず	18
오차 : お茶	102	우선으로 : 最初に、まず	75
오키나와 : 沖縄	13	우스꽝스럽다 : とてもこっけいだ	135
오토시다마 : お年玉	167	우습다 : おかしい、こっけいだ	120

194

한국어	일본어	쪽
우승 : 優勝		75
우연히 : 偶然に、たまたま		172
우울증 : うつ病		102
우이로 : ういろ		41
우정 : 友情		149
우체국 : 郵便局		63
운동 : 運動		12
운동하다 : 運動する		12
운동회 : 運動会		48
운반하다 : 運搬する、運ぶ		172
운영자 : 運営者		81
운전 : 運転		14
운전면허 : 運転免許		171
운전하다 : 運転する		69
울다 : 泣く、鳴く		11
울리다 : 鳴る		133
울적하다 : 憂鬱だ		48
움직이다 : 動く		18
웃다 : 笑う		32
웃옷 : 上着		24
워드 : ワード		140
원 : －ウォン		149
원고 : 原稿		61
원래 : 元来、そもそも		69
원서 : 願書		81
원수 : かたき、怨讐		164
원인 : 原因		60
원하다 : 願う		92
원한 : 恨み、怨恨		149
월 : 月		19
월급 : 月給、給料		13
월드컵 : ワールドカップ		54
웨딩드레스 : ウエデングドレス		110
웬 : どんな、なんの		104
위 : 胃		20
위 : 上		11
위급하다 : 危急だ		35
위인전 : 伝記		170
위장 : 胃腸		120
위험하다 : 危険だ、危ない		35
윗사람 : 目上の人		18
유과 : 油菓		171
유럽 : ヨーロッパ		137
유망주 : 有望株		78
유명하다 : 有名だ		75
유물 : 遺物		152
유용하다 : 有用だ		74
유작 : 遺作		54
유적지 : 遺跡地		114
유지 : 維持		120
유지하다 : 維持する、保つ		60
유치원 : 幼稚園		95
유학 : 留学		19
유학가다 : 留学する		101
유학생 : 留学生		16
유학하다 : 留学する		111
유행 : 流行		165
유행어 : 流行言葉		145
유행하다 : 流行る、流行する		97
융숭하다 : 丁重だ		120
으시시하다 : ぞっとする		159
은 : －は		11
은퇴식 : 退任式		73
은행 : 銀行		21
은행원 : 銀行員		21
-(으)ㄴ 거예요 : －ました		85
-(으)ㄴ 다음에 : －したあと		78
-(으)ㄴ 적이 있다 : －たことがある		71
-(으)ㄴ지 : －てから		104
-(으)ㄴ 후에 : －した後		167
-(으)ㄴ데 : －だが、－だから		44
-(으)나 마나 : －しようがしまいが		144
-(으)니까 : －から、－ので		57
-(으)ㄹ 거예요 : －です、－ます		63
-(으)ㄹ 거예요? : －ですか、－ますか		9
-(으)ㄹ 건데요 : －でしょう、－ます		63
-(으)ㄹ 걸 : －たのに		97
-(으)ㄹ 것 같다 : －しそうだ		71
-(으)ㄹ 것 없다 : －する必要ない		167
-(으)ㄹ 것만 같다 : －しそうだ		71
-(으)ㄹ 겸 : －を兼ねて、－がてら		51
-(으)ㄹ 때 : －する時		44
-(으)ㄹ 때마다 : －するたびに		83
-(으)ㄹ 리가 없다 : －するはずがない		123
-(으)ㄹ 리가 있다 : －するはずがある		125
-(으)ㄹ 만하다 : －くらいだ、－の程度だ		110
-(으)ㄹ 뻔하다 : －するところだった		144
-(으)ㄹ 생각이에요 : －するつもりです		64
-(으)ㄹ 수 없다 : －することができない		52
-(으)ㄹ 수 있다 : －することができる		13
-(으)ㄹ 예정이다 : －する予定だ		137
-(으)ㄹ 줄 모르다 : －することができる		140
-(으)ㄹ 줄 알다 : －することができる		137
-(으)ㄹ 텐데 : －はずなのに		90
-(으)ㄹ거야 : －するつもりだ、－だろう		39
-(으)ㄹ게요 : －ます、－ますね		123
-(으)ㄹ까 봐 : －するかと思って		29
-(으)ㄹ까 싶다 : －しようかと思う		9
-(으)ㄹ까 하다 : －しようかと思う		11
-(으)ㄹ까 : －しようか		9
-(으)ㄹ까요? : －ましょうか、－でしょうか		18
-(으)ㄹ수록 : －するほど		116
-(으)ㄹ지 말지 : －するかどうか		59
-(으)ㄹ지 : －するか、－か		9
-(으)래요 : －といいます		170
-(으)랬어요 : －といいました		167
-(으)러 : －に		12
-(으)려거든 : －しようとするなら		152
-(으)려고 하다 : －しようとする		9
-(으)려던 참이다 : －しようとするところだ		152
-(으)려면 : －しようとすれば		27
으로 인해 : －のために、－によって		130
으로/로 해서 : －を経由して、－に寄って		63
-(으)로/노 : －に、－で、－へ		13
으로도/로도 : －でも		18
-(으)면 되다 : －すればいい		83
-(으)면 : －と、－ば、－たら、－なら		16
-(으)면서 : －ながら		16
-(으)ㅂ시다 : －ましょう		16
-(으)세요 : －しなさい、－てください		15
-(으)십시오 : おーください、－してください		21

을/를 위해 : －のために	31
을 : －を	9
음란 : 淫乱	42
음력 : 陰暦	113
음료 : 飲料	156
음료수 : 飲料水、飲み物	101
음식 : 飲食、食べ物	11
음식점 : 飲食店	160
음악 : 音楽	127
음악대 : 音楽隊	39
응원 : 応援	78
응원단 : 応援団	82
응하다 : 応じる、答える	72
의 : －の	13
의견 : 意見	39
의뢰인 : 依頼人	127
의무 : 義務	113
의사 : 医者	14
의심 : 疑心、疑い	87
의심스럽다 : 疑わしい	117
의심이 가다 : 疑わしく思われる	87
의외로 : 意外に	37
의욕 : 意欲	19
의자 : イス	125
의지 : 意志	31
의지하다 : 頼る、寄りかかる	45
이 : －が	9
이 : この	23
이 : 歯	82
이것 : これ	17
이고 : －でも	100
이구나 : －だね	167
이국적 : 異国的	107
이군요 : －ですね	44
이기다 : 勝つ	24
이기도 하니까 : －でもあるから、－でもあるので	71
이나 : －か、－や	16
이나 : －も、－でも	23
이네 : －だね	16
이니까 : －だから、－なので	90
이달 : 今月	69
이대로 : このまま、この通り	69
이동 : 移動	47
이든지 : －でも	17
이라고 : －であると	22
이라고나 할까 : －というか	144
이라는 : －という	46
이라니까 : －だというから、－だというので	71
이라도 : －でも	13
이라면 : －であるならば	16
이랑 : －と	51
이래 : 以来	75
이래도 : これでも	66
이런 : こんな	16
이렇게 : このように、こんなに	54
이렇다 : こうだ	54
이력서 : 履歴書	54
이로군요 : －ですね	159
이론 : 理論	81
이루다 : 叶える	52

이르다 : (時間が)早い	46
이름 : 名前	32
이마 : 額	138
이만하다 : やめる	75
이면 : －なら	37
이미 : すでに、とうに、いま	94
이미영 : イミョン	9
이미지 : イメージ	19
이민 : 移民	14
이바지하다 : 寄与する、貢献する	156
이번 : 今度、この度	34
이번주 : 今週	9
이불 : 布団	33
이불을 털다 : 布団をはたく	155
이사 : 引っ越し	19
이사가다 : 引っ越しする	83
이사하다 : 引っ越しする	27
이삿짐 : 引っ越しの荷物	55
이상 : 以上	27
이상 : 異常	46
이상하다 : 異常だ、変だ	14
이승 : この世、現世	161
이야기 : 話	13
이야기로는 : 話では	117
이야기하다 : 話す、語る	14
이에요/예요 : －です	10
이외에 : 以外に	152
이용하다 : 利用する	12
이웃 : 隣、隣家	32
이웃사촌 : 近所の親しい人	32
이유 : 理由	24
이의 : 異議	24
이잖아요 : －じゃないですか	51
이전 : 移転	55
이제 : 今	28
이제라도 : 今にも	73
이제와서 : 今になって	124
이조백자 : 李朝白磁	76
이지만 : －であるが、－だが	16
이집트 : エジプト	54
이쪽 : こちら	81
이체 : 引き落とし	21
이탈리아 : イタリア	87
이틀 : 二日	63
이해하다 : 理解する	127
이혼하다 : 離婚する	156
이후 : 以後	111
익다 : 熟する、実る	55
익숙하다 : 慣れる、親しい	105
익히다 : 覚える、習う	102
익히다 : 煮る	44
인 것 같다 : －であるようだ、－であるみたいだ	104
인 셈이다 : －のわけだ	110
인가 보다 : －ようだ、－みたいだ	78
인가 : －なのか	86
인가요? : －ですか	110
인간 : 人間	17
인건비 : 人件費	81
인공 : 人工	19
인공미 : 人工美	57
인구 : 人口	47

인기 : 人気	17
인데 : —が、—けれども	16
인류공영 : 人類共栄	156
인사 : 挨拶	61
인삼 : (高麗)人参	116
인삼차 : 人参茶	82
인상파 : 印象派	137
인생 : 人生	18
인심 : 人情、人心	76
인연 : 因縁、縁	33
인재 : 人材	140
인정 : 人情	30
인지 : —なのか	83
인천 : 仁川	54
인터뷰 : インタビュー	107
인테리어 : インテリア	54
일 : 仕事、こと	12
일 : 一日	16
일기 예보 : 天気予報	29
일기 : 天気	29
일년생 : 一年生	165
일단 : 一旦、ひとたび	75
일등 : 1等、優等生	39
일등하다 : 1等になる、最上だ	79
일류 : 一流	81
일반 : 一般	79
일본 : 日本	16
일본어 : 日本語	41
일부분 : 一部分	57
일상 : 日常	52
일어나다 : 起きる	10
일요일 : 日曜日	17
일으키다 : 起こす	24
일을 내다 : (事を)起こす	125
일인당 : 一人当たり	149
일인자 : 一人者	81
일점 : 一点	85
일정 : 日程	105
일주 : 一周	22
일주일 : 一週間	16
일찍감치 : 早めに、もう少し早く	75
일찍 : 早く、早めに	10
일하다 : 働く	16
읽다 : 読む	15
잃다 : 死ぬ、なくす、失う	24
임무 : 任務	117
임하다 : 臨む	118
입 : 口	22
입구 : 入り口	159
-입니까? : —ですか	15
입다 : 着る	11
입맛 : 口当たり、食欲	116
입사 : 入社	156
입에 대다 : 口にする	75
입원하다 : 入院する	92
입을 다물다 : つぐむ、閉じる	26
입장 : 立場	105
입장하다 : 入場する	82
입학 : 入学	67
입학생 : 入学生	61
입학식 : 入学式	113
있다 : ある、いる	12
잊다 : 忘れる	21
잎 : 葉っぱ	37

— ㅈ —

-자 하니 : —ていると	112
-자고 하다 : —しようという	9
-자고 : —しようと	9
자국 : 跡、痕跡	52
자금 : 資金	100
자금성 : 紫禁城	41
자기 : 自分	23
자꾸 : 何度も、しきりに	127
-자는 바람에 : —しようというから	138
자다 : 寝る	14
자동 : 自動	21
자동차 : 自動車、車	41
자랑스럽다 : 誇らしい、自慢げだ	39
자랑하다 : 自慢する、誇る	79
자료 : 資料	60
자르다 : 切る	71
자리 : 席、地位	35
자리 : 布団、寝床	135
자리를 뜨다 : 席を立つ	150
자립심 : 自立心	40
-자마자 : —や否や	130
자매 결연 : 姉妹提携	35
-자면 : しようとすれば、すると	57
자세히 : 詳しく	60
자식 : 子供	94
자신 : 自信	11
자신감 : 自信感	157
자연 : 自然	57
자연미 : 自然美	57
자연스럽다 : 自然だ	57
자원 : 資源	81
자원봉사 : ボランティア	124
자전거 : 自転車	49
자존심 : 自尊心	149
자주 : よく、しばしば	75
작가 : 作家	94
작년 : 昨年、去年	15
작다 : 小さい	48
작성하다 : 作成する	13
작업 : 作業	69
작은집 : おじの家、分家	45
작품 : 作品	14
잔 : 一杯	134
잔디 : 芝生	53
잔디밭 : 芝生	42
잔뜩 : 非常に、ひどく	147
잔소리 : 小言	128
잔치 : 宴会、祝宴	127
잔칫집 : 宴会の家	127
-잖아요 : —じゃないですか	9
잘 : よく、うまく	17
잘되다 : よくできる、うまくいく	152
잘못 : 過ち、間違い	53
잘못하다 : 間違う、誤りを犯す	99
잘생기다 : 美人だ、ハンサムだ	120
잘하다 : 上手だ、うまい	34
잠 : 眠り、睡眠	14

잠기다 : 浸かる	48
잠깐만 : しばらく、ちょっと	88
잠시 : しばらく	88
잠시만 : しばらく	21
잠이 들다 : 眠る	87
잠이 오다 : 眠い、眠くなる	26
잠자리 : 寝床、寝る所	55
잡다 : 捕まえる、捕まる	39
잡담 : 雑談	151
잡지 : 雑誌	134
잡채 : チャプチェ	149
잡초 : 雑草	87
잡히다 : 捕まる、捕れる	39
장 : 市場	127
장 : 一枚	51
장가들다 : 結婚する	19
장구 : チャング	127
장난 : いたずら	65
장난감 : おもちゃ	13
장남 : 長男	35
장단점 : 長所と短所	48
장래 : 将来	88
장마 : 梅雨	31
장만하다 : 準備する、用意する	171
장본인 : 張本人	127
장사 : 商売	46
장사 : 力士、力持ち	140
장소 : 場所	19
장승 : チャンスン	159
장을 보다 : 買い物をする	127
장작 : 薪	14
장작을 패다 : 薪を割る	14
장학생 : 奨学生	112
잦다 : 頻繁だ、よくある	23
재능 : 才能	79
재다 : 量る	63
재료 : 材料	20
재료비 : 材料費	81
재물 : 財物、財産	118
재미 : 面白さ	144
재미없다 : 面白くない	107
재미있다 : 面白い	41
재배하다 : 栽培する	113
재빨리 : 素早く	11
재산 : 財産	75
재수생 : 浪人	61
-재요 : －しようといいます	12
재우다 : 漬ける	172
재치 : 才覚、機転	146
재학생 : 在学生	156
재활용품 : リサイクル用品	172
저 : あの	67
저 : 私	9
저것 : あれ	81
저게 : あれが	159
저기 : あそこ	78
저녁 : 夕方、夜、夕ご飯	14
저렇게 : あのように、あんなに	69
저렴하다 : 安い	141
저리다 : しびれる	73
저번 : この前、先ごろ、この間	35
저울 : 秤	63

저장하다 : 貯蔵する、溜める	102
저절로 : 自然に、ひとりでに	85
저쪽 : あちら	78
저축 : 貯蓄、貯金	91
저희 : 私たち	66
적 : 敵、相手	69
적금 : 月掛け貯金	171
적금을 들다 : 月掛け貯金をする	171
적다 : 少ない	30
적당량 : 適当量	80
적어도 : 少なくとも	63
적임자 : 適任者	55
적자 : 赤字	98
적적하다 : 寂しい、ひっそりとする	65
적합하다 : 適する	140
적히다 : 書かれる	156
전 : 全	81
전 : チョン、チヂミ	37
전가하다 : 転嫁する	35
전공 : 専攻、専門	9
전공자 : 専攻者	19
전공책 : 専門書	134
전공하다 : 専攻する、専門する	69
전교 : 全校	171
전근 : 転勤	112
전기 : 電気	27
전기가 나가다 : 停電する	155
전깃불 : 電気の明かり	149
전문가 : 専門家	102
전보 : 電報	35
전부 : 全部	113
전시되다 : 展示される	76
전시회 : 展示会	14
전에 : 前、以前	71
전염병 : 伝染病	11
전용 : 専用	81
전원 : 全員	54
전을 부치다 : チヂミを焼く	37
전자수첩 : 電子手帳	120
전쟁 : 戦争	113
전철 : 電車	41
전체 : 全体	149
전통 : 伝統	142
전통차 : 伝統茶	120
전하다 : 伝える	86
전혀 : 全然、全く	69
전화 : 電話	19
전화가 되다 : 電話が通じる	92
전화를 받다 : 電話に出る	46
전화하다 : 電話する	88
전환 : 転換	54
절 : 挨拶	75
절대 : 絶対	95
절약하다 : 節約する	68
젊다 : 若い	80
젊은이 : 若者	34
점 : 一点	27
점 : ところ、点、側面	42
점수 : 点数	113
점심 : 昼ご飯、昼	13
점잖다 : おとなしい	146
점장이 : 占い師	149

| 점점 : 段々、徐々に ………… 35
| 접근하다 : 接近する、近づく ……… 88
| 접다 : 折る ……………………… 47
| 접시 : お皿 …………………… 169
| 접하다 : 接する ………………… 86
| 젓다 : かき混ぜる ……………… 44
| 정 : 情け ………………………… 68
| 정거장 : 停留場 ……………… 150
| 정답 : 正解 ……………………… 24
| 정답다 : 仲がいい、むつまじい … 65
| 정도 : 程度、ぐらい、程 ……… 16
| 정리 : 整理、片付け、まとめ … 152
| 정리하다 : 整理する、片付ける … 55
| 정말 : 本当 ……………………… 16
| 정말로 : 本当に ………………… 87
| 정보 : 情報 …………………… 113
| 정부 : 政府 …………………… 140
| 정상 : 正常 ……………………… 90
| 정서 : 情緒 …………………… 144
| 정시 : 定時 ……………………… 41
| 정신 : 精神、気、魂 …………… 42
| 정신과 : 精神科 ………………… 73
| 정신없이 : 無我夢中で、我を忘れて … 127
| 정신을 차리다 : 整える、気をしっかり持つ 72
| 정신이 들다 : 目が覚める、気が戻る … 152
| 정신적 : 精神的 ……………… 153
| 정원 : 定員 ……………………… 67
| 정원 : 庭園 ……………………… 57
| 정이 가다 : 好きになる ……… 155
| 정이 들다 : 情が深くなる、なじむ、親しくなる … 83
| 정전 : 停電 ……………………… 75
| 정중히 : 丁重に ……………… 107
| 정취 : 情趣、味わい …………… 57
| 정하다 : 決める ……………… 170
| 정해지다 : 決まる …………… 100
| 정확하다 : 正確だ ……………… 60
| 정확히 : 正確に ……………… 100
| 젖다 : ぬれる …………………… 26
| 제 : 私、わたくし ………………… 9
| 제거 : 除去 ……………………… 82
| 제과점 : パン屋 ……………… 166
| 제기하다 : 提起する、申し立てる … 24
| 제대로 : 思いどおりに、満足に … 23
| 제때 : 予定のとき、定刻、ころあいに … 120
| 제맛이다 : 本物だ ……………… 90
| 제비 : ツバメ …………………… 69
| 제사 : 法事 ……………………… 85
| 제일 : 一番、第一 ……………… 63
| 제일가다 : 一番だ、最高だ …… 79
| 제주도 : 済州島 ………………… 54
| 제출하다 : 提出する …………… 55
| 제품 : 製品 ……………………… 79
| 조각하다 : 彫刻する ………… 150
| 조그맣다 : 小さい ……………… 65
| 조금 : 少し、ちょっと ………… 24
| 조금씩 : 少しずつ …………… 159
| 조니 : 雑煮 …………………… 167
| 조르다 : ねだる、せがむ ……… 45
| 조리법 : 調理法 ………………… 44
| 조만간 : そのうち ……………… 69
| 조사 : 調査 ……………………… 60

| 조사하다 : 調査する、調べる …… 47
| 조심 : 用心、注意 ……………… 99
| 조심하다 : 注意する、気をつける … 14
| 조용히 : 静かに ………………… 40
| 조절 : 調節、コントロール …… 19
| 조종사 : パイロット …………… 72
| 조직 : 組織 ……………………… 75
| 조차 : ーさえ、ーも …………… 26
| 조치 : 措置 ……………………… 60
| 조폭 : 暴力団 …………………… 32
| 졸다 : 居眠りする ……………… 42
| 졸업 : 卒業 ……………………… 12
| 졸업논문 : 卒業論文 …………… 13
| 졸업생 : 卒業生 ……………… 128
| 졸업식 : 卒業式 ………………… 54
| 졸업하다 : 卒業する …………… 12
| 졸음 : 眠り、眠気 ……………… 82
| 좀 : 少し、ちょっと ……………… 9
| 좀처럼 : 滅多に、なかなか …… 145
| 좁다 : 狭い ……………………… 20
| 좁히다 : 狭くする、狭める …… 145
| 종 : ベル ……………………… 133
| 종류 : 種類 ……………………… 19
| 종목 : 種目 ……………………… 79
| 종업원 : 従業員 ………………… 32
| 종이학 : 折り鶴 ………………… 47
| 종자 : 種子、たね …………… 141
| 좋다 : 良い、いい ……………… 13
| 좋아지다 : よくなる …………… 22
| 좋아하다 : 好きだ ……………… 17
| 좌석 : 座席、席 ………………… 88
| 좌우하다 : 左右する ………… 161
| 죄 : 罪 ………………………… 73
| 죄를 짓다 : 罪を犯す …………… 73
| -죠? : ーですか、ーますか、ーですね、ーますね … 9
| 주거 : 住居 ……………………… 60
| 주고받다 : やりとりする ……… 24
| 주다 : やる、あげる、くれる …… 16
| 주력 : 主力 ……………………… 48
| 주로 : 主に ……………………… 34
| 주름 : シワ …………………… 156
| 주말 : 週末 ……………………… 31
| 주먹밥 : おにぎり ……………… 54
| 주문 : 注文 ……………………… 80
| 주문하다 : 注文する …………… 31
| 주방장 : コック、板前 ……… 172
| 주변 : 周辺 ……………………… 32
| 주사 : 注射 ……………………… 19
| 주소 : 住所 ……………………… 18
| 주식 : 株 ………………………… 82
| 주어지다 : 与えられる ………… 66
| 주위 : 周囲、周り …………… 164
| 주의 : 注意 …………………… 145
| 주의를 기울이다 : 注意を払う … 145
| 주의하다 : 注意する ………… 118
| 주인 : 持ち主、主人 …………… 35
| 주인공 : 主人公 ………………… 17
| 주장 : 主張 ……………………… 75
| 주장하다 : 主張する …………… 23
| 주저앉다 : 座り込む …………… 92
| 주저하다 : ためらう、躊躇する … 170

한국어	일본어	페이지
주정	酒癖、酒乱	22
주차	駐車	32
주최하다	主催する	108
주택	住宅	30
죽	お粥	87
죽다	死ぬ	31
죽을 쑤다	お粥を炊く	171
죽이다	殺す	65
준비되다	準備できる	156
준비물	準備物	156
준비중	準備中	46
준비하다	準備する	10
줄다	減る	134
줄어들다	減る、少なくなる	66
줄이다	減らす	94
줍다	拾う	88
중	中、途中	13
중간에	途中、途中で	87
중계석	中継席	42
중고	中古	41
중고가게	リサイクルショップ	41
중국	中国	41
중국어	中国語	13
중앙	中央	51
중앙우체국	中央郵便局	63
중얼대다	つぶやく、独り言を言う	149
중요하다	重要だ	61
중학교	中学校	95
중학생	中学生	19
쥐꼬리	ネズミのしっぽ	141
즐거움	楽しみ	69
즐겁다	楽しい、愉快だ	38
즐기다	楽しむ、興ずる	57
증명	証明	47
-지 그래요	－したらいいでしょう、－したらどうですか	21
-지 마세요	－しないで下さい	9
-지 말다	－しない	37
-지 못하다	－することができない	38
-지 않다	－しない、－くない、－にない	9
-지 않을래요?	－しませんか、－てみませんか	110
-지	－たら(どうだ)	90
지각	遅刻	141
지각하다	遅刻する	150
지갑	財布	141
지구	地球	145
지구본	地球儀	54
지금	今	10
지나가다	通る、過ぎる	52
지나다	過ぎる	66
지나치다	(度が)過ぎる	69
지난달	先月	98
지난번	この間、前回	34
지난주	先週	90
지난해	昨年、去年	9
지내다	(法事を)執り行う	85
지내다	過ごす、暮らす	12
지다	負ける	39
지도	指導	157
지도	地図	60
지도교수님	指導教官	157
지도자	指導者	157
지루하다	退屈だ	35
지름길	近道	80
지방	地方	48
지불하다	支払う	156
지붕	屋根	147
지성인	知性人	81
지시	指示	82
지식	知識	137
지역	地域	47
지옥	地獄	59
-지요	－です、－ます	21
-지요?	－ですか、－ますか、－でしょう	21
지적받다	指摘される	153
지점	地点、ところ	135
지진	地震	131
지참하다	持参する	101
지켜보다	見守る	54
지키다	守る	14
지하	地下	81
지하철	地下鉄	35
지휘자	指揮者	75
직업	職業	72
직원	職員	61
직장	職場	54
직접	直接	21
직접하다	直接する、自分でやる	95
진단	診断	80
진단을 내리다	診断を下す	80
진달래	チンダルレ	37
진땀	冷や汗、脂汗	23
진땀을 빼다	脂汗をかく	23
진수성찬	ごちそう	134
진실	真実	80
진정하다	落ち着く、鎮静する	168
진정하다	まことだ	81
진짜	本物	96
진찰	診察	25
진하다	濃い	96
진학하다	進学する	157
진행	進行	132
진행하다	進行する、進める	162
질	質	120
질기다	硬い	88
질문하다	質問する	60
짐	荷物	18
짐을 꾸리다	荷物をまとめる	99
짐작	推測、推量、見当	69
짐정리	荷造り、荷物整理	128
집	家、店	13
집값	家の価格	121
집사람	家内	31
집세	家賃	92
집안	家の中、身内、家庭	38
집안일	家のこと、家事	41
집을 짓다	家を建てる	91
집주인	大家さん	172
집중	集中	155
집중하다	集中する	172
집집	家々	48
짓	事、行動、しぐさ	121
짓궂다	意地悪だ	46

| 징그럽다 : 気味が悪い、いやらしい … 120
| 질다 : 濃い、深い … 65
| 짜다 : 塩辛い … 34
| 짜다 : 絞る … 171
| 짧다 : 短い … 11
| 쪽 : 方 … 15
| 쫄깃쫄깃하다 : もちもちとする、こりこりとする … 34
| 쫓다 : 追う、追い払う … 52
| 쯤 : ごろ、ぐらい … 69
| 찌개 : チゲ … 26
| 찌다 : 太る … 99
| 찍다 : 撮る … 14
| 찐빵 : 蒸しパン … 34
| 찡그리다 : しかめる … 85
| 찢어지다 : 破れる、裂ける … 26
| 찧다 : (お餅を)搗く … 125

- ㅊ -

차 : 車、自動車 … 19
차갑다 : 冷たい … 34
차곡차곡 : きちんと … 100
차다 : 溜まる、満ちる … 85
차다 : 冷たい … 96
차량 : 車両 … 20
차례 : 祭祀 … 167
차림 : 身なり、姿、服装 … 104
차선 : 車線 … 171
차이 : 差異、違い … 57
착하다 : 優しい、おとなしい … 118
찬물 : 冷たい水 … 80
참 : あっ、あそうだ … 29
참 : 本当に、真に、とても … 16
참가자 : 参加者 … 54
참가하다 : 参加する … 108
참견하다 : 干渉する、口出しをする … 59
참다 : 我慢する、耐える … 32
참담하다 : 惨憺としている … 48
참석하다 : 出席する … 69
참성단 : 塹城壇 … 90
참신하다 : 斬新だ … 71
찹쌀 : もち米 … 149
찻잔 : 湯飲み茶碗 … 27
창가 : 窓際 … 45
창고 : 倉庫 … 102
창구 : 窓口 … 66
창단 : 創立 … 75
창문 : 窓 … 26
창백하다 : 蒼白だ、青白い … 120
창의력 : 創意力 … 156
창피하다 : 恥ずかしい … 127
찾다 : 探す … 18
찾아가다 : 会いに行く … 54
찾아보다 : 探す … 54
찾아오다 : 訪ねてくる、訪れる … 16
채소 : 野菜 … 134
채우다 : 補う、満たす … 86
책 : 本 … 17
책상 : 机 … 102
책임 : 責任 … 35
책임을 지다 : 責任を持つ … 94

책임자 : 責任者 … 111
챙기다 : 世話をする … 142
챙기다 : まとめる、取りまとめる … 80
처량하다 : わびしい、うら寂しい … 135
처럼 : -のように … 29
처리 : 処理 … 61
처리하다 : 処理する、片付ける … 75
처방전 : 処方箋 … 82
처분하다 : 処分する … 171
처음 : 初めて、はじめ … 71
처지 : 立場、状態 … 47
처하다 : 処する、置かれる … 154
척 : ふり … 72
천둥 : 雷 … 75
천사 : 天使 … 59
천심 : 天心 … 75
천재 : 天才 … 162
천천히 : 注意深く、落ち着いて、ゆっくり … 66
철 : 分別、物心、わきまえ … 19
철거하다 : 撤去する … 69
철야 : 徹夜 … 101
철학 : 哲学 … 149
첨성대 : 瞻星臺 … 152
첫 : 初めての、最初の … 75
청결 : 清潔 … 120
청년 : 青年 … 80
청바지 : ジーパン … 100
청소 : 掃除 … 67
청소하다 : 掃除する … 150
청중 : 聴衆 … 162
체육관 : 体育館 … 105
체포하다 : 逮捕する、捕まる … 35
쳐다보다 : 見上げる、見つめる … 65
초 : 初、初め … 37
초대하다 : 招待する、招く … 110
초등학교 : 小学校 … 95
초인종 : 玄関のベール、呼び鈴 … 154
촉감 : 触感、感触 … 18
촛불 : 蝋燭の火 … 49
촬영 : 撮影 … 42
최고 : 最高 … 38
최선 : 最善 … 75
최선을 다하다 : 最善を尽くす … 75
최신형 : 最新型 … 17
최후 : 最後 … 113
추다 : 踊る … 66
추석 : 秋夕 … 113
추위 : 寒さ … 102
추위에 떨다 : 寒さに身震いする … 102
추진하다 : 推進する … 53
추하다 : 不潔だ、醜い … 95
축구 : サッカー … 41
축하드리다 : お祝いを申し上げる … 111
출근 : 出勤 … 39
출근하다 : 出勤する … 14
출발하다 : 出発する … 13
출신 : 出身 … 156
출장 : 出張 … 75
출퇴근 : 通勤 … 12
출판되다 : 出版される … 17
춤 : 踊り … 66
춥다 : 寒い … 11

한국어 : 日本語	페이지
충분하다 : 十分だ	68
충분히 : 十分に	60
충실하다 : 充実している	81
취미 : 趣味	52
취사 : 炊事	42
취직 : 就職	19
취직하다 : 就職する	14
취하다 : (休憩を)取る	54
치다 : 打つ	142
치우다 : 片付ける	27
치통 : 歯痛	108
친구 : 友達	12
친정 : (奥さんの)実家	13
친척 : 親戚	14
친하다 : 親しい、仲よい	12
칠 : ペンキ、ペイント	75
침대 : ベッド	46
침침하다 : 薄くらい、霞む	172
칭찬 : 賞賛、ほめること	85

－ ㅋ －

카네이션 : カーネーション	91
카드 : カード	162
카드놀이 : トランプ遊び	142
카레 : カレー	67
카레라이스 : カレーライス	113
캐나다 : カナダ	14
캐다 : 掘る	49
커다랗다 : 非常に大きい	65
커트 : カット	71
커튼 : カーテン	69
커플 : カップル	110
커피 : コーヒー	13
커피를 끓이다 : コーヒーを入れる	13
커피를 타다 : コーヒーを入れる	61
컨디션 : コンディション、具合	76
컴퓨터 : コンピューター	17
컴플렉스 : コンプレックス	168
컵라면 : コップラーメン	154
케이크 : ケーキ	19
케케하다 : すえた臭いがする	59
켜다 : つける	27
코 : 鼻	23
코를 골다 : いびきをかく	23
코치 : コーチ	14
코펠 : 炊事セット	149
콘센트 : コンセント	169
콧노래 : 鼻歌	165
콧대 : 鼻柱	151
콧물 : 鼻水	165
콩 : 豆	141
콩국수 : コングッス	80
콩나물 : モヤシ	154
쿠폰 : クーポン	71
크기 : 大きさ	18
크다 : 大きい	18
크리스마스 : クリスマス	49
큰소리 : 大声	42
큰소리를 치다 : 言い張る	164
큰일나다 : 大変だ、大変なことになる	130
큰집 : おじの家、本家	45
키 : 背	19
키우다 : 育てる	23

－ ㅌ －

타다 : (給料・薬を)もらう	55
타다 : (鍋が)焦げる	53
타다 : 乗る	11
타당하다 : 妥当だ	24
타이프 : タイプ	142
탐지기 : 探知機	80
탐탁하다 : 好ましい	149
탓 : せい、わけ	145
태권도 : 太拳道	104
태어나다 : 生まれる	55
태우다 : 焦がす	150
태풍 : 台風	52
택시 : タクシー	41
탤런트 : タレント	75
터미널 : ターミナル	127
터지다 : 壊れる	11
턱없이 : 法外に	165
털어놓다 : 打ち明ける	86
테니스 : テニス	108
테스트 : テスト	94
테이프 : テープ	82
텔레비전 : テレビ	19
토끼 : 兎	146
토요일 : 土曜日	14
토플 : TOEFL	142
토하다 : 吐く、戻す	135
통나무 : 丸太、丸木	125
통보 : 通報、お知らせ	135
통일 : 統一	113
통장 : 通帳	21
통첩 : 通牒、知らせ	113
통치자 : 統治者	81
통통하다 : 丸々と太る	68
통하다 : 通じる	31
퇴계로 : 退溪路	68
퇴근 : 退勤	48
퇴근하다 : 退勤する	124
투입되다 : 投入する	75
투표하다 : 投票する	69
퉁명스럽다 : 無愛想だ、ぶっきらぼうだ	65
튀기다 : 揚げる	44
튤립 : チューリップ	38
트럭 : トラック	81
트렁크 : トランク	165
특별전 : 特別展	76
특별히 : 特別に	11
특징 : 特徴	48
특허 : 特許	94
특히 : 特に	137
틀다 : つける	134
틀림없다 : 間違いない	119
틀림없이 : 間違いなく	146
틈 : 隙間	26
티켓 : チケット	149
팀 : チーム	59
팀워크 : チームワーク	113
팁 : チップ	156

- ㅍ -

파다 : 彫る、掘る ………… 128
파도 : 波 ………… 147
파랗다 : 青い ………… 41
파리 : 蝿 ………… 151
파리를 날리다 : お客がいない ………… 151
파산 : 破産 ………… 134
파스타 : パスタ ………… 17
파악하다 : 把握する ………… 100
파워 : パワー ………… 79
파이다 : くぼむ ………… 128
파이프 : パイプ ………… 69
파트타임 : パートータイム ………… 142
파티 : パーティー ………… 13
판단력 : 判断力 ………… 31
판단하다 : 判断する ………… 19
판매원 : 販売員 ………… 172
판소리 : パンソリ ………… 144
팔 : 腕 ………… 73
팔다 : 売る ………… 23
팔다리 : 腕と足 ………… 73
팔리다 : 売れる ………… 35
팥빙수 : かき氷 ………… 41
패널리스트 : パネリスト ………… 61
패널티 : ペナルティー ………… 66
패스 : パス ………… 78
패하다 : 負ける ………… 76
팽개치다 : 放り投げる ………… 149
팽팽하다 : 張りつめる ………… 49
퍼즐 : パズル ………… 54
퍼지다 : 広がる ………… 145
편 : 仲間、見方 ………… 53
편리하다 : 便利だ ………… 120
편안하다 : 楽だ ………… 94
편지 : 手紙 ………… 19
편하다 : 楽だ ………… 68
평범하다 : 平凡だ、 ………… 65
평생 : 一生 ………… 60
평소 : 平素、平常、ふだん ………… 31
평양 : 平壌 ………… 168
평판 : 評判 ………… 13
평화 : 平和 ………… 156
폐 : 肺 ………… 41
폐를 끼치다 : 迷惑をかける ………… 171
폐허 : 廃墟 ………… 134
포기하다 · 諦める ………… 46
포대기 : とわら、おくるみ ………… 100
포스터 : ポスター ………… 49
포장마차 : 屋台 ………… 48
포장지 : 包装紙 ………… 76
폭넓다 : 幅広い ………… 139
폭등하다 : 暴騰する ………… 134
폭락하다 : 暴落する ………… 141
폭력 : 暴力 ………… 23
폭신하다 : ふわふわしる ………… 125
폼 : フォーム、形式 ………… 78
표 : チケット、切符 ………… 82
표를 찍다 : 票を入れる、投票する ………… 69
표면 : 表面 ………… 73
표시 : 印 ………… 46
표정 : 表情 ………… 34
표정을 짓다 : 表情を作る ………… 161
표현 : 表現 ………… 44
표현하다 : 表現する ………… 37
푹 : ぐっすり ………… 122
풀 : 草 ………… 52
풀다 : 解く ………… 27
풀리다 : (誤解が)晴れる、解決する ………… 55
풀리다 : 和らぐ、緩む ………… 112
풀칠하다 : 糊をつける、糊口を凌ぐ ………… 131
품목 : 品目 ………… 23
품속 : 懐 ………… 33
품질 : 品質 ………… 107
풍부하다 : 豊かだ、豊富だ ………… 31
풍습 : 風習 ………… 88
풍차 : 風車 ………… 38
프로 : プロ ………… 81
프로그램 : プログラム ………… 19
프로듀서 : プロデューサー ………… 101
프로젝트 : プロジェクト ………… 14
프로포즈하다 : プロポーズする ………… 12
프린트하다 : プリントする ………… 162
프림 : クリーム ………… 164
피 : 血 ………… 108
피곤하다 : 疲れる ………… 26
피다 : 咲く ………… 37
피로 : 疲労、疲れ ………… 82
피로연 : 披露宴 ………… 110
피로하다 : 疲労する、疲れる ………… 75
피부 : 皮膚 ………… 30
피서 : 避暑 ………… 149
피서지 : 避暑地 ………… 19
피아노 : ピアノ ………… 13
피아노를 치다 : ピアノを弾く ………… 13
피카소 : ピカソ ………… 54
피크닉 : ピクニック ………… 157
피하다 : 避ける ………… 88
피해 : 被害 ………… 105
피해를 입다 : 被害を受ける ………… 105
필요 : 必要 ………… 40
필요하다 : 必要する ………… 21

- ㅎ -

하- : ああ、ほう、まあ ………… 44
하객 : 祝いの客 ………… 110
하고 : -と ………… 21
하나 : 一つ ………… 69
하나하나 : 一つずつ、漏れなく、全部 ………… 24
하늘 : 空 ………… 41
하다 : する ………… 9
하도 : とても、あまりにも ………… 55
하루 : 一日 ………… 88
하루종일 : 一日中 ………… 55
하마터면 : もう少しで、危うく ………… 144
-하면 : -といえば ………… 37
하수구 : 下水溝、どぶ ………… 73
하숙집 : 下宿先 ………… 83
하시다 : なさる ………… 71
하얗다 : 白い ………… 30
하여튼 : いずれにせよ、とにかく ………… 31
하찮다 : 大したものではない、つまらない ………… 66
하카마 : 袴 ………… 54

하카타 : 博多	68
학교 : 学校	19
학급 : 学級	171
학기 : 学期	9
학년 : 学年	19
학생 : 学生	13
학생운동 : 学生運動	60
학생증 : 学生証	23
학원 : 塾、学院	13
학점 : 単位	9
학회 : 学会	140
한(하나) : 一つ	23
한 : 恨	144
한강 : 漢江	78
한국 : 韓国	16
한국말 : 韓国語	60
한국어 : 韓国語	41
한국인 : 韓国人	57
한글 : ハングル	113
한꺼번에 : 一度に、一緒に	23
한두가지 : 一つか二つ	60
한려수도 : 閑麗水道	68
한마디 : 一言	132
한바퀴 : 一回り、一周	64
한반도 : 朝鮮半島	156
한발한발 : 一歩一歩	154
한밤중 : 真夜中、深夜	149
한방약 : 漢方薬	18
한번 : 一回、一度	32
한복 : 韓服	11
한산하다 : 閑散としている、暇だ	164
한순간 : 一瞬	147
한숨 : 一休み	169
한심하다 : 情けない、あきれる	132
한약 : 漢方薬	169
한움큼 : 一握り	47
한자 : 漢字	20
한잔 : 一杯	14
한잠 : 一眠り	32
한적하다 : もの静かだ、もの寂しい	19
한점 : (雲)一かけら	131
한참 : しばらく、はるかに	141
한턱 : おごり	85
한턱을 내다 : ご馳走する、おごる	85
한테 : -に	123
한표 : 一票	69
한푼 : 一銭、一文	147
할머니 : おばあさん	117
할아버지 : おじいさん	34
할인 : 割引	23
함께 : 一緒に、共に	101
함부로 : むやみに、やたらに	32
함성 : 喊声	75
함지박 : 盛り皿	75
함흥 : 咸興	168
합격 : 合格	147
합격자 : 合格者	81
합격하다 : 合格する	66
합치다 : 合わせる	53
항공편 : 航空便	63
항상 : いつも、常に	38
해 : 年、とし	95

해 : 日、太陽	55
해결 : 解決	80
해결이 되다 : 解決される	135
해내다 : 成し遂げる、やりぬく	74
해답 : 回答	52
해롭다 : 有害だ、害になる	94
해소 : 解消	78
해수욕장 : 海水浴場	64
해외 : 海外	22
해운대 : 海雲臺	64
해일 : 津波	134
핵심 : 核心	75
핸드폰 : 携帯電話	69
핸들 : ハンドル	113
햇님 : お日さま	46
햇볕 : 日、日光、日差し	60
행동 : 行動	48
행동하다 : 行動する	149
행복하다 : 幸せだ	68
행사장 : 会場	156
행운 : 幸運	164
행위 : 行為	42
행진 : 行進	39
향긋하다 : 芳ばしい、かぐわしい	68
허락하다 : 承諾する、許す	13
허리 : 腰	134
허무하다 : 虚しい	135
허벅지 : 内もも	85
허우적대다 : へとへととする	169
헌책방 : 古本屋	75
헐다 : 壊す	138
헐뜯다 : けなす、そしる	149
험하다 : 険しい、大変だ	101
헤매다 : さまよう、迷う	141
헤어스타일 : ヘアスタイル	71
헤어지다 : 別れる	15
헤프다 : 減りやすい	76
헷갈리다 : こんがらがる	87
현명하다 : 賢明だ、賢い	161
현미밥 : 玄米ご飯	82
현상 : 現象	145
현실 : 現実	75
현장 : 現場	118
혈색 : 血色	118
협조 : 協調	149
형 : 兄	120
형제 : 兄弟	39
형태 : 形態	159
형편 : 都合、具合、成り行き	22
형편없다 : 思わしくない、良くない	114
호 : 号	162
호랑이 : 虎	34
호수 : 湖	19
호텔 : ホテル	14
혹시 : もしも、万一	29
혼 : 叱り、ひどい目	172
혼 : 魂	144
혼나다 : ひどい目にあう、大変だ	144
혼이 나다 : 怒られる、ひどい目にあう	172
혼자 : 一人で	11
홀가분하다 : 快い、楽だ	65
홈센터 : ホームセンター	69

한국어	일본어	쪽
홈스테이	ホームステイ	157
홍당무	人参	34
홍보과	広報課	35
홍수	洪水	48
홍콩	香港	95
화	怒り	14
화가 나다	腹が立つ	14
화가	画家	54
화근	禍根、災いのもと	164
화단	花壇	157
화려하다	華麗だ、派手だ	18
화를 내다	怒る	35
화면	画面	19
화분	植木鉢	88
화살	矢	78
화상	火傷、やけど	131
화상을 입다	火傷を負う	156
화장	化粧	65
화장실	トイレ、化粧室	68
화재	火災	134
화제	話題	78
화초	草花	114
화해하다	和解する、仲直りする	157
확인하다	確認する	88
환경	環境	145
환영	歓迎	83
환자	患者	73
활동	活動	19
활동하다	活動する	161
활력소	活力素	73
활용	活用	58
황량하다	荒涼とする	23
황홀하다	うっとりする	172
회복	回復	82
회복되다	回復する	48
회사	会社	14
회사원	会社員	34
회의	会議	49
회장님	会長	69
회화	会話	103
효도	親孝行	18
효자손	まごの手	149
후	後	19
후배	後輩	61
후유증	後遺症	73
후하다	深い、厚い	128
훈련소	訓練所	94
훌륭하다	立派だ、見事だ	16
훌쩍거리다	すする	165
훑어보다	目を通す	113
훨씬	ずっと、はるかに	30
훼방	妨害、邪魔	53
휴가	休暇、休み	142
휴대폰	携帯電話	54
휴식	休憩	54
휴일	休日	150
휴학하다	休学する	111
흉내	真似	127
흉내를 내다	真似をする	127
흉터	傷跡	13
흐리다	曇る	29
흔적	痕跡、跡	134
흔하다	ありふれている	66
흔히들	よく	69
흘러가다	流れていく	117
흘리다	流す、こぼす	27
흙	土	59
흥미	興味	79
흥미롭다	興味深い	19
흩어지다	散る、散らばる	134
희귀하다	珍しい	139
희다	白い	87
희망	希望	88
희생양	生け贄	113
흰색	白、白色	59
히로시마	広島	68
힘	力	27
힘껏	力の限り、精一杯	35
힘들다	大変だ、苦労する	16
힘쓰다	努力する、頑張る	120
힘차다	力強い	39
DVD 플레이어	DVDプレーヤー	141
EMS	国際特急郵便	63

www.ingramcontent.com/pod-product-compliance
Lightning Source LLC
Chambersburg PA
CBHW081328090426
42737CB00017B/3054